La espiral evolutiva

INFINITE IV

David Topí

La espiral evolutiva

Una guía para el camino de crecimiento y transformación del ser humano

© David Topí, 2016, 2019
© Diseño gráfico: Alejandro González, 2016, 2019
© Editorial Blurr 2019

Edición revisada y actualizada para Editorial Blurr, febrero de 2019

Reservados todos los derechos.
«No está permitida la reproducción total o parcial de este libro, ni su tratamiento informático, ni la transmisión de ninguna forma o por cualquier medio, ya sea mecánico, electrónico, por fotocopia, por registro u otros métodos, sin el permiso previo y por escrito de los titulares del copyright.»

ISBN: 978-84-120075-3-4
Depósito Legal: DL B 6754-2019
Hecho e impreso en España

*Qué difícil a veces es ser humano,
olvidar quién eres, de dónde vienes,
olvidar por qué viniste, para qué lo hiciste,
pensar que te abandonaron, que estás solo,
no recordar que elegiste venir,
y pensar que te castigaron,
creer que estás separado de todos,
y no saber que eso es imposible.*

*Qué difícil a veces es ser humano,
no ver que en ti mora la eternidad,
pensar que todo se va a terminar.
Vivir bajo una careta que cambia constantemente,
no saber reconocer la verdadera cara de la Fuente,
no ver la luz que hay en ti,
y no saber verla en los demás.*

*Qué difícil es ser humano, a veces,
aunque vayas recordando quién eres,
y tengas atisbos de esa libertad,
aunque vayas recordando para qué viniste,
y vayas descubriendo que tú lo elegiste,
aunque vayas recordando que era el amor que sentías
lo que te hacía volver contra viento y marea,
aunque vayas recordando que no estás separado de nada,
por mucho que tus caretas y fachadas estuvieran
programadas.*

*Qué difícil es ser humano, aunque cada vez menos,
porque ahora voy recordando quién soy
y que la luz eterna mora en mí,
porque ahora sé para lo que vine
y el amor que siento me mueve adónde voy,
porque ahora sé que no existe mayor gloria
que servir como vehículo a aquel que me creó*

*porque siento la belleza de mi planeta
y la siento como nunca en mi interior.*

*Porque ahora siento que vale la pena ser humano
y dejar de ser un experimento,
porque ahora sé que el final está cerca
y sabré quién soy, sabré por qué vine, y sabré que no estoy separado del Creador.
Sabré que nunca lo estuve, sabré que todos somos hermanos,
sabré que todos estamos metidos en la misma búsqueda,
y sabré, sobre todo, que todos somos luz,
que somos aire, fuego, agua, que somos tierra, que somos felicidad,
que somos alegría y que somos paz.*

*Qué fácil es ser humano, ahora que sé todo eso,
ahora que veo la luz en los demás, porque ya la vi en mí mismo;
qué fácil es ser humano, ahora que siento el poder de mi voluntad,
que es la voluntad de la Fuente, que me impulsa siempre a volar.
Qué fácil es ser humano, cuando sé que nada puede detenerme,
cuando sé que todo es una experiencia,
cuando sé que nunca estuve solo
cuando sé que jamás lo podré estar;
qué fácil es ser humano, y como ansío disfrutar de ello hasta el final*

David Topí

Índice

Índice --- 7

Prólogo --- 11

Primera parte -- 23

Diagrama del ser humano -- 23

Mónadas, los bloques básicos de la Creación ------------------ 25

La estructura energética del Sistema Solar --------------------- 33

El Universo "mental" --- 35

¿Son todas las mónadas iguales? -------------------------------- 44

   Grados de materia para el desarrollo del aspecto consciencia de una mónada -- 48

El nacimiento del ser o Yo Superior ----------------------------- 65

   La creación de Yo Superiores por parte de otros SERES de orden jerárquico superior -- 67

   Conversaciones con mi SER ----------------------------------- 77

La multidimensionalidad del ser humano ---------------------- 85

   La composición energética de los cuerpos del hombre ---- 86

   Diferentes líneas evolutivas ----------------------------------- 95

   Energías de los cuerpos sutiles y relaciones humanas ----- 98

   Los átomos simiente -- 103

   El cordón de plata -- 106

Los cuerpos sutiles, el proceso de fallecimiento, transición y preparación de la nueva vida --------109

La psique humana y sus componentes --------118

La mente --------119

Las esferas mentales --------124

Consciencia del Yo Superior versus la consciencia artificial del ser humano --------132

La creación genética del ser humano --------137

El programa Ego de la personalidad artificial --------155

Los miedos primarios imbuidos en la psique del ser humano --160

Consejos «para estar aquí» --------172

El único modo de vivir --------176

Partes del cerebro y su relación con el instinto, emoción y pensamiento --------182

El cerebro instintivo --------182

El cerebro emocional --------185

El cerebro racional --------186

Resultado de la disfunción del cerebro triuno --------188

Los centros de control del cerebro --------191

Segunda parte --------209

Las etapas de evolución del hombre --------209

Hay que ver lo mal que estamos --------211

La necesidad humana de crecer --------218

Los siete tipos de hombres --------223

Estadios del desarrollo del ser humano --------------------------- *230*

Alquimia de metales, alquimia interior ---------------------------- *242*

Las fases de la transformación interior -------------------------------- **246**

Ennegrecimiento: el trabajo con la sombra ----------------------- *246*

Blanqueamiento --- *252*

Enrojecimiento -- *254*

Los símbolos de la alquimia --- *255*

Los dos metales de los sabios -------------------------------------- *263*

Ceremonias iniciáticas alquímicas ---------------------------------- *264*

Obteniendo la piedra filosofal -------------------------------------- *266*

Ábrete corazón -- *267*

Mónadas, todos para una, una para todos ----------------------- *273*

Tercera parte -- **277**

Obstáculos al crecimiento en el camino evolutivo ----------------- **277**

El afán por crecer --- **279**

Primer obstáculo a nuestro crecimiento personal: la zona de confort --- *282*

Segundo obstáculo: miedos que no nos dejan avanzar por nuestro camino --- *289*

Tercer obstáculo: no saber obtener el aprendizaje que traen imbuido nuestras experiencias ------------------------------------ *292*

Cuarto obstáculo: miedo al éxito ---------------------------------- *299*

Quinto obstáculo: miedo a la libertad ----------------------------- *302*

Sexto obstáculo: cuando los demás nos ponen piedras en el camino -- *308*

Séptimo obstáculo: querer meternos en el camino evolutivo de los demás ---313

Por un cambio personal ---316

Cuarta parte ---321

Entre dos mundos ---321

¿Hacia dónde vamos? ---323

La gente es la clave ---329

Epílogo ---335

No te preocupes, va a ser fantástico ---335

Sobre el autor ---341

Libros de David Topí ---343

Prólogo

Desde que el hombre es *homo sapiens*, ha habido un conocimiento del funcionamiento de las leyes que rigen la naturaleza, el Cosmos y la Creación, y ese conocimiento se ha denominado «ocultismo», pues estaba, como bien podéis deducir «oculto». El porqué de haber mantenido en secreto este conocimiento, posiblemente tenga que ver con que, desde el principio de los tiempos, el hombre ha temido lo que no comprende, y ha hecho muy mal uso del poder que otorga conocer los mecanismos que rigen el funcionamiento de las cosas, por un lado debido a la forma en la que nuestra mente está creada y cómo funcionamos, y el hecho de que el hombre ha buscado siempre el beneficio personal y el servicio a uno mismo por encima del beneficio común y el servicio a los demás. Así, conocer y manipular las energías de la naturaleza y del planeta al antojo de uno, era peligroso, si no se hacía por aquellos que buscaban solo servir al prójimo a través de este conocimiento, que tenía que apartarse de resto de la gente para evitar que fuera usado para hacer lo contrario.

Por otro lado, puesto que los hombres se han perseguido unos a otros por simples diferencias ideológicas, era peligroso hablar en público de todo aquello que podía devolver el poder a las personas sobre el control del sistema establecido, bajo pena de ser ejecutado y perseguido. Así, el conocimiento ocultista ha existido siempre, pero bien guardado, o bien por miedo de aquellos que lo poseían, o bien por prudencia de un posible mal uso.

En todo caso, la palabra ocultismo no era la usada ni mucho menos en los albores de la humanidad ni a lo largo de su historia, sino que siempre se refirió a este conocimiento como «esoterismo», siendo Eliphas Levi, pseudónimo del mago y escritor francés Alphonse Louis Constant, a su vez cabalista y teúrgo, quién lo acuñó por primera vez en el siglo XIX. Aquello que empezó a llamarse conocimiento ocultista, era el conocimiento «esotérico» que Pitágoras y las escuelas de misterios egipcias y griegas enseñaban más o menos secretamente en sus tiempos, pero nunca tuvieron la definición de ocultas, sino solo «reservadas» a aquellos que podían hacer un buen uso de ellas.

De dónde viene originariamente este conocimiento, también es fuente de investigación constante. Algunas de las líneas esotéricas provienen de los conocimientos que las primeras razas que habitaron nuestro planeta tenían, y trajeron consigo de allá donde vinieran originariamente (creemos que han existido cuatro grandes razas anteriores a la nuestra: la primera, la llamada raza polar de la que no se conserva nada; la segunda, la raza hiperbórea, de la que nace una línea de conocimiento de la que quedan muy pocos vestigios en el planeta como la cultura tibetana o las razas aborígenes americanas; la tercera raza, la raza lemuriana; la cuarta, la raza atlante, y de la que sí que varias escuelas de misterios son depositarias de todo el saber que se tuvo en aquella época, especialmente aquellas que tienen su base histórica en Egipto; finalmente, nosotros, la quinta raza, disponemos de las líneas de conocimiento que le fueron entregadas a la humanidad nacida genéticamente por sus creadores, el ENLIL sumerio (=Yahveh hebreo = cábala) y el ENKI sumerio (= Lucifer hebreo, línea de conocimiento maya, calendario lunar, etc.).

El segundo, ENKI, a priori el creador de nuestra raza por sus responsabilidades científicas y genéticas, intentó liberar y dotar de conocimiento a aquellos que había creado, enfrentándose a su hermano, que pretendía todo lo contrario, de ahí que, la cábala real, no la pública que todos podemos llegar a estudiar, por ejemplo, sea el manual de instrucciones de gestión y control de la quinta raza y su realidad, mientras que las escuelas que descienden de los conocimientos entregados por ENKI son aquellas que tienen el conocimiento contrario, el de la liberación del ser humano.

Por otro lado, existe una enorme diferencia entre lo que hoy en día se llaman ciencias ocultas y lo que tendrían que ser las «enseñanzas ocultistas». Las primeras incluyen todo tipo de prácticas relacionadas con la adivinación, quiromancia, tarot, espiritismo, etc. Las segundas están relacionadas con el conocimiento superior de la estructura de la Creación, y que a mí me gusta más catalogar como «metafísica», lo que está más allá de lo físico y tangible.

Al final, se suelen mezclar ambos términos y todo es ocultista o esotérico, cuando en nada se parece aquel que usa técnicas adivinatorias para saber si le va a venir bien un trabajo o una relación, con aquel que trata de comprender los conceptos fundamentales que rigen todo lo que existe en el cosmos.

En todo caso, las enseñanzas esotéricas (usemos términos pitagóricos) se han desarrollado bajo diferentes culturas, y se han visto influenciadas por las circunstancias de la época donde se han transmitido o intentado transmitir, pues nunca fue la intención de aquellos que las poseían de denegar el acceso a la humanidad de este conocimiento, sino solo de hacerlo llegar a aquellos que, por su propio esfuerzo, habían llegado a merecerlo, y no podían o, a priori, no iban, hacer un mal uso del mismo. Está por discutir, evidentemente, si los que hoy han accedido a ese conocimiento en los grados más altos y ocultos de todas las escuelas iniciáticas (los grados que están dentro de los círculos más internos, más allá de los grados públicos rosacruces (1 al 18), masones (1 al 33), mágicos (1 al 12), etc., que van desde el grado 34° al 360°, completando diferentes círculos de poder) usan este conocimiento y poder para el bien o para el mal, pero desde el punto de vista de los maestros de la Antigüedad, ese era el objetivo.

Según el periodo histórico y la mentalidad de la humanidad en cada momento, estas enseñanzas esotéricas han ido saliendo a la luz (con más o menos fortuna, más o menos información, más o menos desinformación, y más o menos distorsión) con diferentes denominaciones. Sistemas de transmisión de información esotérica incluyen la magia, la masonería, la teosofía, la gnosis, el rosacrucismo, la metafísica, la antroposofía, etc. Cada sistema posee su propia estructura y cosmovisión, que varían de una a otra, que están peleados en algunos casos, que se contradicen flagrantemente en otros y que se complementan perfectamente en algunos más. Y como todo, cada escuela o línea tiene una estructura muy definida.

Por ejemplo, la magia tiene un director a quién llaman *Ippssissimus*, la masonería tiene a su *Gran Maestre*, la teosofía a su *Presidente*, la gnosis a su *Perfectis*, los rosacruces a su *Imperator* y los metafísicos a sus *Instructores*.

Más aún, cada uno de estos sistemas de transmisión de conocimiento esotérico tiene sub-divisiones en tradiciones, ritos, logias, etc. En la magia, por ejemplo, existe la magia pagana, la magia neopagana y la magia cabalística. La magia cabalística, la última, se divide a su vez en magia ritual y magia enochiana y, de nuevo, la magia enochiana se divide en alta magia y magia práctica. La magia neopagana se divide a su vez en la tradición celta, la tradición gardneriana, etc.

La masonería, por su lado, en su parte pública, se divide en ritos como el egipcio, el filosófico, el martinista, el escocés, el astrológico, etc. Sobre teosofía tenemos la división entre la teosofía antigua de la lejana Grecia, promulgada por

Amonio Saccas, y la teosofía moderna de Blavastsky, movimiento precursor de la mayoría de ideas tan distorsionadas de lo que hoy conocemos como el movimiento «nueva era».

Siguiendo con las divisiones, la gnosis se divide en cátaros, albigenses y valentinianos; los rosacruces se dividen en logias, fraternidades, hermandades, órdenes y sociedades (desde asociaciones como la AMORC, la Fraternidad Rosacruz Cristiana de Max Heindel, la Rosacruz áurea, etc.) y la metafísica, por último, se divide en pagana y cristiana, platónica y una línea promulgada por la escritora Conny Méndez que viene a ser una mezcla de varias de las líneas anteriores.

Al final, el objetivo perseguido por este tipo de escuelas y organizaciones es el mismo, perpetuar el saber arcano sobre las leyes que rigen la Creación, y cómo usarlas, a priori, para el bien mayor de la humanidad. Puesto que en estos momentos, y desde la manipulación del ser humano, este conocimiento no es público, debido precisamente a que el ser humano no es aquello que debiera ser para vivir en armonía con estas leyes, la mayoría de este conocimiento se mantiene oculto, de ahí la denominación de ocultismo de Eliphas Levi. Pero eso es algo que ya está cambiando, pues poco a poco, el ser humano, va expandiendo su consciencia, y lentamente se libera toda esta información, y sabiduría, que sigue siendo usada por unos pocos para un control de unos muchos, pero eso es algo que no va a durar demasiado. Aquel que está listo, encuentra el sendero del camino iniciático, el sendero del camino personal, y no tiene más que tener una fuerte vocación de servir a los demás y de querer ayudar al prójimo, y con ello me refiero a la raza humana en su conjunto, para que ese conocimiento le vaya siendo transmitido y aparezcan las fuentes, maestros y oportunidades para ello.

Para escribir este libro me he basado en parte de ese conocimiento que ya va saliendo a la luz desde diferentes escuelas esotéricas. Si estás leyendo algo así en este libro, es porque es público o semi-público. Eso no significa que sea fácil encontrarlo, hace falta remover muchas piedras, muchos libros, muchas fuentes y aunar el Tetris por uno mismo, pero ya no está oculto bajo tantos velos de modo que sea imposible acceder al mismo, y eso es quizás un buen síntoma de que los tiempos están cambiando.

Estudiando, por ejemplo, las enseñanzas pitagóricas, uno se da cuenta de la cantidad de impedimentos que existían, y existen, para llegar a obtener este conocimiento esotérico o metafísico. Ya en aquellos tiempos, los alumnos que deseaban estudiar con este sabio y filósofo, tenían que pasar cinco años de silencio, solo escuchándole, sin poder hacerle preguntas, antes de poder entrar siquiera en los primeros grados. Pitágoras decía que no todos los estudiantes están preparados y eran dignos de recibir todo este conocimiento metafísico y estudiar los misterios del universo. Consideraba que era imposible alcanzar la sabiduría si no se aprendía a meditar y a guardar silencio, de ahí que todos los postulantes debían pasar esos cinco años de silencio y escuchar como único medio de aprender de él. Luego, los que conseguían superar esta prueba de paciencia, eran admitidos en su Escuela Itálica y se les daba acceso a los tres grados de sus enseñanzas.

El primero de ellos estaba destinado completamente al estudio de las matemáticas, tal y como se manifiestan en el microcosmos y en el macrocosmos, pues Pitágoras consideraba que Dios, o la Fuente, no cesa de geometrizar y parametrizar el conjunto de la Creación, por lo que la geometría era uno de los pilares fundamentales de sus estudios, incluyendo el estudio de los números, los movimientos de los cuerpos celestes, las leyes cósmicas, etc.

Fue él quien estableció la relación exacta entre las notas musicales, demostrando que su frecuencia se doblaba de una octava a otra.

En el segundo grado de las enseñanzas pitagóricas, se estudiaban las leyes morales que debían de servir de base a la sociedad humana, y, en el tercer grado, se aprendían todas las doctrinas esotéricas, aquí ya a un número muy reducido de alumnos que habían conseguido llegar hasta este punto, donde se explicaban las leyes y reglas que rigen los planos visibles e invisibles de la Creación, así como se estudiaba simbolismo, la composición multidimensional del hombre, la teoría de la reencarnación, la consciencia, etc.

De todas maneras, y aun así, con todo lo que ha ido llegando a mis manos, y con lo que he podido ir descubriendo, estudiando, analizando y comprendiendo, hay dos postulados que siempre me han parecido muy interesantes a la hora de intentar entender las leyes que rigen el universo, la vida y el ser humano, y que son los que me han servido de guía para escribir todo lo que vas a leer aquí, desde el punto de vista del buscador de información y conocimiento que trata de expandir su consciencia, para abarcar más allá de lo que sus cinco sentidos físicos le dictan.

El primero de esos postulados es aquel que dice que «solo sé que no sé nada», frase atribuida a Sócrates, filósofo griego, maestro de Platón. Posiblemente la forma en la que Sócrates usó esa frase, no es la misma en la que la uso yo, o sí, no lo sé, básicamente es el postulado que salta como un resorte cuando has creído alcanzar alguna pequeña cumbre de conocimiento metafísico, solo para darte cuenta de que detrás aparecen enormes montañas que hay que volver a escalar, y que antes no podías ver por no estar en la cima de la pequeña montaña anterior.

Así, realmente, cuesta creer que uno sabe algo de nada por mucho que hayas encontrado, leído y aprendido. Expandes tu consciencia, adquieres conocimiento, tratas de que se convierta en sabiduría (y no se consigue siempre) y luego te das cuenta de que ese conocimiento que tanto esfuerzo te ha costado entender o adquirir, no es nada comparado con lo que viene a continuación. Y, como ya podéis suponer, el bucle se repite *ad infinitum,* pues cuando vuelves a escalar otra montaña, y crees haber aprendido más cosas, vuelves a ver otras cordilleras, lejanas, que vuelven a recordarte que sigues sin saber nada. De ahí que, lo interesante, en este juego de la vida, no es el fin, sino el camino, pues disfrutando de cada montaña de conocimiento o comprensión de la realidad que subes, te evitas la desesperación de vivir solo pensando en qué otras montañas tendrás detrás y cuándo se acaban las montañas.

Y, por si os sirve, os doy una pista: no se acaban nunca.

Por otro lado, el segundo postulado que ha estado presente en mi búsqueda, es aquel que dice que «la única verdad absoluta, es que no existe ninguna verdad absoluta».

Esta frase encierra posiblemente una sabiduría profunda, la de que no se debe ser dogmático en ningún momento, y no dar nada por sentado hasta que no lo tengamos claro. A este respecto, solo nos queda investigar e investigar, y no pensar que hay una sola verdad, porque todo es variable, y todo puede y cambia constantemente en un mundo donde todo es energía. Cuando os decía que mucha de la información de diferentes escuelas iniciáticas y esotéricas, a veces, parece contradecirse, me refería a esto. Posiblemente, se trate siempre de decir y expresar lo que uno cree que es verdad en cada momento, y cómo uno cree qué es esa verdad, pero sin olvidarnos nunca de que no hay una sola verdad cuando somos nosotros quienes la decodificamos, pues cada uno tiene la suya, y, a la verdad de la Fuente, y las leyes generales inmutables que rigen el universo, que realmente son la «verdad real», nos cuesta llegar aún a entenderlas al completo, al menos mientras estemos dentro de las limitaciones actuales que tenemos como raza. Quizás el postulado así no sea del todo correcto, sí que existen verdades absolutas, las leyes que rigen todo lo que existe, pero la interpretación que hacemos cada uno de nosotros de ellas son, sin duda, tan variables como personas traten de entenderlas y explicarlas.

Siempre, tras cada concepto que creamos ver o entender como el «correcto», hay un concepto mayor que puede contradecirlo, volverlo una paradoja, o cambiarlo, pues si cambia tu nivel de consciencia y tu punto de referencia, cambia tu visión de ese concepto, y, de repente, puede que ya no sea tan correcto, o verdadero, como nos pareció en su momento. Siempre vamos viendo las verdades pequeñitas, que a veces no son más que ilusiones para llegar a una verdad mayor, que luego vuelve a cambiar para poder llegar a otra más grande aún, pero que, en algún momento, volverán a ser ilusiones, y volverás a estar en la búsqueda de la verdad que se encuentre por encima, porque lo anterior ya no nos satisface y quizás haya cambiado.

Y es que, en una realidad que no es sólida sino cuántica, todo es siempre relativo al observador de esa realidad, y, principalmente, todo es una ilusión, porque nada de lo que vivimos es real. Solo así podemos entender tantas formas de comprender un solo concepto, ya que el concepto es pura energía consciente, y la comprensión depende de la decodificación que haga cada uno de esa energía. Incluso las antiguas escuelas de misterios y enseñanzas esotéricas no son más que decodificaciones de las leyes que rigen todo, desde el punto de vista de los que las decodificaron en su momento, con la ventaja de que, si son líneas de conocimiento anteriores a la creación del actual ser humano, *homo sapiens*, tienen o presentan menos distorsiones que las que generamos nosotros actualmente.

Por otro lado, puesto que estamos programados para creer y acatar, y no para pensar por nosotros mismos, el poder actual que mueve los hilos en el mundo trabaja con un modelo educativo basado en el dogma: «esto es lo cierto porque así lo dice la autoridad». Cuando a los seres humanos nos dan posibilidades, entonces pensamos, si nos dan dogmas, acatamos, y entonces no evolucionamos, porque no nos esforzamos por ver si lo que nos cuentan es cierto o no, por nosotros mismos.

Desprogramarnos de esta forma de pensar y adquirir conocimiento forma parte de nuestro trabajo, descubrir que, en realidad, no sabemos nada forma parte del proceso de caminar con naturalidad por el sendero del conocimiento, y saber que cuesta esfuerzo entender las verdades absolutas, y que lo que nos explicamos los seres humanos unos a otros no es sino que la verdad, que depende de la decodificación particular de cada uno según su nivel de consciencia, tendría que ser lo que nos mantiene alejados de la tendencia de adoctrinar a otros creyendo que nosotros tenemos esa verdad absoluta y los demás no.

A este respecto, tuve un sueño muy lúcido hace algún tiempo, donde me veía en una escuela, no sé en qué plano o nivel dimensional, y los maestros de la escuela me decían:

«*Termina de estudiar ahora lo que te queda en este curso, pero, que sepas, que a partir del siguiente, cuando des el salto evolutivo, tendrás que empezar de cero de nuevo con todo el conocimiento que crees tener respecto a cómo funcionan las cosas, pues nada se percibe igual, y todo lo que sabes ahora solo es válido para tu forma de percibir la realidad actual, luego, hay que usar nuevos libros de texto».*

Y tal cual, me veía a mí mismo cerrando los «libros de texto» de este nivel evolutivo, y pensando para mí mismo:

«*Entonces, ¿ya no me vale nada de lo aprendido hasta ahora?*», y venía la respuesta: «*solo fueron parte del camino que te ayudaron a escalar otra montaña».*

Primera parte

Diagrama del ser humano

Mónadas, los bloques básicos de la Creación

Experimentos con partículas sub-atómicas han mostrado, y ya es uno de los paradigmas de la física cuántica, que la persona ejecutando el experimento puede alterarlo con sus pensamientos y expectativas, y que, en ese aspecto, dos personas realizando el mismo experimento, obtienen dos resultados diferentes. Esto es interesante por el hecho de que, para que la mente humana pueda influenciar las partículas de materia más pequeñas conocidas hasta la fecha, debe haber algún componente en común que haga la interacción posible. Tal componente es la consciencia, y si la mente del ser humano posee el atributo, llamémoslo así de momento, de la consciencia, y esta puede influenciar a la materia, no es sino porque también la materia posee consciencia.

Cuando Pitágoras definía, para sus alumnos, en sus enseñanzas, su conocimiento de cómo estaba formada la realidad, la describía como un «materialismo espiritual», pues decía, y sabía, que toda la materia tiene consciencia, y, por ende, todos los niveles de existencia posibles, sean físicos o no, son planos espirituales, simplemente en diferentes grados de condensación vibratoria.

Para los pitagóricos, la existencia de nuestra realidad está basada en una trinidad de aspectos equivalentes y relacionados entre sí: *la materia, la energía y la consciencia*, y ninguno de esos tres aspectos puede existir sin los otros dos. Toda materia posee carga energética y se encuentra en movimiento constante y toda materia tiene consciencia. En este libro transmitiremos parte de la información o conocimiento de la escuela pitagórica, y que forma parte del bagaje metafísico de cómo está formado el universo en el que existimos.

La Creación, todo aquello que existe, está compuesta por un número infinito de puntos de materia-energía-consciencia en movimiento. Estos puntos o bloques básicos, que serían el equivalente a los trillones de gotas individuales que forman un océano, fueron llamados mónadas en la escuela de Pitágoras, y son la unidad indivisible básica de la Creación.

Cada mónada posee consciencia individualizada, que es, además, parte de la vasta consciencia colectiva de nuestro universo. Hablaremos del «universo» para mantenernos en un espacio acotado dentro de la vasta Creación en el que nos podamos manejar con los conceptos.

Diferentes tradiciones y enseñanzas nos han tratado de explicar estos tres aspectos de los bloques básicos de construcción del universo y, por ende, de la Fuente, con diferentes nombres: omnipotencia (el aspecto energía), omnisciencia (el aspecto consciencia) y omnipresencia (el aspecto materia). De igual forma, se asocia a las cualidades de amor (energía), sabiduría (consciencia) y poder o voluntad (materia). Es la trinidad de la Creación en su explicación humana más asequible a nuestro entendimiento.

Por otro lado, si habéis leído algo de mecánica "metafísica" cuántica, también refiriéndose al mismo concepto, el de la mónada, hablamos de las partículas más pequeñas nacidas de concentraciones de éter llamados carpines, puntos cesna, miríadas, etc. Estas partículas son las partes más pequeñas posibles de agrupaciones monádicas con consciencia individual, y cuya combinación y agrupación, en diferentes formas, dan lugar a las partículas sub-quánticas como quarks, que originan a protones y neutrones, que a su vez generan átomos junto a electrones, agrupados en moléculas, organizados en células, y manifestando todo aquello que está vivo en nuestro planeta.

Así, desde el inicio, la consciencia de estos átomos primordiales, mónadas o unidades primarias, existen como los bloques fundamentales de construcción de la realidad, los ladrillos que forman todo lo que vemos y conocemos. Todas las formas existentes, físicas y densas, o etéricas y energéticas, son producto de acuerdos entre mónadas, los bloques básicos de la Creación, para unirse entre ellas, el equivalente a unas cuantas gotas de agua individuales de un océano formando una forma, un remolino, o una ola de cuatro metros. Estas diferentes formas que podemos percibir, sólidas o no, las veamos o no, son creadas a partir de moldes y plantillas que son concebidas primero por las mismas mónadas en su aspecto consciencia. Básicamente la consciencia de la mónada crea la forma, y la materia, energía y movimiento de la misma le da existencia y la revela.

Estos moldes, como en una buena fábrica que quiere optimizar resultados y costes, no se crean para una sola forma de existencia o de vida (minerales, plantas, animales, seres autoconscientes, humanos y no humanos, planetas, estrellas, ángeles y devas, etc.) sino que se reúsan muchas veces. El prototipo antropomórfico humanoide es un molde creado por una consciencia superior en planos elevados, y manifestado en muchos lugares de la galaxia, la Tierra siendo uno de ellos. Humanoide significa una cabeza, un torso, dos brazos y dos piernas, y, con esa forma, han nacido centenares de especies y razas a lo largo y ancho del universo, así como de otros moldes y plantillas diferentes, creados por otras consciencias o jerarquías superiores, han nacido otro tipo de formas de vida.

Evidentemente, las dimensiones y niveles frecuenciales que no vemos forman, en realidad, la mayor parte de lo que existe y ha sido creado. El universo físico que es visible para el ser humano es una parte pequeñita de toda la estructura que compone este mismo universo.

Un antiguo texto hindú, llamado *Visnú Purana*, dice así: «el universo, compuesto de siete zonas, se encuentra por doquier lleno de vida con múltiples criaturas, pequeñas y grandes, tanto que no hay un solo lugar del mismo en los que esta no abunda...». Así como la ciencia tradicional esotérica oriental describe la estructura de la Creación en siete macro niveles o planos, también lo hacen de igual forma la mayoría de escuelas esotéricas y metafísicas occidentales. Otros términos, otras formas de explicarlo, pero la misma estructura al fin y al cabo.

Siguiendo con la información de múltiples textos orientales, el más «bajo» de esos planos expresa mucho más el aspecto material y denso del conjunto de la Creación, y, por ende, es el más sólido y material, mientras que planos o niveles más altos expresan más el aspecto energía y movimiento y, en consecuencia, son para nosotros, más etéricos o menos densos. En todo caso, el aspecto consciencia está presente en todos ellos desde la primera hasta la última mónada que los compone.

Como ya sabéis, estos planos no son lugares o localizaciones, no están uno encima de otro, sino interpenetrados entre sí. El plano llamado etérico no empieza donde termina la atmósfera del planeta, sino que se interpenetra con el plano físico. El mismo punto del espacio donde te encuentras ahora es el «hogar» para la «materia» de los diferentes niveles frecuenciales que existen, o, lo que es lo mismo, la silla o el sofá donde pudieras estar ahora tiene un referente físico, pero también es una zona del plano etérico, del sustrato astral, del mental, del causal, etc. Todos ellos ocupan el mismo espacio, pero diferentes niveles de consciencia y visión (del ser humano en este caso) son necesarios para percibirlos (algo que se puede llegar a hacer, por supuesto).

Existen muchas formas de diagramar la estructura de la Creación, desde lo más sutil y alto en vibración en lo alto de un esquema, y lo más denso abajo, hasta círculos concéntricos; donde el más externo es el más sólido y físico y el interior el menos o al revés. Por otro lado, hablar solo de siete niveles queda como una explicación muy genérica, ya que tenemos experiencia práctica en diferentes sub-niveles de cada macro nivel, por lo que la mayoría de escuelas y tradiciones usan un sistema de 49 planos o niveles frecuenciales, es decir, siete divisiones para cada uno de los siete macro planos principales. Otras escuelas usan otras divisiones y estructuras; por ejemplo, en vez de siete planos usan una escala de 12 dimensiones, con sus correspondientes 12 sub-niveles para cada división principal, por lo que nos hablan de un total de 144 dimensiones.

Estas divisiones, que hacemos los humanos para entendernos, nacen de una ley cósmica y universal llamada la Ley de las Octavas que dice que todo lo que sucede en esta realidad, todo evento, situación, proyecto, «cosa», etc., tiene un proceso energético. Todo, para poder manifestarse, completarse, empezar y terminarse, pasa por unos pasos y unas etapas, que, al igual que las podemos identificar de forma física cuando estamos metidos en ello (paso 1, paso 2, paso 3, etc.), también podemos identificar la parte energética de las mismas, aunque a priori no parezca tan fácil. Pero no puede haber nada creado, manifestado, ejecutado o llevado a cabo en nuestra realidad (de hecho, en todo lo creado) que no siga un proceso energético de etapas desde que empieza hasta que se termina.

Este proceso es lo que se conoce como una *octava*. Se le llama octava porque los pasos o saltos energéticos que sigue todo lo que existe para pasar de un estado A hacía un estado B son principalmente siete. Estos pasos, más cortos o más largos en duración, para que todos nos entendamos, son como las notas musicales, y así están explicados, por ejemplo, en las enseñanzas de Gurdjieff o Pitágoras. Todo lo que empieza se inicia en el estado energético o nivel que podemos asignar a la nota DO, luego pasa a un estado que sería correspondiente a la nota RE, luego al MI, al FA... hasta que termina con el DO de la siguiente octava. Como todos sabéis, las notas musicales representan cada una un tipo de energía diferente, una frecuencia, un estado vibracional, de ahí que nos sean tan útiles para poder estudiar las octavas de las que se compone todo lo que nos sucede en la vida.

Cuando usas la analogía musical de siete notas para explicar la estructura del universo, salen siete macro planos, debido precisamente al número de gradientes frecuenciales existentes en esa octava, pero si en vez de solo las notas, tomas las notas y los semitonos (las teclas blancas y negras del piano), en total tienes 12 gradientes frecuenciales en vez de siete, de ahí que otros libros de metafísica te hablen de 12 dimensiones en vez de siete, o de 144 niveles en vez de 49 (pues toman 12 sub-divisiones para las 12 principales en vez de siete sub-divisiones para cada uno de los siete macro planos).

Sea la escala que sea que usemos para entender cómo está formado el universo en el que vivimos, la cuestión es que podamos comprender los conceptos para luego sentirnos cómodos con una medida u otra.

Aunque el aspecto consciencia de toda mónada o bloque básico de la Creación existe en todos los niveles, como hemos dicho, sería acertado decir que, en los más densos, la consciencia se encuentra mucho más restringida por el aspecto «materia», mucho más predominante en la tríada que compone el plano en cuestión, mientras que, a medida que uno sube hacia planos más elevados, el aspecto «energía» es más predominante, y, por ende, el componente consciencial tiene muchas menos restricciones para expresarse y expandirse.

Esto nos da una idea, y una explicación, porqué a medida que una mónada individual es usada «hacia arriba», en los planos superiores tras haber completado un camino involutivo del que hablaremos luego, encuentra menos restricción para la expansión de su consciencia, y su aspecto «energía y movimiento» facilita la misma. Básicamente, el concepto de que la consciencia se expande más fácilmente cuanto más alto es el plano en el que la mónada se mueve, está relacionado con las restricciones que esta tiene que superar en los aspectos más densos para ello.

El hecho de que estos niveles o planos de existencia se interpenetren entre sí es fácil de entender, si pensamos que la materia que compone cada plano es mucho más sutil que la del plano inmediatamente inferior (en vibración). El ejemplo que sigue nos ayudará a verlo claro. Imaginad una jarra llena de rocas, representando el plano físico, entre las rocas, podemos llenar de pequeñas piedras los huecos, que vendría a ser la representación del plano etérico; luego podemos añadir arena, que podría equivaler a la materia del plano astral; luego incluso podríamos añadir agua, que representaría la materia del plano mental, etc. Puesto que aquí las piedras no se meten dentro de las rocas y la arena no se mete dentro de las piedras, la analogía no es del todo certera, pero es el ejemplo más cercano que podríamos poner para explicar esta interpenetración de la materia de un plano sutil sobre otro que lo es menos. La idea es que las moléculas que forman la materia del plano mental (compuesta por mónadas de ese plano) literalmente se encuentran usando el mismo espacio que las moléculas del plano astral o emocional (formadas por mónadas de ese plano), y así sucesivamente.

La estructura energética del Sistema Solar

Cuanto más intentamos abarcar y comprender de esta estructura de la Creación, más complejo se nos hace mantener en la mente la vastedad de la misma. Todo lo que existe está construido siguiendo un proceso fractal, «como es arriba es abajo», reza una de las leyes herméticas más conocidas, axioma básico para entender y estudiar el macrocosmos mirándonos a nosotros mismos, los seres humanos, como una representación micro cósmica del mismo. Y, como tal, la escala con la que nos vamos a sentir más cómodos es la escala y estructura del Sistema Solar, que es donde se desarrolla básicamente todo el periplo evolutivo del ser humano, o mejor dicho, de su Yo Superior o ser particular, del que hablaremos más adelante[1].

De la estructura anterior de siete macro niveles mencionados, para todo lo que existe, los sistemas solares como el nuestro manifiestan a nivel micro el mismo esquema y estructura. De hecho, de los 49 planos en los que hemos querido dividir nuestra estructura cósmica, los sistemas solares existen solo en los siete inferiores. Si el plano 1 fuera el más cercano a la Fuente original, y el plano 49 el más denso y sólido, en nuestro sistema solar encontraríamos solo materia de los planos 43 al 49.

---

[1] Ya hicimos una primera introducción a los componentes del ser humano en el anterior libro, El Yugo de Orión, que ahora vamos a profundizar y detallar más para seguir comprendiendo cómo somos y la complejidad de nuestra estructura y configuración energética.

Cuando se manifiesta un nuevo nivel frecuencial de la Creación, para que se pueda crear en su interior un plano inferior desde uno superior, siguiendo los procesos de manifestación de la Ley de las Octavas, la materia-energía-consciencia de un plano se proyecta hacia el siguiente, cambiando de estado, densidad, vibración y composición, y generando un nuevo sustrato, para que la «vida», en cualquiera de sus manifestaciones física o no física, pueda tener lugar. Así, para que el "plano 2" se forme desde la Fuente «primaria», son las unidades primordiales del plano 1 que se densifican un orden de magnitud y modifican sus características vibracionales para formar el plano o nivel energético siguiente (inferior). Para explicarlo a grandes rasgos: para que el plano físico exista, siendo el «último», primero ha tenido que proyectarse energía desde un plano etérico (el «penúltimo») y es la materia etérica, cambiando de estado, la que forma entonces la materia física, y a su vez, este, el etérico, ha tenido que nacer de la proyección energética desde el plano mental, y este ha nacido desde el plano causal, y así hacia el origen de todo «hacía arriba».

Los nombres para los siete planos de nuestro planeta y de nuestro sistema solar difieren enormemente según la escuela o línea esotérica de conocimiento que sigas, así que personalmente los nombro como los aprendí en su momento tal que:

- Plano 43 – plano ádico, samádico o divino
- Plano 44 – plano monádico o anupadaka
- Plano 45 – plano nirvánico o átmico
- Plano 46 – plano búdico o espiritual
- Plano 47 – plano mental (incluye el plano causal como parte superior del mismo)
- Plano 48 – sustrato astral (se encuentra interpenetrando toda la estructura de la Tierra, del

Sistema Solar, etc., es como la amalgama energética para el resto de planos y estructuras).

- Plano 49 – plano físico (incluye el plano etérico como la parte superior del mismo)

El éter, la energía que forma el sustrato base de todos los planos, la energía del vacío (que no existe como tal), es, en cada nivel frecuencial, energía de planos superiores al plano en el que se manifiesta, actuando como energía primordial para la propagación y manifestación de las formas creadas por las consciencias de las mónadas que desean moldear el aspecto materia de ese plano, de esa vida, de esa existencia.

El Universo "mental"

«El universo es mental». Es otro de los axiomas y leyes herméticas que todo estudiante metafísico aprende para entender de dónde salió todo. Si uno cierra los ojos y se imagina un objeto, acaba de crear algo en su mente que encierra una cierta energía, forma, perspectiva, color, vibración, etc. Si una mente inmensamente más poderosa que la nuestra imaginase ese mismo objeto, y millones más, su potencial para definirlos, visualizarlos, darles energía, etc., daría como resultado una imagen mental infinitamente mejor. Cuando cualquiera de nosotros dejamos de pensar en ese objeto, nuestra imagen mental desaparece, porque es necesario una gran concentración para mantenerla activa, y, aunque para un ser humano es difícil concentrarse durante largos periodos de tiempo, para una mente infinita no habría problema en ser capaz de hacerlo para siempre, eternamente, en aquello que se desea crear. Esa mente infinita es lo que llamamos la Fuente, el Absoluto, el Origen y la singularidad que dio lugar a «Todo lo que Existe». Esa mente es consciente, es omnisciente, es omnipotente, omnipresente. Es amor, es sabiduría y es poder. Es la trinidad de todas las culturas y religiones.

Si esa mente pudiera imaginar un universo entero (o varios de ellos), concentrarse en él durante trillones de años, siendo el factor tiempo algo inexistente incluso en este aspecto, e imaginar trillones de formas de vida y de modos de manifestar su propia consciencia en ese espacio virtual recién creado, quizá tenemos ya una explicación que la mente humana puede entender de cómo, y de dónde, ha nacido todo esto que estamos tratando de explicar.

Como toda creación tiene un proceso, igualmente el diseño mental de la existencia siguió el suyo propio, al ritmo de las diferentes octavas y pasos energéticos, conscientes y creadores, que nacían de esa Fuente. ¿Podemos tratar de diagramar este proceso de alguna forma? Veamos que nos dicen esas enseñanzas esotéricas al respecto, el conocimiento que los antiguos filósofos tenían sobre el tema.

Primero, tenemos que ser conscientes de que cada vez que hacemos un diagrama para explicar la teoría metafísica de la Creación, el concepto de la «Fuente primaria», las sub-fuentes, los planos frecuenciales, las divisiones en niveles evolutivos, etc., ponemos una cosa encima de otra, como si estuvieran fuera, conectadas, sí, pero como si una cosa colgara de otra en un espacio abstracto que sirviera de base para ello.

Claro, no tenemos otra forma de representar, en las dos dimensiones de un papel y de forma lineal, los conceptos de frecuencia superior, de mayor nivel evolutivo, de mayor jerarquía, o de dependencia energética o vibracional, así que no hay otra manera de expresarlo que haciendo dibujos o esquemas en cascada, donde, en lo más alto, tenemos la

Fuente o el «origen de Todo», y luego en las partes más bajas vamos poniendo aquello que depende o sale de ese origen.

Evidentemente, esta representación no es correcta, aunque es la que más nos ayuda a explicar estos conceptos, y a entendernos los unos con los otros, pero, si queremos ser un poco más estrictos, o simplemente ser un poco más exactos, tenemos que pensar que no hay nada que no esté dentro de la Creación y que, lo que nosotros dibujamos como colgando de otra cosa, en realidad está dentro de esa otra cosa. El ejemplo del océano vuelve a servirnos. Por mucho que los trillones de gotas cambien, se aglutinen, se muevan aquí y allá, etc., el océano sigue siendo el océano y no hay ninguna gota que esté fuera del mismo.

Así, no podemos dibujar la Creación, pero sí esquematizarla, y su representación es evidentemente un círculo de radio infinito en 2D, o una esfera en tres dimensiones, que se expande eternamente hasta volver a enlazar consigo misma, de forma que no hay nada que quede fuera de la esfera. Inicialmente todo esto, podríamos decir que es energía potencial en reposo, infinita, sin ningún tipo de manifestación en su interior.

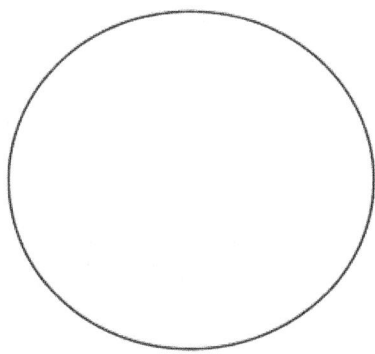

Luego, ¿cómo se pone en marcha el proceso creativo? Es el impulso de esta energía-consciencia de autoexperimentarse, de autorreconocerse, el que lleva a crear una singularidad, un punto, un pulsar, donde esta energía primordial comienza a generar en su seno (dentro del total de la esfera), porciones de sí misma que dan lugar inicialmente a una separación entre lo que se denomina en metafísica: «la región de lo no manifestado» (la parte donde está la energía consciente para crear), y la región de «la Creación», la parte que alberga lo generado, lo que ya ha sido «creado», desde donde entonces se expande, y se manifiesta, a partir de aquí, todo lo que podemos llegar a conocer de la Fuente como tal. Es como si en el centro del océano hubiera una zona con la materia prima para crear el agua que luego da lugar a eso que nosotros estudiaremos como el «océano de la Creación».

Hay quién llama «existencia negativa» o «increada» a la región o zona de energía inerte o potencial, y quién llama «existencia positiva», a la región «creada» o manifestada. Pero los términos positivos y negativos aquí no tienen ninguna connotación de bueno o malo, sino de «estado latente» o «estado manifestado» de la energía que nace o existe en la Fuente. Esta zona de potencial latente es el Ain Soph de la Cábala, el Parabrahman de los hindúes. Es como el repositorio de combustible que nutre la combustión de los procesos de creación de la región de lo «manifestado». Esta región o zona de «todo lo que existe» es el Ain Soph Aur (luz infinita) cabalístico o el Brahmán hindú.

En la región de lo «no manifestado» se encuentran las partículas primarias, las mónadas o bloques básicos de la Creación sin consciencia, en estado potencial y latente, y solo cuando se proyectan hacia la parte creada se convierten en partículas conscientes.

Los taoístas dicen de esta Fuente primaria, la singularidad inicial, que «el Tao que puede ser expresado, no es el verdadero Tao», haciendo referencia a la región «manifestada» y a la región «de lo no manifestado».

De la energía infinita en reposo (zona de lo «No Manifestado»), sale la energía creadora. Es a partir de ella de donde empiezan a manifestarse los diferentes espacios, universos, realidades, logos y sub-logos, todos contenidos dentro de la región de la Creación manifestada, y todos provenientes de la misma Fuente primaria de nuestra realidad, que, para nosotros, es todo lo que jamás podremos llegar a experimentar y conocer, si acaso, en sucesivas expansiones de nuestra consciencia, abarcando cada vez conceptos más altos y abstractos que nos acerquen a entender mejor «todo lo que existe».

Esta energía, o luz infinita creadora, nace de la parte de energía latente y en oscuridad, igual que una madre da a luz a su hijo que yace en la oscuridad de su vientre o una semilla germina en la oscuridad de la tierra. En este aspecto, la oscuridad es el estado latente y potencial de la energía desde donde nace la luz, pues todo lo que ha sido creado ha partido de un estado «de luz no manifestada».

El aspecto «energía» dirige el poder de manifestar, el aspecto «consciencia» une a todo lo Creado en una sola mente cósmica o universal, pues todo fue y ha sido emanado desde un proceso mental infinito, sostenido por una meditación focalizada de la Fuente, y se disolvería de vuelta a la región de lo «no manifestado» si esta concentración cesase.

Aunque aún es pronto para entrar en ese tema, a diferentes sub-niveles de la Creación, diferentes macro seres cumplen la misma función de mantener, con su concentración, en estado meditativo, el foco de la Creación de la región local de la que son responsables. Si aquel «logos» que nos mantiene en su mente creadora, el macro ser del que depende nuestra zona del espacio y del tiempo, dejara de sostener su proyección mental del mismo, todos nosotros dejaríamos de existir en un instante.

Finalmente, el aspecto «materia» es el que da consistencia a cada una de las mónadas que, en este momento, aún se encuentran o bien en estado latente en la zona de lo no manifestado, o bien acaban de ser creadas al primer macro plano de la Creación, el plano 1 de los 49 de los que hemos hablado anteriormente.

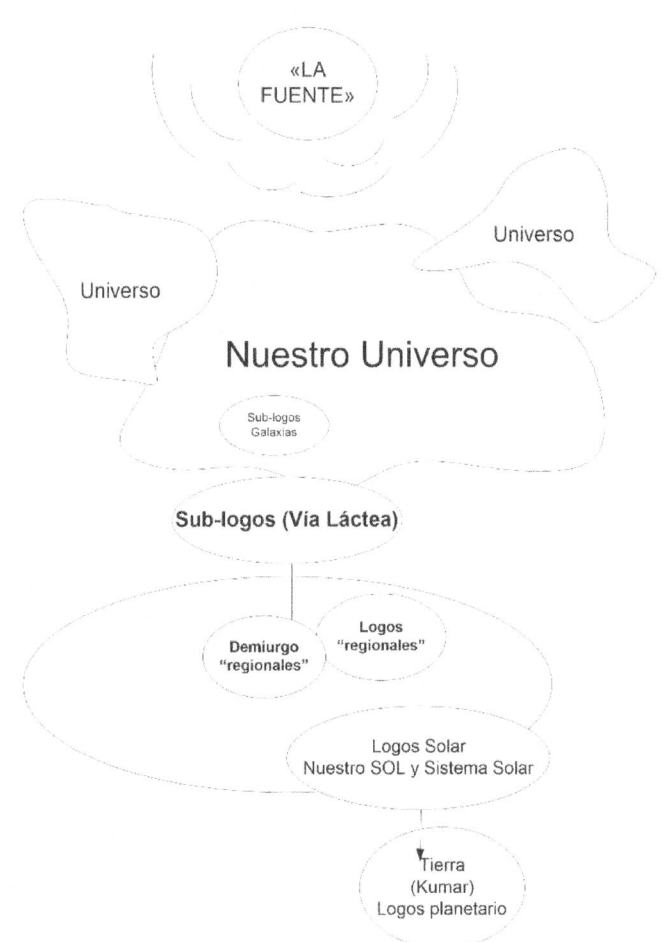

Para tratar de explicar algo complicadísimo de forma resumida, digamos que las primeras formas conscientes que nacen de la Fuente por unión de mónadas del primer plano cósmico, son estos macro seres, o grandes Logos, que toman el mismo papel creador de la Fuente, pero a una escala menor. De cada Logos, o porción creadora manifestada por la Fuente Primaria, nace una macro porción de la realidad, y de la existencia, que nosotros vamos a catalogar como un universo, y, si atendemos a la Ley de las Octavas que hemos mencionado antes, entonces existen seis universos alrededor de una séptimo estático en cuyo interior está la Fuente central para nuestro plano físico, uno por cada nota de la octava.

Por los mismos mecanismos creadores ahora ya puestos en marcha simultáneamente, dentro de cada uno de esos universos, otras porciones de la Creación tomarán vida como sub-sub-fuentes, o como logos de un orden menor, que podríamos muy bien asimilar a nuestras galaxias (a pesar de que haya jerarquías y niveles entre logos galácticos, pues, por ejemplo, el ser que da vida a nuestra Vía Láctea ha nacido, o ha sido creado, por otro «ser», que, si pudiéramos verlo, sería algo así como otra macro galaxia en donde se crean galaxias menores).

Así, de este Logos galáctico ya llegamos a un nivel que más o menos podemos entender, la creación dentro de nuestra propia galaxia, donde existen, en un nivel menor, millones de sub-sub-sub-logos, que para nosotros representan o se manifiestan como soles y estrellas.

Y ya, en el último orden de cosas, aparecen los planetas y satélites, con un orden evolutivo menor, que dependen jerárquicamente del Logos solar al que pertenecen (del Sistema Solar a nivel físico en el que se encuentran), pero que están dentro de la estructura del Logos galáctico, siguiendo la línea jerárquica que marca el nivel evolutivo de satélites-planetas-estrellas-galaxias. Así, aunque hemos ido poniendo en cascada cómo nacen las diferentes partes de la Creación saliendo una de otra, es un proceso más parecido a como si de muñecas rusas contenidas una en otra se tratase, todo estando dentro del contenedor superior que le dio vida.

Quizás ahora, esta forma de entender todo lo que existe nos parezca complicada e inalcanzable. Posiblemente lo es. Quizá en algún momento en un futuro nivel evolutivo consigamos una expansión de consciencia lo suficientemente grande para abarcar estos conceptos de forma más clara. Hasta entonces, es cuestión de sentir intuitivamente lo que nuestro ser nos dice respecto a ese «TODO», más que quizá tratar de racionalizarlo demasiado con la mente humana.

¿Son todas las mónadas iguales?

El vocablo «átomo» significa «unidad indivisible de materia», ya que así lo creían los antiguos filósofos griegos y concebían lo que la ciencia actual llama átomos como la parte más pequeña en la que se podía dividir algo. Sin embargo, científicamente sabemos que no es así, ya que dentro de los átomos existen partículas sub-atómicas de diferentes niveles. Pero, metafísicamente, la palabra «átomo» hace referencia también a otra cosa, a la unidad fundamental de consciencia de cada plano o nivel de existencia particular. Es decir, las mónadas o bloques de materia-energía-consciencia del plano 1 (el plano o primer nivel desde la Fuente) pueden ser catalogadas como átomos de clase 1, y las mónadas que dan lugar o son el sustrato para el plano 25, por ejemplo, pueden ser catalogadas como átomos de clase 25. Si seguimos siendo consistentes con la estructura de 49 planos que hemos escogido para nuestra explicación (siete macro planos con siete subdivisiones cada uno), entonces tenemos 49 diferentes tipos de átomos o mónadas primordiales, cada una con diferentes características.

Cada uno de estos átomos es indivisible en su plano de existencia. Forman la parte más pequeña de aquello que se puede usar para manifestar algo en ese plano o nivel frecuencial, pero como cada átomo está compuesto por átomos de un nivel superior, se pueden dividir en átomos de mayor categoría. Es decir, un átomo del plano 43 (el plano ádico o divino, el más alto de nuestro sistema solar), es la unidad más pequeña de consciencia-materia-energía de ese plano, pero cada átomo del plano 43, ádico, está formado por la combinación de átomos de niveles superiores, en este caso, un átomo 43 está compuesto por 49 átomos del plano 42, el inmediatamente superior en vibración.

Solo los átomos o mónadas del plano 1 son realmente indivisibles, y son las partículas de consciencia de las que todo lo demás está hecho por combinación de las mismas. Para que se forme el plano 2 de existencia desde la Fuente, 49 átomos del plano 1 se juntan para formar un solo átomo de tipo 2, y así sucesivamente. Más o menos esquematizado funciona así:

Fuente – singularidad primaria – energía en potencia → mónadas «en reposo» y latentes → mónadas expulsadas de la zona en reposo forman el primer nivel o macro plano de la estructura de la Creación y se convierten en átomos tipo 1 → luego 49 átomos tipo 1 se juntan y crean un átomo tipo 2 → infinitos átomos tipo 2 crean entonces el sustrato para la existencia y manifestación del plano 2 → seguidamente, siguiendo el ritmo marcado por la Ley de las Octavas, 49 átomos tipo 2 se juntan para formar un átomo tipo 3 → infinitos átomos tipo 3 crean el nivel o plano siguiente descendente en la estructura de la Creación...etc.→ hasta llegar al plano 49, el más denso, sólido y físico.

Las mónadas o átomos primordiales del plano 49 son algo mucho más ínfimo y pequeño que las partículas sub-atómicas que conocemos científicamente. No estamos ni de lejos cerca de llegar a descubrirlas con nuestros sistemas de medición actuales.

A medida que las mónadas descienden siguiendo el ritmo marcado por la Ley de las Octavas y construyendo planos y niveles más densos, el aspecto materia de las mismas prevalece más y más, y el aspecto energía decrece en igual proporción. El aspecto consciencia se encuentra entonces envuelto en una región con mayor o menor resistencia a su expansión.

¿Hay algún límite a la expansión en planos más sólidos que el plano físico en el que existimos nosotros? Es decir, ¿se ha detenido ya la creación de planos más materiales, o es posible que exista alguno aún más denso?

No estoy seguro de ello. Quizás la respuesta la tenga la teoría o postulado llamado el Condensado de Bose-Einstein.

En la década de 1920, Satyendra Nath Bose y Albert Einstein publicaron conjuntamente un artículo científico acerca de los fotones de luz y sus propiedades. Bose describió ciertas reglas para determinar si dos fotones deberían considerarse idénticos o diferentes que recibieron el nombre de «estadística de Bose» (o a veces la estadística de Bose-Einstein). Por su lado, Albert Einstein aplicó estas reglas a los átomos (de la física) preguntándose cómo se comportarían, por ejemplo los de un gas, si se les aplicasen estas reglas que Bose había postulado. Así, descubrieron que, a muy bajas temperaturas, la mayoría de los átomos se movían a un estado cuántico, alcanzando el menor estado energético posible conocido hasta la fecha.

Imaginaros una taza de té caliente, las partículas que contiene circulan por toda la taza. Sin embargo, cuando se enfría y queda en reposo, las partículas tienden a ir hacia el fondo. Análogamente, las partículas a temperatura ambiente se encuentran a muchos niveles diferentes de energía. Sin embargo, a muy bajas temperaturas, una gran proporción de estas alcanza el nivel más bajo de energía posible, su estado fundamental de existencia.

La agrupación de partículas en ese nivel mínimo se llama Condensado de Bose-Einstein (BEC), porque la demostración está hecha de acuerdo con las ecuaciones de Einstein. Lo que, seguramente, no pudo imaginar este último es lo extraño que se vería una masa de materia con todos sus átomos en un solo y único nivel de vibración y energía, sin importar qué tipo de átomo estuvieses tratando. Esto significa que, en esos niveles, todos los átomos son absolutamente iguales. No hay nada que pueda diferenciar uno de otro. Se trata de un estado de coherencia cuántica microscópico que sería el límite inferior conocido por el ser humano para que la materia pudiera condensarse aún más.

Esto, que surgió como un análisis o hipótesis teórico, no pudo ser probado hasta el año 1995, cuando unos científicos de la Universidad de Colorado, Eric Cornell y Carl Wieman, enfriaron átomos de rubidio[2] a menos de una millonésima de grados Kelvin por encima del cero absoluto, una temperatura muy inferior a la mínima temperatura encontrada en el espacio exterior. Utilizaron un método de enfriamiento por láser, haciendo que la luz rebotara en los átomos con más energía. Cuando los fotones rebotan en el átomo, el electrón en el átomo que absorbe el fotón salta a un nivel superior de energía, y rápidamente vuelve de regreso a su nivel original, expulsando el fotón de nuevo, y logrando así el descenso de su temperatura. Este experimento provocó que los átomos individuales del rubidio se condensaran en un solo superátomo que se comportaba como una materia fluida, más sólido y más denso que su estado original, llegando al estado inferior y límite sólido de la materia conocida, con otras propiedades y otras características. Este resultado es el que nos indica que no parece que se pueda propagar la Creación hacia un estado más allá del plano 49 como el plano más denso de todos, pues según la teoría del Condensado Bose-Einstein, este es el punto en el que el aspecto energía de

---

[2] El rubidio es un metal alcalino blando, de color plateado blanco brillante que empaña rápidamente al aire, muy reactivo —es el segundo elemento alcalino menos electronegativo y puede encontrarse líquido a temperatura ambiente—. Puede formar aleaciones con oro, los demás metales alcalinos, y alcalinotérreos, antimonio y bismuto.

la mónada o átomo del plano 49 se hace igual a 0, y el aspecto materia igual al cien por cien. Este cero absoluto es lo que previene, creemos, a la Creación de descender más allá de esta última frontera en la que nos encontramos nosotros.

Grados de materia para el desarrollo del aspecto consciencia de una mónada

Aparte de diferenciar las mónadas según pertenezcan a la región de lo «no manifestado» (la zona de la Fuente donde yace la energía potencial latente a la espera de ser usada), y la región de la Creación (donde esas mónadas están activamente existiendo y creando), hay que hacer otras distinciones en esta última categoría pues no todas las mónadas activas poseen los mismos grados de los tres aspectos básicos de materia-energía-consciencia.

Ya hemos comentado que el aspecto energía de una mónada es el que prevalece en los planos superiores de existencia, y el aspecto materia de la misma el que sobresale en los planos inferiores, pero ¿qué sucede con el aspecto consciencia? Pues la respuesta es que este aspecto es el que evoluciona y se desarrolla según pasa por diferentes estadios y gradientes del aspecto materia, gradientes que solemos cuantificar en cuatro grandes grupos. Así, una mónada de cualquiera de los 49 planos de nuestra estructura de la Creación puede presentar su parte de materia, siendo de tipo primario, secundario, terciario o cuaternario, y según sea este aspecto material de la mónada, así podrá desarrollarse su aspecto de consciencia. Veámoslo uno por uno.

Mónadas con materia de tipo primario

Cuando la mónada es manifestada desde la región «latente» a la región «de lo creado» el aspecto materia de la misma decimos que es de tipo primario. La materia primaria es la menos desarrollada, la más básica. Este tipo de mónada con materia de tipo primario tiene como función servir de sustrato base para la expansión y sustento de los 49 planos de existencia y no sirve como vehículo para la evolución de la consciencia que posee en su interior, puesto que el aspecto consciencia en las mónadas, cuya materia es de tipo 1 está completamente inactivo, lo que provoca que otras mónadas de otros tipos no puedan interaccionar fácilmente con este tipo de bloque energético básico. Es, por ello, usado solo como el sustrato para la construcción de otras cosas, para que otros tipos de construcciones se apoyen, como lo haría una casa en sus cimientos, pero no para que los cimientos como tal se desarrollen conscientemente hacia otros estadios más avanzados de existencia.

El descenso de mónadas con materia tipo 1 por todos los planos es gradual, van siendo proyectadas energéticamente y formando planos dentro de otros planos dentro de más planos, cada vez más densos, como ya hemos visto, uniéndose entre ellas (las mónadas de tipo 1) para crear estructuras más sólidas y físicas, interpenetradas por las estructuras menos densas del plano construido y manifestado justo anteriormente.

Cuando una mónada tipo 1 (con tipo de materia primaria) llega a formar parte del plano más sólido (el 49) como sustrato para el mismo (de nuevo, nuestros descubrimientos científicos no llegan a detectar este componente ínfimo del cual las partículas sub-atómicas poseen millones en su interior), entonces empieza su camino de regreso evolutivo hacia el plano superior de la Creación del que partió hace incontables eones. Esa mónada ha completado su camino "involutivo", y a partir de aquí tiene vía libre para comenzar su camino evolutivo.

¿Cuál es el motivo para ello? ¿Por qué ha tenido que descender por toda la estructura de lo creado esta unidad de consciencia, materia y energía? Básicamente, para distribuir su aspecto energía y su aspecto materia de forma que se permita a la Creación disponer de ello. Son las piezas del Lego que se sacan de la caja (la región de lo no manifestado), se reparten por todo el suelo (toda la Creación) para que luego alguien pueda empezar a construir cosas con ellas (la estructura de la misma y todo lo que esta contiene).

La generación de mónadas con aspecto materia de primer tipo es constante y, por ende, continuamente se están suministrando bloques energéticos para la expansión de la Creación dentro de sí misma.

Mónadas con materia de tipo secundario

Cuando la mónada ha completado su proceso involutivo, su aspecto materia sufre una transformación y se convierte en lo que llamamos materia secundaria o de tipo 2. Esta mónada empieza a exhibir un movimiento en espiral ascendente, como un torus o toroide, debido a la activación del aspecto consciencia que anteriormente ha estado largamente inactivo o latente, mientras la mónada recorría el camino involutivo desde la Fuente hasta el plano más denso, sirviendo como sustrato y cimiento para mantener la estructura de la Creación.

Una vez la mónada es liberada de esa función, se activa, aunque de forma pasiva, su aspecto consciencia. Esto quiere decir que, aunque activa, esta consciencia no tiene poder de voluntad propio, de forma que, mónadas con materia de tipo 2 no pueden actuar según su libre albedrío, pero sí que pueden responder a las influencias externas de otras mónadas más avanzadas, sirviendo entonces como material base para la formación de formas energéticas especializadas y complejas, más allá de ser simplemente el éter y el sustrato del universo, y pasando a servir para la creación de formas mentales, emocionales, etéricas, etc.

Estas formas o creaciones, que dependen de la voluntad creadora de mónadas más avanzadas, son temporales, así que las mónadas de materia tipo 2 se usan y desusan, se cogen y se liberan, se juntan y se separan, se compactan, se disgregan y se disuelven, según las necesidades de creación de otras mónadas con niveles evolutivos superiores. La diferencia, también, respecto a las mónadas con materia de tipo primario, es que estas mónadas retienen parte de la experiencia vivida, por ejemplo como parte de una forma emocional, así que, de esta forma, el aspecto consciencia de una mónada tipo 2 va evolucionando poco a poco. Este tipo de mónada es la que compone, por ejemplo, la estructura energética de formas vivas como algunos seres del reino elemental del plano etérico que conocemos todos por los cuentos para niños que nos leían de pequeños.

Las formas de vida creadas únicamente por mónadas de tipo 2, al no poseer voluntad propia como tal, son dirigidas fácilmente por consciencias superiores, y acatan las directrices de aquellos que consiguen dirigirlos, por ejemplo, algo que es parte del trabajo con lo que se denomina seres elementales «básicos» (pertenecientes a las fuerzas de la naturaleza), pues los hay de muchos grados y tipos de inteligencia, que pasa por controlarlos para conseguir su ayuda o apoyo. Echad un vistazo a libros de magia con elementales de la naturaleza y sabréis de lo que hablo.

Nuestros cuerpos sutiles también están formados con mónadas cuyo aspecto materia es de tipo 2, mónadas concentradas del plano etérico para formar nuestro cuerpo etérico, mónadas tipo 2 del plano mental para formar el cuerpo mental, del causal para el causal, etc. De la misma manera, es sencillo entender que toda forma emocional presente en el ser humano son agregaciones de materia "emocional", que toda forma mental son agregaciones de materia del plano mental, y que toda forma conceptual son agregaciones y construcciones de materia causal (parte superior del plano mental).

Cada vez que pensamos y sentimos algo, porciones de materia mental y emocional toman vida en construcciones mentales que son expedidas de nuestros cuerpos sutiles. La figura o aspecto que tenga la forma mental viene determinado por el concepto o idea imbuida en el pensamiento creado (un clarividente podrá ver cómo salen de tu mente y de tu cuerpo mental distintas figuras con diferentes formas); su definición o nitidez viene determinada por la claridad del pensamiento del creador (cuanto más detallada y clara la idea emitida, más nítida es la forma mental generada), y su color y vibración por la calidad del mismo pensamiento (pensamientos y emociones elevados, colores y vibración más altos). En conjunto, a mayor nivel evolutivo más claras, definidas y coloridas pueden ser sus formas mentales y emocionales vistas extrasensorialmente.

Estas construcciones mentales sirven a diversos propósitos: el primero, crear un envoltorio o envase material para el pensamiento generado (sea el envoltorio o envase construido con material causal, mental, emocional o etérico), después para transportar información entre cuerpos sutiles y así dotar o expandir el aspecto de consciencia de la persona y, finalmente, para ejecutar o manifestar un propósito definido por el generador de la forma mental (manifestar algo por la persona, crear un tipo de realidad para sí misma, atraer un cierto tipo de eventos, etc., siendo este el aspecto más popular de la llamada «ley de la atracción»).

Puesto que cada expresión energética generada es una causa, tiene que tener su correspondiente efecto según la ley universal de causalidad. Y este efecto puede ser, como ya podéis suponer, de muchos tipos: constructivo, manipulativo, con influencia buena o mala sobre el receptor, creativo, etc., pues la consciencia proyectada de una persona a través de sus formas mentales es capaz de influir en todo aquello con lo que entra en contacto, como ya habréis oído que sucede en los diferentes experimentos con partículas subatómicas, donde lo observado se modifica por el efecto del observador.

Si usamos el término «forma mental» para incluir también a las formas causales, etéricas y emocionales, y hacer así la terminología más simple, tenemos que saber también que todas estas tienen una duración y vida determinada, y que su intensidad está directamente relacionada con la cantidad de energía y vibración usada en su creación. Cuando una forma mental ha servido a su propósito, en la mayoría de los casos, se desintegra lentamente y vuelve a descomponerse en la materia atómica causal, mental, emocional o etérica que la formó, liberando sus partículas constituyentes para que puedan ser usadas por otro para otro tipo de construcción.

Los pensamientos e ideas generadas en el cuerpo mental, las emociones, deseos, sentimientos y pasiones creadas en el cuerpo emocional y las sensaciones instintivas del cuerpo etérico son percibidas en el cuerpo físico. La calidad de estas construcciones viene determinada por la calidad de las mónadas agrupadas en átomos que las forman, y su intensidad viene determinada por la energía que usan estas mismas mónadas para su construcción. Cada vez que un pensamiento o emoción es repetido múltiples veces, las mónadas que lo componen graban el comportamiento, y rápidamente aprenden a responder automáticamente a estímulos externos del mismo tipo sin ninguna clase de intervención consciente por nuestra parte. Poco a poco, nos volvemos máquinas reactivas y no proactivas, ya que incorporamos a nivel mental, etérico y emocional todo tipo de respuestas y reacciones automáticas predefinidas y preaprendidas.

Las mónadas de tipo 2 también han constituido una de las bases para lo que los antiguos griegos llamaban el *Nous*, el sustrato vivo y consciente que era la base para la construcción de los cuerpos del hombre, de los elementos atómicos y sub-atómicos de la materia (formado en parte por mónadas tipo 2 y mónadas tipo 3 que veremos luego) que nosotros llamaríamos el "éter" de la Creación en estado virgen y que es la materia primordial del sustrato o campo astral, que amalgama y une todos los planos de la Tierra. Así, del *Nous*, formado por mónadas tipo 2 y tipo 3, nacen las partículas sub-atómicas, átomos y moléculas, que luego forman nuestros órganos, huesos, tejidos, etc., por combinación de los diferentes elementos químicos existentes o conocidos (según la ciencia, se conocen actualmente, con el reciente descubrimiento del Unumpentio[3], un total de 119

---

[3] El 2 de febrero de 2004 se informó en la revista *Physical Review* que un equipo integrado por científicos rusos, en el Instituto Conjunto para la Investigación Nuclear en Dubna, y científicos norteamericanos, en el Lawrence Livermore National Laboratory, hicieron el descubrimiento del unumpentio. El equipo informó que bombardearon americio 243 con calcio 48 para producir iones de cuatro átomos de unumpentio. En agosto de 2013 otro experimento independiente confirmó el hallazgo del elemento.

elementos en la tabla periódica, que se dividen en un total de 18 grupos, pero, la otra ciencia, la ciencia esotérica, dice que existen 144 elementos químicos, según las reglas de la creación de la materia y las leyes que la rigen energéticamente, así, a priori, aún faltaría que la humanidad descubriera 25 elementos químicos más).

Todo sólido, líquido o gas es una manifestación de la combinación de mónadas tipo 2 en partículas sub-atómicas, compuestas por electrones, protones y neutrones, unidas en átomos. También las energías de los elementos primordiales: agua, tierra, aire y fuego son combinaciones de mónadas de tipo 2, expresiones naturales de aspectos de diferentes composiciones de estas mónadas.

Finalmente, los aspectos energéticos de la mónada tipo 2 (toda mónada, recordamos, está compuesta por tres elementos: consciencia, materia y energía) son los responsables también de las fuerzas que conocemos como electricidad y magnetismo. El campo electromagnético que rodea nuestro planeta es una fusión de ambas fuerzas, creadas por mónadas de tipo 2 con configuraciones diferentes en sus aspectos energía y materia.

Mónadas con materia de tipo terciario

Cuando las mónadas de tipo 2 se han desarrollado lo bastante, almacenando experiencias al ser usadas por otras mónadas en diferentes construcciones de los planos 43-49, su aspecto materia sufre un nuevo cambio, pasando a poseer el tercer tipo de forma de la tríada energía-consciencia-materia. Este tipo de mónada sigue su camino evolutivo de vuelta al plano 1 de donde salió, desde el plano donde se encuentre (el físico, etérico, astral, mental, etc.), pero tampoco pasa del plano 43 (el que hemos llamado ádico o divino), ya que es usada para funciones avanzadas necesarias en los últimos planos de la estructura del Sistema Solar. Sin embargo, como ya posee un aspecto consciencia más desarrollado, es usado ya no para formar parte del grueso de otras construcciones, como los cuerpos sutiles del ser humano, sino para estructuras más avanzadas, como los átomos simiente (donde se guarda toda la memoria y datos de cada uno de nuestros cuerpos sutiles), los canales que conectan esos mismos cuerpos como el llamado cordón de plata y el cordón dorado o hilo de fuego, los chakras, los meridianos, etc. Este tipo de construcción etérica tan importante para el buen funcionamiento del ser humano no está formada por mónadas de materia de tipo 2, sino de mónadas con aspecto materia de tipo 3.

El poseer un nivel de consciencia más avanzado que las de los tipos de mónadas precedentes, les permite formar parte de funciones automatizadas, a través de las cuales, la consciencia de la mónada retiene un patrón, aprende a repetir y ejecutar, y continúa haciéndolo mientras no se le diga lo contrario por alguna consciencia de orden superior. De ahí que nuestros chakras funcionen solos, que los meridianos transporten la energía sin intervención consciente de la mente racional, que los átomos simiente guarden información de forma automática, etc. Los componentes básicos de estas estructuras conocen su función y la ejecutan de manera autónoma ya que son capaces de almacenar la programación necesaria para ello. De la misma forma, toda la materia física de nuestro cuerpo es materia de tipo 3, y nuestras células, moléculas y átomos físicos tienen este tipo de consciencia, pues es el nivel de consciencia de las mónadas que lo forman. Todo componente del cuerpo orgánico que usamos sabe qué tiene que hacer, pues está genéticamente codificado en cada una de sus células que está a su vez codificado en la consciencia de las mismas, que no es otra cosa que el agregado de consciencia de las miles de mónadas que forman esa célula en particular. Cuando decimos que las células del cuerpo tienen consciencia, es porqué es así, ya que sus mónadas constituyentes la poseen en el grado descrito, para almacenar una serie de patrones y funciones a ejecutar, y hacerlo sin intervención externa.

Las mónadas de tipo 3 son aquellas que transportan el llamado prana, chi, energía vital, la fuerza de la vida, etc., y corresponden al componente de energía y consciencia, propagándose por el sustrato que hemos dicho que los antiguos filósofos llamaban *Nous*, y que hemos visto que es formada en conjunto por mónadas tipo 2 y mónadas tipo 3. En sus explicaciones filosóficas sobre el *Nous*, decían que las mónadas tipo 2 formaban la polaridad negativa de esta energía, y las mónadas tipo 3 formaban la polaridad positiva. El prana, o chi, o fuerza vital al actuar sobre los elementos primarios y químicos de tipo 2, los avivan, animan y vitalizan y sin esta fuerza vital no existiría la vida como tal. Obviamente, como ya podéis suponer, la fuente más potente de energía vital, energía formada por mónadas tipo 3, que existe en el Sistema Solar es, como no, el Sol, en el que vamos a adentrarnos brevemente para completar este punto.

Llamaradas solares y paquetes de información

Todos conocéis y sois conscientes del papel que juega el Sol como dador de vida para todo lo que existe en el Sistema Solar. Es nuestra principal fuente de energía, que se manifiesta, sobre todo, en forma de luz y calor. Contiene más del 99% de toda la materia del Sistema Solar y gracias a que ejerce una fuerte atracción sobre los planetas, los hace orbitar a su alrededor, en un movimiento helicoidal[4], y mantiene la

---

[4] En la escuela siempre se nos ha mostrado a los planetas como girando en un plano respecto al Sol, pero este modelo no es correcto, aunque nos sirva para entendernos. El sistema solar tiene forma de "cono", siendo el Sol el

estructura estable. Nuestra estrella, además, es un gran acumulador energético de diferentes tipos y, entre ellos, de fuerza vital, de mónadas de tipo 3, donde se codifican diferentes instrucciones e informaciones en su aspecto consciencia-materia-energía, para ser luego lanzadas al conjunto del Sistema Solar mediante las erupciones solares.

Según la explicación científica que hacemos de las erupciones solares, estas se definen como una explosión en el Sol, que ocurre cuando la energía almacenada en campos magnéticos, usualmente localizados encima de las manchas solares, es soltada repentinamente. Las llamaradas producen un estallido de radiación a través del espectro electromagnético, desde las ondas de radio hasta los rayos X y los rayos gamma.

La comunidad científica clasifica a las llamaradas solares de acuerdo a su brillo en rayos X, en el intervalo de 1 a 8 angstroms. Existen tres categorías: las llamaradas de clase X son grandes; son eventos de gran magnitud que pueden desatar apagones y afectar las ondas de radio en todo el planeta, así como tormentas de radiación de larga duración. Las llamaradas de clase M son de tamaño mediano, pueden generalmente causar ligeros apagones en un radio que afecta a las regiones polares de la Tierra. Comparados con los eventos de clase X y M, las llamaradas de clase C son pequeñas y de consecuencias poco notorias para nosotros.

Ahora vamos a hablar de lo que hace el Sol, y que no se ve, o no se entiende, en nuestra comunidad científica. Primero, el Sol es un ser consciente, como lo es la Tierra, o lo son cualquiera de los planetas del Sistema Solar. Ya hemos

---

vórtice del mismo y los planetas giran en torno a él en un movimiento helicoidal. El físico Nassim Haramein tiene vídeos y animaciones al respecto que lo muestran más claramente.

visto anteriormente que es lo que metafísicamente nosotros llamamos un «Logos». Alberga vida, pero vida de niveles evolutivos que no somos capaces ni de imaginar. El Sol para este tipo de seres no es el Sol que nosotros vemos y, por lo tanto, hay un cierto tipo de vida consciente que no tiene ningún problema en usar estrellas, como la nuestra, como campo base para su evolución y aprendizaje, como nosotros usamos la Tierra para la nuestra.

Esta vida consciente trabaja mucho más en consonancia y en colaboración con la entidad-consciencia solar (yo suelo llamarle el logos solar, como habéis visto, cuestión de terminología), para el mantenimiento del resto de la vida, a todos los niveles, en el sistema que rige.

El Sol es, además, un gran acumulador energético de información. Prácticamente todo lo que nos llega en forma de energía consciente desde el centro de la galaxia o desde cualquier otra zona de la misma, suele ser acumulado y retenido por el Sol, y luego reenviado a los diferentes cuerpos planetarios en la forma que ya conocemos, de luz y erupciones solares, que no son otra cosa que la manifestación física que nosotros vemos de un envío de información urgente, saliendo disparado de la oficina de correos (el Sol) hacia sus destinatarios (los diferentes cuerpos del Sistema Solar).

Es en estas llamaradas o erupciones solares, donde todos aquellos seres que «viven» en él (a falta de mejor término) programan, preparan y codifican los diferentes paquetes de información que son luego transmitidos hacia el interior del Sistema Solar. El hecho de que nosotros solo veamos el estallido electromagnético de plasma saliendo de la fotosfera, la capa más superficial de la atmósfera solar, por no estar en el nivel evolutivo y frecuencial donde podríamos percibir lo que realmente va en esas llamaradas, nos impide ver la codificación energética y la información que es enviada hacia las diferentes consciencias planetarias, y niveles de vida en su interior, en cada una de las erupciones.

Los paquetes de información que son enviados desde el Sol influyen en la vida orgánica y en los cuerpos energéticos de todos los planetas, pues, como podréis suponer, la vida consciente de nuestra estrella, y el logos solar mismo, no trabajan solo para mantener a la Tierra evolucionando, sino a todo el conjunto del Sistema Solar. La modulación y el tipo de onda que es emitida (el tipo de llamarada o erupción) depende de la vibración unida de todos esos seres, que, en conjunto con el Logos solar, introducen y programan, elevan o bajan, modulan o amplifican, las ondas electromagnéticas que son dirigidas luego hacia cada rincón del Sistema Solar con la información adecuada para el tipo de vida en ellos.

Estos paquetes de información no son más que fotones para nosotros, unidades electromagnéticas, que forman la luz que recibimos de nuestro astro, pero con una carga de información en formato numérico y geométrico que incorporan múltiples capas vibracionales, cada una de ellas destinada a una cosa distinta y a un receptor (sistema planetario) diferente. Cada vez que se emite una determinada llamarada solar, pues no son aleatorias sino producidas conscientemente, la información proyectada está tanto destinada a incorporarse a alguno de los cuerpos energéticos de Neptuno, como a ayudar al desarrollo de la vida en Mercurio o en la Tierra, siendo la definición de vida algo mucho más extenso de lo que podemos imaginar si solo nos ceñimos a lo que conocemos en nuestro planeta. Como ya podéis suponer, la intensidad de una llamarada solar depende también de la distancia a recorrer por la misma. Para hacer llegar un cierto tipo de información codificada hasta Urano hay que emitir con más intensidad que si solo se envía algo a Venus. Ya me entendéis.

Desde hace tiempo, soy de los que se paran con regularidad de cara al sol y conscientemente invito a los fotones de luz con información a que sean recogidos por mi pineal y sean integrados por mi sistema energético, y mi ADN, en un intento de trabajar de modo regular con esta información que llega constantemente. Es evidente que los códigos que nos sirven a los seres humanos, de todo lo que llega en un solo paquete de luz, un fotón, no son más que una millonésima parte (por decir algo) de la información que en realidad va en cada una de las emisiones energéticas que realizan, ya que, como hemos dicho, están destinadas a trabajar en un entorno macro, planetario. Es importante comprender que no solo en una llamarada solar van paquetes destinados a los seres humanos o a la Tierra, sino que tienen que emitir vibraciones distintas para todas las razas que existen (y formas de vida) en todos los planetas del Sistema Solar, por lo que aquello que un humano puede usar realmente de uno de esos paquetes de forma individual y personalizada es muy poco.

Sin embargo, el Logos solar y sus «habitantes» no son solo los que deciden qué tipo de codificación se envía hacia el interior del Sistema Solar, sino que la evolución del conjunto depende de las instrucciones recibidas de la jerarquía inmediatamente superior a nuestro sol, esto es, de sistemas solares mayores de los que dependemos (el de Alción, en nuestro caso) y del centro galáctico. En este aspecto, algunos ya sabéis que nuestro Sistema Solar es un sistema binario, la llamada hipótesis de Némesis[5] explica la existencia de una

---

[5] La hipótesis de Némesis es una hipótesis astronómica que sustenta la posibilidad de que nuestro Sol forme parte de un sistema binario. En este sistema, la estrella compañera del Sol —aún no descubierta— se llamaría Némesis (la diosa griega de la retribución y la venganza) por los efectos catastróficos que produciría al perturbar periódicamente la Nube de Oort. Su otro foco sería una estrella apagada, una enana marrón. El objeto,

estrella menor (se postula que es una enana marrón) acompañando al Sol y rotando a su alrededor. Así como Némesis con su mini sistema solar propio, en formación, depende de nuestro Sol para la recepción de la energía e información evolutiva que lo hace crecer, nuestro sol depende de sistemas solares más grandes y más cercanos para recibir las mismas instrucciones.

Las instrucciones, por llamarlo de alguna forma, sobre los diferentes tipos de paquetes energéticos que deben transmitirse para el funcionamiento armónico de todos los componentes planetarios y estelares, funcionan como si de torres de radio que retransmiten las ondas de un punto a otro se tratase, como si en nuestro Sol hubiera una especie de antena energética, que hace de receptor entre el Sol y otros soles mayores, como Alción en las Pléyades, y de ahí al centro galáctico u otros puntos intermedios. Nada es dejado al azar o es casuístico en la evolución de todo lo que sucede en nuestro Sistema Solar, pero todo queda muy lejos de lo que conocemos, entendemos y, en muchos casos, somos capaces de creernos.

Mónadas con materia de tipo cuaternario

Finalmente, el último tipo de materia que posee una mónada es el llamado tipo 4. Este tipo de mónadas ya posee voluntad propia individual, y es, por lo tanto, responsable de sus actos y de su propia evolución, a pesar de que, evidentemente, recibe la guía y orientación para ello de mónadas más avanzadas, aunque sean de su mismo tipo, pero en estados de evolución mucho más altos.

---

denominado Némesis por los investigadores, orbitaría a entre 1 y 3 años luz de su pareja.

La mónada de tipo 4 recibe su poder de voluntad (se activa o se proporciona) cuando ha completado los ciclos evolutivos que necesita como mónada de tipo 3 y entonces ya puede iniciar ahora sí, conscientemente, su camino hacia el plano 1. Así como las mónadas tipo de 2 y tipo 3 no abandonaban nunca el margen frecuencial de los planos 43 a 49 ya que eran necesarias para su función y sostenimiento dentro del Sistema Solar, la mónada de tipo 4 es la que, finalmente, va a conseguir completar el viaje de retorno a «casa», hacia el plano uno, pues ya se ha convertido en un «ser» individual, autoconsciente, auto volitivo y con poder de decisión sobre sus propias acciones y camino de crecimiento y evolución. Nuestro Yo Superior, en estos momentos, está formado por la suma de múltiples mónadas de tipo 4, esencia de la Fuente, dando lugar a un ser autoconsciente, como un orbe de consciencia, parte de la Creación, responsable de su propio camino evolutivo, enfrascado en un vehículo orgánico y con un sistema energético muy complejo, encarnado y perteneciente a la raza humana, en un planeta llamado Tierra. A partir de aquí, tú, como la proyección del Yo Superior que eres, tienes un largo camino evolutivo de vuelta a casa, de vuelta a la Fuente, de donde alguna vez fuimos creados.

Consciencia y carga energética por tipo de mónada

De esta manera hemos completado el estudio de los diferentes tipos de mónadas, bloques básicos de construcción de todo lo que existe en la Creación, pero, antes de proseguir, como resumen a lo anterior, dejemos listado las diferencias en el aspecto consciencia de cada mónada según el tipo de materia que posee, pues es lo que más nos interesa para el estudio de la evolución del ser humano que veremos luego:

- **Mónada sin manifestar, latente, en potencia (zona de lo no manifestado):** Inconsciente.
- **Mónada de tipo 1:** consciencia potencial, pero sin activar.
- **Mónada de tipo 2:** consciencia pasiva y reactiva (solo reacciona a estímulos externos).
- **Mónada de tipo 3:** consciencia activa, puede aprender patrones por repetición.
- **Mónada de tipo 4:** autoconsciencia de sí misma con voluntad y poder propio, permite crecimiento y evolución dirigido por la mónada misma.

Como comentario final de este punto, así como el aspecto materia de la trinidad energía-materia-consciencia que compone cada mónada es de diferente tipo, el aspecto energía también tiene dos posibilidades: mónadas con energía de carga positiva y mónadas con energía de carga negativa. Esto ya nos da una pista de que la combinación de un tipo de mónada determinado de una polaridad energética específica manifestará un tipo de consciencia u otro, dando existencia al juego de los opuestos, de la dualidad, que forma la base de la existencia en nuestro universo.

El nacimiento del ser o Yo Superior

Hemos dicho que aquello que somos es algo que llamamos el Yo Superior, encarnando en el plano físico a través de una estructura energética multidimensional y muy compleja compuesta por el cuerpo físico, los cuerpos inferiores llamados etérico, emocional, mental y causal, el alma y, si existe, el espíritu y los cuerpos sutiles superiores. Ahora bien, ¿qué es y cómo nace nuestro Yo Superior? Como parte de la vida consciente de la Creación, nuestro Yo Superior se puede definir como un globo u orbe de consciencia que está formado por la energía y combinación de múltiples mónadas de tipo 4, es decir, de trillones de puntos de energía que forman un ser autoconsciente a través del cual, la "Fuente", manifiesta y experimenta en esta realidad.

Este Yo Superior es directamente la consciencia que, creada como parte de la vida consciente de la Creación, se proyecta y enlaza con los planos inferiores para manifestar la vida tal y como nosotros la conocemos. De alguna forma, el Yo Superior, creado por la energía de la Fuente, es nuestro verdadero ser, aquello que somos y aquello a lo que volvemos tras cada encarnación terrenal. Desde el punto de vista de la personalidad, es el Yo Superior quien actúa como repositorio de toda la información que se recoge en cada una de las experiencias que tenemos y vivimos.

¿Cuál es entonces la función de este Yo Superior? La de "coordinación" y "supervisión", en todos los sentidos, pero sin ninguna intromisión en el libre albedrío de lo que podríamos llamar "su parte encarnada en el plano físico", es decir, nosotros. Para nosotros, y en lo que dura toda nuestra encarnación, el Yo Superior no es sino la parte de nosotros que se mantiene "estáticamente" en un plano frecuencial adimensional y atemporal, desde el cual puede supervisar y ayudarnos a lo largo de todo nuestro periplo evolutivo.

Y nuestro Yo Superior está formado por múltiples mónadas de tipo 4, que son los "componentes básicos" de la Creación que son usados para que la vida consciente del universo pueda existir, y estos, a su vez, usan a las mónadas de los tipos inferiores para diferentes funciones en la estructura de todo lo que existe. Estas mónadas permiten que un Yo Superior proyecte una estructura dimensional que se reviste de diferentes cuerpos y capas, hechas con mónadas de materia tipo 2 y 3, para participar de la expansión de la Creación cuyo sustrato base son mónadas de tipo 1.

De esta manera, la estructura energética de un querubín no es la estructura energética de un deva ni de un ser humano, sin embargo, sus mónadas son del mismo tipo en cuanto al grado del aspecto materia que las forma, pero en muy diferentes grados de evolución en el aspecto energía y consciencia.

La creación de Yo Superiores por parte de otros SERES de orden jerárquico superior

¿Todos los Yo Superiores han nacido directamente de la Fuente o han sido creados por otros niveles superiores a ellos e intermedios respecto a la estructura jerarquía de la vida consciente?

La respuesta es un poco de ambas cosas. Existen seres o entes cuyo desarrollo está altamente avanzado y forman parte de diferentes jerarquías y niveles evolutivos en la Creación, que pueden crear de sí mismos seres o Yo Superiores mediante el trabajo con mónadas de tipo 4. Aquí tenemos que hablar ya entonces de la existencia de un nuevo concepto: nuestro SER, con mayúsculas, como el "creador" del Yo Superior que nos da "existencia" a cada uno de nosotros.

Pensemos ahora en las decenas de millones de tipos de vida que existirán a lo largo y ancho de la Creación. Pensemos en los diferentes tipos de jerarquías, conciencias, y entidades, que han alcanzado grados evolutivos tales, que les permiten proyectar parte de sí mismos, parte de su propia consciencia y energía, para crear por si solos otros orbes de consciencia (un Yo Superior) que ya nacen con las características de ese SER (con mayúsculas) o entidad, y por ende, al animar o enlazar a un cuerpo humano (o de cualquier otra especie en cualquier otro planeta) ya posee unas ciertas características.

Cuando yo me refiero a mí SER, me estoy refiriendo a aquel ente del cual mi Yo Superior ahora, como ser humano, proviene.

Para que un SER, pongamos una entidad de una jerarquía o línea evolutiva muy por encima del ser humano, quisiera tener una experiencia en el plano físico usando un cuerpo orgánico como el nuestro como vehículo evolutivo, debe proyectar una parte de sí mismo que lo anime. El conjunto de ese SER como tal no puede descender para imbuirse en un cuerpo tan denso como el cuerpo humano, ni es su deseo hacerlo ni la forma en que se hace. Para ello debe crear simplemente una estructura consciente (un Yo Superior) que, con las particularidades y características de ese SER, le sirva como detonante de ese proceso evolutivo y conductor de las experiencias que desee vivir a nivel terrenal.

El proceso de creación de un nuevo Yo Superior, cada vez que cualquiera de estos SERES o entes de otros niveles, se quieren proyectar en cualquiera de los planos de la Creación y adquirir experiencia en ellos, es muy sencillo. Sucede de la siguiente forma: por parte de ese SER, se recogen de la zona llamada Kar-vídicos en la Vía Láctea, que es donde se acumulan mónadas de tipo 4 que han alcanzado el nivel evolutivo suficiente para poder enlazar y animar formas de vida de cualquier punto de la galaxia, la energía consciente lista para ello, que se mezcla o funde entonces con la energía consciente de ese SER, gestando así un núcleo energético, el nuevo Yo Superior, que luego podrá encarnar y enlazar a un cuerpo humano pero con las características y potencialidades del SER que lo ha creado.

Así, lo que llamamos el Yo Superior, presente en cada uno de los seres humanos, es una porción de la energía de la Fuente, conjunto de mónadas de tipo 4, junto con una porción de la energía y consciencia de nuestro SER, el que nos ha creado, quién, a su vez, evidentemente también viene de la Fuente. La mezcla de ambos (las partículas de vida de la Fuente y la energía de nuestro SER) es lo que forma la luz de nuestro Yo Superior, el núcleo de lo que somos, la consciencia que se proyecta y encarna usando el alma y el resto de cuerpos sutiles para navegar por la realidad con un cuerpo físico.

El proceso lo podéis ver en este esquema de la página siguiente:

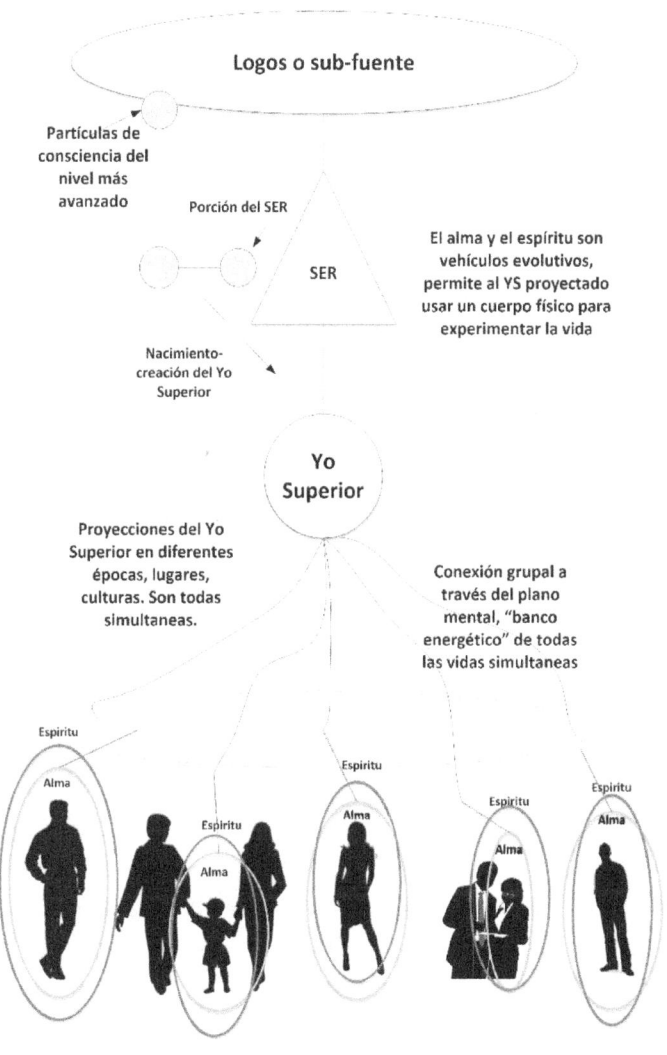

Así, la pregunta que nace espontáneamente es la siguiente: ¿todo el mundo proviene de algún SER de orden jerárquico superior? No lo sé. Pero muchos de nosotros sí. De esta manera, el esquema que nos representa a una gran parte de la raza humana es algo tal que:

- **SER** (ente de algún nivel o jerarquía mayor al ser humano, con un nivel evolutivo muy superior y con la capacidad de crear mónadas de sí mismo)
- **Yo Superior o ser** (parte del conjunto del ser humano que coordina y gestiona las diferentes vivencias y encarnaciones, se define como un orbe de luz autoconsciente, formado por múltiples mónadas de tipo 4)
- **Espíritu y alma** (cuerpos de enlace y de conexión del Yo Superior con el cuerpo físico)
- **Cuerpos sutiles** (causal, mental, emocional y etérico)
- **Cuerpo físico** (vehículo evolutivo para la encarnación y enlace del Yo Superior con la materia).

Desde que fui consciente de la existencia de mi SER, es decir, de un ente de orden jerárquico mayor del cual había nacido mi Yo Superior, al que ya tenía más o menos acceso y consciencia del mismo, tuve la intención de conectar con él, abrir el canal que me permitiera percibir, sentir o incluso dialogar con él, si es que eso era posible.

Eso sucedió hace algún tiempo, cuando alcancé un cierto nivel de consciencia que me permitió entender ciertos conceptos y me puso en disposición de «hablar» entonces con mi SER. Antes de ello, y gracias al trabajo conjunto con un grupo de amigos y compañeros, ya entrábamos en contacto con diferentes seres de distintas jerarquías que siempre denominamos «guías» para hacerlo sencillo y entendernos. Durante varios años, hicimos muchas sesiones de conexión con estos diversos guías y seres, entre varios amigos y compañeros, para hacer preguntas, para comprender temas que se nos escapaban o que era imposible aprender mediante libros.

La creación de un Yo Superior por parte de uno de estos guías, que era el SER de una persona en concreto de nuestro grupo, nos fue explicado de la siguiente manera (las sesiones están grabadas en audio mientras las hacemos, y luego las transcribimos, normalmente yo dirijo la conversación y alguno de mis compañeros hace de vehículo y enlace para el ser o guía con el que vayamos a hablar en cada ocasión):

David: *Y, por ejemplo, los átomos simiente de una persona, ¿cómo están relacionados con el SER que se proyecta en un humano?*
Guía: *Esa es una muy buena pregunta, porque te podría decir que están relacionados más con la Fuente.*
D: *¿Con la Fuente?*
G: *Sí...porque yo, como el SER de un YS (Yo Superior)que tiene una encarnación humana, no tengo un cuerpo físico [de hecho, me dijo anteriormente que si viera su cuerpo de energía, el de este guía en particular, en el espacio, no podría recorrerlo de punta a punta ni en años de viaje]. Los átomos simiente en mi cuerpo no tienen sentido, yo no los poseo como los tenéis vosotros. Son partículas de la Fuente, evidentemente con parte de partículas mías, pero principalmente son partículas directas de la Fuente [mónadas de tipo 3].*
D: *Entonces, digamos, ¿cuándo un SER como tú se quiere proyectar en un plano físico y denso, y crear una encarnación usando un cuerpo humano, coges esas partículas de la energía de la Fuente y las mezclas y proyectas con la tuya en ese cuerpo?*
G: *Si, podemos decirlo así.*

D: *Vale, para que tu encarnación humana exista, tú proyectas parte de tu esencia con la energía de la Fuente...*

G: *En realidad, los átomos simiente se incorporan al sistema de cuerpos sutiles, no exactamente al cuerpo físico de la nueva encarnación. Y yo no me proyecto en el cuerpo físico directamente, sino a través del YS en el alma que me sirve de enlace.*

D: *El alma hace siempre de cuerpo de enlace entre la porción de ti (el YS creado) y el cuerpo que deseas ocupar.*

G: *Correcto, yo, o la parte de mí que envío a encarnar, trabaja a través del alma que tiene ese vehículo físico escogido.*

D: *La primera vez que encarnaste en este planeta, ¿tuviste que crear un alma nueva? ¿O tuviste que usar un alma ya creada?*

G: *Exacto, la creé.*

D: *¿Me puedes explicar cómo es el proceso de la primera encarnación creada por un SER en el plano físico, la primera de todas las encarnaciones que tuviste?*

G: *Solo fue proyectar parte de mi esencia, de lo que soy, para crear un YS que pudiera usar el alma, con los átomos simiente de la Fuente, y hacer que esa alma entrara dentro de un nuevo cuerpo físico.*

D: *¿Esa alma estaba ya formada?*

G: *Digamos que hay seres, en vuestros planos internos no físicos, que se encargan de ello. Así como, por ejemplo, hay seres que dan vida o animan las diferentes especies de flora y fauna, lo que tú llamas un espíritu grupal o mente grupal, también hay otros seres que formulan o trabajan en la creación, aunque suene un poco frío, de las capas del alma, a medida que esta se va individualizando de los niveles inferiores.*

D: *Y cada vez que viene un SER de fuera a encarnar, se pone en contacto con estos seres, les pides un alma, vamos a decirlo así, y entonces la usas como vehículo de enlace entre tu parte proyectada y el vehículo físico que deseas.*

G: Bueno, algo parecido, no es tan frío como suena...
D: Si, lo entiendo, es para simplificar el proceso esquemáticamente...
G: Correcto, sí, entonces esa alma y los cuerpos sutiles se dotan de los átomos simiente de la Fuente, junto con la energía o plasma mío, de mi esencia, es que no hay término concreto para expresarlo, y esa alma luego puede ya encarnar. Mira, te voy a explicar el proceso al revés.
D: De acuerdo.
G: Cuando el alma desencarna, no tiene consciencia de mí, como el SER que le ha dado vida o existencia con el Yo Superior que lo ha estado usando. Solo tiene consciencia de su vida física, del cuerpo que fue, y personaje o existencia terrenal que ha llevado, ¿entiendes hasta aquí?
D: Si.
G: A medida que se va desprendiendo de los cuerpos, del físico, del etérico, del emocional y del mental, va ascendiendo por diferentes planos, pero sigue teniendo consciencia del cuerpo y personaje que fue. Llega un momento, no siempre, pero a veces, dependiendo de la evolución de esa alma, de todo lo que haya recorrido, que puede ir más allá de lo que llamaríamos los planos donde hacéis la revisión de vida, las limpiezas o restauraciones energéticas, los planos desde donde hacéis la ayuda a otras personas cuando no estáis encarnados, etc., bien, pues, en algunos casos, esta alma puede ir mucho más allá, y llegar a un plano superior donde el alma lo vive como si estuviese en la Fuente. Entonces, ahí, sí que puedo yo, como el SER del YS que usa esa alma, de alguna forma, reunirme con ella, pero entonces pierde esa consciencia de lo que fue en esa vida, de alma tan individualizada, tan identificada con la persona que fue. Entonces ahí, el alma sabe quién soy, sabe que es parte de mí, y parte de la Fuente, y no existe otra cosa para ella, solo la sensación de lo que se ES. Esto ocurre porque, en estos casos, se está en unos planos muy elevados, mucho más cerca de la Fuente, de lo que llamáis la consciencia del amor

[entendido como la energía de la Creación], también en planos donde simplemente se tiene la sensación de ser parte de todo, y donde ya no necesitas nada más, y bueno, hay más cosas pero ya no me extiendo para no complicártelo.

D: Bien.

G: Al explicarlo a la inversa, ¿lo has comprendido, David?

D: Sí, es más fácil.

G: Por eso, de alguna forma, el alma también es «fabricada», pero entiéndeme, en el buen sentido de la palabra, es una energía consciente que evoluciona y que en un estadio concreto, ciertos seres la preparan para que podamos usarla como vehículo evolutivo todos nosotros. Así como el vehículo físico ha sido creado por los procesos reproductivos conscientes de los cuerpos humanos, el vehículo álmico también ha sido creado para poder transportar a un SER mucho más mayor.

D: Te entiendo perfectamente, porque en una de las enseñanzas que tenemos por nuestro planeta, que se llama antroposofía y proviene de una persona que se llamaba Rudolf Steiner, nos habla de que el planeta tuvo en sus inicios cuatro grandes periodos, antes de ser la Tierra que conocemos ahora, donde se fue creando el planeta a nivel etérico, a nivel emocional, a nivel mental, etc., antes de ser un planeta físico, y creando las energías que iban a servir de contenedor a la vida, ósea, creando los vehículos etéricos, los cuerpos emocionales, los cuerpos mentales, y así, que luego dan lugar a la formación del alma.

G: Si, es correcto.

D: Y nos habla también de todas esas jerarquías que participaron en la construcción y creación de todo esto, el planeta y sus diferentes estratos, las capas, etc.

G: Y no solo ellos, las jerarquías a las que te refieres o se refieren esas enseñanzas que comentas, sino muchos más tipos de seres que no te puedes ni imaginar participaron en la creación de vuestro planeta. Y eso es solo una parte, tienes que entender que también los elementos que existen aquí, en la Tierra, también han sido fabricados.

D: Te refieres a los elementos primarios, ¿agua, fuego, tierra y aire?

G: Sí, porque son seres que utilizan parte de sí mismos para manifestar los elementos que conoces, como el aire o el viento, el fuego, el agua física, etc., cada uno es una manifestación de un SER mucho más grande. Y el éter también.

D: ¿El éter no es la energía del todo?

G: Bueno, el éter es una forma de llamar al sustrato que lo contiene todo, sino hubiese éter no existiría nada. [Mónadas de tipo 1.]

D: Claro, estaba pensando que trabajando con los átomos simiente del corazón, en un ser humano, conectando con ellos, se reforzaba la conexión con el SER, con mi SER, por ejemplo.

G: Sí, en cierto modo sí, pero refuerzas más tu conexión con la Fuente. Aunque la esencia de tu SER está en tus átomos simiente, estos tienen principalmente la energía y consciencia de la Fuente, porque de ahí es de donde vienen. Tú debes conectar con tu YS, porque eso es lo que eres de verdad.

D: Vale, entonces, mi cordón de plata, ¿me conecta con mi SER o con la Fuente?

G: No, el cordón de plata conecta tu YS, con tu alma, tus cuerpos sutiles y con tu cuerpo físico, y es el paso por donde el alma puede entrar y salir del cuerpo físico. Cuando entras en una vida nueva, el último paso es el cruce por el cordón de plata hacia tu cuerpo físico, es como un cordón umbilical entre el vehículo que usas, y el alma que tienes.

D: Quieres decir que yo no estoy unido a mi SER, o a mi Yo Superior como paso intermedio, a través de mi cordón de plata.

G: Bueno, es que no es todo tan esquemático como para explicarlo así, porque la energía es fluida y los límites y relaciones entre todo son más amplias, pero principalmente lo que te conecta con tu Yo Superior es lo que tú llamas el cordón dorado, el hilo de fuego o la línea del Hara, como también lo llamáis. El cordón de plata tiene la función de mantener tu alma conectada al cuerpo físico y su sistema energético y usarlo para entrar y salir de una encarnación.

D: Entiendo, es el cordón umbilical...

G: Sí, por eso al morir vuestro cordón de plata se desengancha del cuerpo físico.

D: Y se convierte en el vórtice que luego usamos para salir del plano físico, que luego... bueno, es que hay tanta literatura y personas que nos dicen que no hay que cruzar por ese vórtice porque es una trampa del mismo sistema de control, que es abrumante la cantidad de información contradictoria que recibimos

G: Ya te comprendo, pero no es todo tan blanco y negro. Por una parte, es posible que la salida por el vórtice, por el cordón de plata, sea usado para tratar de manipular o engañar a aquellas almas que fallecen, pero no siempre es así; por otro lado, no tenéis tampoco demasiadas opciones para salir del plano físico hacia los planos internos sin pasar por las mallas del sistema de control que tenéis alrededor del planeta. Solo aquellas almas que son más avanzadas, o están más evolucionadas, son capaces conscientemente de abandonar una vida o entrar en ella, a través del núcleo de vuestro planeta, que es la otra vía de entrada. Y no me refiero al núcleo físico, sino a vórtices energéticos en el centro de vuestro planeta. Son agujeros que hay que se comunican con planos externos.

D: Sí, lo vi en una regresión con una compañera, que salió por el centro de la Tierra. Pero en todas las otras regresiones que he hecho a todo el mundo, y las que me han hecho a mí mismo, no hay otra vía de salida, y no he percibido o sabido ver esa manipulación o lo que sea.

G: Sí, mira, David, es que para que el cuerpo físico muera, el cordón de plata se tiene que desprender del cuerpo físico y del cuerpo etérico, si no lo hace, no mueres. El alma va *a estar enganchada ahí siempre, y el cordón de plata es la vía natural de entrada y salida. El problema no es el vórtice que se crea al abrirse el cordón de plata para permitiros salir del plano físico, el problema es la banda por donde se pasa, que ahí es donde está la manipulación que os han impuesto.*

D: *La banda que rodea a la Tierra.*

G: *Sí, la que ya hemos hablado otras veces, esa banda se tiene que traspasar siempre para poder salir. Tanto de entrada como de salida. Pero todo va vinculado al nivel evolutivo que tenga cada alma, ese es el concepto más importante que tienes que comprender, porque si tu alma ya no está muy evolucionada, y has vivido una vida o encarnación no muy sana, y esto ya lo sabes, muchas personas cuando mueren, no saben que han muerto, entonces están muy distraídas y perdidas. Cualquier cosa que vean les va a asustar, o se van a sentir atraídas por cualquier engaño. Por eso hay tantas otras almas dedicadas también a ayudar a traspasar al otro lado a aquellos que han fallecido. Las intentan sacar de donde están, y llevarlas a otro plano vibracional, por encima de esta malla de control y de los planos más cercanos al plano físico, a donde les corresponda estar por su nivel y evolución.*

Conversaciones con mi SER

Si en la anterior conversación habíamos conseguido conectar con el SER de un compañero, que hacía a su vez de guía para el trabajo de nuestro grupo de amigos, en la siguiente conversación, conseguimos conectar con mi propio SER, aquel del cual viene el Yo Superior que da vida a esto que soy "yo", a esto que es quién escribe. Como ya podéis imaginar, todas mis preguntas iban destinadas a entender un poco cómo estamos hechos y quiénes son los «SERES» a los que pertenecemos, la mayoría de nosotros.

David: ... yo, quería conocer de dónde vengo... y por eso quería conectar con el ser «que me ha creado»...

Mi SER: Correcto, David.

D: ¿Tú eres lo que llamamos un... como se me había dicho en otra ocasión? [Mi SER pertenece a una jerarquía específica, grupo, nivel evolutivo, que se me comunicó en otro momento, a través de un guía, pero que no viene al caso que lo especifique pues alimentaría más la imaginación del lector por falta de explicaciones concretas y reales sobre esa jerarquía en particular.] ¿Naciste directamente en ese nivel y jerarquía o has ido pasando por diferentes estadios de crecimiento?

S: No, no nací en este nivel actual. Nací en otro que llamáis... [Una jerarquía varios niveles por debajo] y he ido creciendo a medida que aprendía, eones de tiempos atrás.

D: Eones...

S: Cuando todavía no habíais sido creados como raza, la que estás ahora, mucho, mucho antes.

D: ¿Y ya te habías proyectado a planos inferiores, densos, en otros lugares o sistemas?

S: Sí, mucho antes de la existencia de vuestro planeta.

D: ¿Cuándo naciste en ese nivel empezaste a proyectarte directamente a planos más físicos?

S: No, pasé mucho tiempo aprendiendo solo en planos no físicos. Empecé a proyectarme «hacia abajo» cuando era una... [Otro nivel jerárquico, por encima del primer nivel de donde nació.]

D: ¿Cómo eliges dónde encarnar, qué parámetros o experiencias intentas buscar para elegir dónde proyectarte?

S: No lo elijo yo solo, David, lo elegimos...

D: ¿Lo elegís?

S: Trabajamos juntos muchos seres, la consciencia y el nivel al que pertenezco ahora, David, elegimos y decidimos entre todos donde proyectarnos.

D: Pero ¿tú tienes una semi-individualidad?, ¿no? ¿O tu consciencia está completamente integrada en la consciencia de todos los seres que compartís ese nivel evolutivo?

S: Tengo individualidad, pero ínfima...

D: ¿De modo que todos los de tu grupo compartís una macro-consciencia?

S: Sí, así es.

D: Entonces, el nombre que tengo para dirigirme a ti, ¿es la vibración de tu pequeña porción de consciencia en el grupo? [En otra ocasión recibí un nombre para conectar con mí SER.]

S: Correcto, es la traducción fonética para ti de la vibración que tengo, nada más.

D: Entiendo, entonces, ¿cómo decidiste o elegiste proyectarte a los diferentes sitios donde estás encarnado y recogiendo experiencias?

S: Es donde el grupo consideró que hacía falta. Todo es fuente de experiencia. Pero no todos los de mi grupo tienen proyecciones, solo los que lo desean, o se sienten preparados para ello, descienden a los planos más densos.

D: Y el paso de proyectarte desde planos más sutiles hacia el planeta Tierra, ¿por qué se dio?

S: Solo es experiencia, David, para eso.

D: ¿Es como bajar a un nivel en el que no habías estado para conocerlo?

S: Sí, en varios mundos.

D: ¿Y qué tipo de experiencia te estoy dando yo, como David... como la parte de ti que soy?

S: Me estás dando la experiencia del lugar en el que estás.

D: ¿No tanto por el trabajo que hago sino por dónde estoy?

S: Sí, solo por lo que percibes, recoges y aprendes a través del cuerpo que usas, de lo que tu YS hace, que percibo, recojo y experimento yo también, tu interacción con otros cuerpos, en ese plano.

D: *¿Y esto te ayuda a ti a evolucionar de alguna forma?*

S: *Sí, es experiencia que recogemos para la consciencia de grupo, y que se transmite a la Fuente, a la Creación.*

D: *Para nosotros, ¿es nuestro logos galáctico? ¿Esta galaxia es «tu Fuente»?*

S: *Sí, de ahí venimos nosotros, David, aunque tenemos también consciencia de la fuente «una» [primaria]*

D: *¿Percibes la fuente «primaria»?*

S: *Todos tenemos consciencia e información de ella, tú también, David, aunque lo hayas olvidado.*

D: *¿Te refieres a través tuyo?*

S: *En tu interior, ya lo sabes, aunque no lo recuerdas. Todo lo que es creado, todo lo que es manifestado, tiene conexión con la Fuente uno.*

D: *Claro... y... en este momento, cuando tú te proyectas hacia la Tierra, ¿cómo lo haces? ¿Es simplemente una parte de ti que baja desde tu plano hacia este cuerpo físico?*

S: *Es a través de tus otras encarnaciones en niveles intermedios, no directamente desde el plano donde yo resido.*

D: *Otras partes de mí en otros niveles evolutivos... [Esto tiene que ver con el concepto que algunos llaman de «alma errante» o «wanderer»]*

S: *Sí.*

D: *¿Hay algún tipo de materialidad o entorno físico desde el nivel intermedio de donde bajo yo aquí?*

S: *Muy poca, prácticamente todo es energía. La imagen que tú percibes de esas otras partes de ti en esos otros niveles es solo una representación, de cómo eres ahí, o cómo fuiste.*

D: *A qué te refieres a ¿cómo fui?*

S: *Porque el tiempo no existe, David, has sido, estás siendo y serás todo lo que yo soy en todos los niveles en los que soy.*

D: Vale...buf... que complicado para mi mente lineal ¿en cuántas razas, niveles o sitios estás proyectado a la vez?
S: ¿En esta galaxia? En varios. En diferentes sitios y cuerpos, que me dan distintas experiencias.
D: ¿Además de las diferentes proyecciones o vidas simultáneas que tienes tú, o tengo yo, en este planeta?
S: Sí.
D: Y el trabajo que hago yo ahora, ¿de alguna forma lo marcas o diriges tú?
S: No, tú Yo Superior, tu esencia, que forma parte de mí también.
D: ¿Mi Yo Superior que es una parte de nosotros que coordina tus encarnaciones?
S: Algo así, para que lo entiendas, es como una parte del conjunto de consciencia entre yo y tu alma...
D: ¿Y qué instrucciones le das tú a nuestro Yo Superior para ello?
S: Precisamente eso, que las coordine. Tu Yo Superior es una consciencia, forma parte del conjunto que eres, de ti, es fluido, es una parte de nosotros que se encarga de la supervisión de todas las proyecciones que hace la Fuente, pero tú la percibes también como algo ligeramente individual, separado de ti y de mí, porque estamos en diferentes planos y niveles evolutivos.
D: Entiendo, un campo de consciencia o algo así... ¿Estático en el nivel evolutivo al que tú lo proyectas?
S: Sí.
D: Que para nosotros ¿es uno de los niveles más altos de la estructura energética o evolutiva de la galaxia?
S: Según tu forma de entenderlo, sí, el nivel evolutivo que corresponde a los últimos planos de la estructura de tu Sistema Solar.
D: Entonces, todo el trabajo de preparar cada una de las encarnaciones se hace con el Yo Superior, no contigo directamente... bueno, aunque somos parte de lo mismo.

S: Sí, con tu Yo Superior y con tus guías, pero que siguen siendo parte de mí. Simplemente las instrucciones son expandirse más hacia abajo, y se proyecta hacia planos más densos.

D: Y le dices que baje un plano más, o que baje dos...

S: Allá donde queramos experimentar, pero para experimentarnos en planos inferiores necesitamos esos vehículos y cuerpos físicos como el que tú tienes ahora, pero yo no soy tu cuerpo, soy una consciencia, ¿comprendes? Tu cuerpo es algo que usas, o usamos, los dos, nada más, ya lo sabes.

D: Cuando desencarno, en lo que llamamos el periodo entre vidas, ¿hay algún contacto contigo, en general? El ser que soy, la proyección del SER, ¿contacta con el SER?

S: No necesariamente.

D: Pero sí que contacta con el Yo Superior... de alguna forma.

S: Sí, principalmente con el Yo Superior, que lo veis muchos como si fuera «la Fuente».

D: Cada una de las hojas de ruta, misiones de vida, lecciones en la vida, ¿las programamos así siempre?

S: ¿En el periodo entre vidas? Con vuestros guías espirituales, y el Yo Superior coordina todo. Cada proyección mía tiene sus guías para asistirla. Es como una cascada.

D: ¿Es igual de fácil conectar en meditación con el Yo Superior que contigo?

S: Sí, es una parte de mí, simplemente es un nivel más cercano a ti, por eso te es más fácil. Tú ya lo haces con tu trabajo.

D: Sí... bueno... ¿puedo preguntarte sobre otro tema? Este paso de nivel evolutivo en el que estamos metidos, que va a dar toda la raza humana, y el planeta... ¿llega un momento en el que me vuelvo a reintegrar contigo, con la totalidad del ser que eres tú?

S: Llegará el día que sí.

D: ¿A qué nivel debo llegar yo para poder reintegrarme contigo?
S: Debes pasar esta rueda.
D: ¿Llegar y pasar el ultimo nivel evolutivo de esta octava o grupo de niveles de consciencia?
S: Correcto.
D: Vale, toda porción del Ser, cuando llega al último nivel evolutivo de esta octava se reintegra con su SER.
S: Algo así.
D: ¿Y vuelve a nacer en otros niveles superiores?
S: Sí así la consciencia de grupo a la que pertenezco lo requiere y decide.
D: ¿En qué estás trabajando tú, o cuál es tu especialidad, tu misión, si es que existe, de forma natural?
S: Nosotros somos los que mantenemos... no encuentro vuestras palabras... somos el campo de energía que pone pantallas o estructura en la creación, somos el grupo que mantiene estructuras... sostenemos y protegemos...
D: ¿Habéis trabajado o estáis trabajando en nuestro planeta directamente ahora, no encarnados, sino como la consciencia grupal a la que perteneces?
S: Algunas partes de ella sí.
D: Y relacionado con el cambio también, ¿cuándo estemos en el siguiente nivel frecuencial o de consciencia, es más fácil conectar, en general, contigo que ahora?
S: Sí, mucho más.
D: ¿Porque es menos denso, con mayor frecuencia, mayor vibración?
S: Así es.
D: ¿Telepáticamente o algo así como en meditación profunda?
S: Sí, es mucho más fácil percibir al resto de partes de ti mismo una vez dejas atrás tu cuerpo físico.
D: ¿Son todas las proyecciones que tienes en el planeta Tierra [mis vidas simultáneas] conscientes de ti?
S: No.

D: *¿Hay alguna más consciente de ti aparte de mí, ósea, de este David de este año?*

S: *Una encarnación que existe en una época pasada, según tú lo ves, en la época que llamas el Imperio Persa.*

D: *¿Y por qué razón yo ahora he podido hacerme consciente de ti y otras partes o vidas mías no? ¿Qué diferencia las distintas proyecciones que tienes, o tengo, para que unas perciban a su SER y otras no?*

S: *Tú esfuerzo para ello, tu configuración energética y la combinación con energías y personas del entorno que te rodea es lo que ha propiciado tu entendimiento y compresión de lo que eres, y como conectar con ello, así como tu decisión en el periodo entre vidas para hacer lo que estás haciendo.*

D: *Ósea, ¿es gracias a mi deseo de hacerlo, al trabajo conjunto, a la hoja de ruta o plan acordado antes de encarnar y los acuerdos con otras personas que facilita esto?*

S: *Así es, ya lo habías acordado antes.*

D: *¿En otras vidas no lo he hecho porque no era necesario o porque no sabía cómo hacerlo?*

S: *Solo está siendo necesario en esa vida tuya que te he dicho en el imperio Persa.*

D: *¿Hay proyecciones tuyas también en lo que yo podría llamar mi futuro?*

S: *Sí, el tiempo es simultáneo.*

La conversación sigue, pero ya mezclada con preguntas más personales y menos genéricas. Esa fue la primera conexión consciente con el SER del cual, mi YS, y yo como la personalidad que soy y escribe esto, por extensión, hemos nacido, y lo que me abrió la puerta a comprender todo un mundo nuevo respecto a cómo funcionan otras cosas en la Creación.

La multidimensionalidad del ser humano

Posiblemente habéis oído más de una vez la frase: «somos seres espirituales viviendo una existencia humana». Nada más correcto, y complejo a su vez, pues para que ese ser, ese YS, que somos en realidad, pueda tener existencia humana, debe revestirse de ciertos «trajes» que le permitan gestionar la misma. Creo que hay que ser claro en ello, no somos nuestros trajes, no somos nuestro cuerpo físico, ni nuestras emociones, ni nuestra mente. Eso no es más que un envoltorio temporal para el Yo Superior, un envoltorio que se hace y se deshace, se forma y se destruye, se crea y se descrea. Somos una consciencia formada de múltiples mónadas, dándole forma a una esencia, a un Yo Superior, una parte de la vida consciente de la Creación, que, usando otros bloques de energía-materia-consciencia de esa misma Creación, nos montamos aquellos envoltorios que nos hacen falta para poder tomar parte en una experiencia en este plano, el más denso y sólido de todos.

Así que el ser que somos requiere múltiples capas, llamadas cuerpos sutiles, entrelazados entre sí, involucrados y coordinados unos con otros, y donde el menos denso y más energético, interpenetra al más denso y material. De esos cuerpos tenemos varios, nueve en realidad, pero solo cinco están realmente desarrollados en el ser humano. No hemos llegado aún al nivel evolutivo en el cual se haya de activar la materia que forman los cuerpos superiores en la mayoría de las personas. Para el humano medio, excepciones aparte, la composición que presentamos es la siguiente:

- Cuerpo físico, químico y orgánico

- Cuerpo o doble etérico
- Cuerpo emocional o astral
- Cuerpo mental
- Cuerpo causal

La composición energética de los cuerpos del hombre

En nuestro Sistema Solar, manifestado y formado solo por los siete últimos planos de la estructura de nuestro universo (los más densos, del 43 al 49), toda manifestación energética por combinación de las mónadas o unidades primarias de consciencia dan lugar a siete estados diferentes de la materia, que son o que llamamos de la siguiente forma:

1 (el más sutil): estado atómico, 2. estado subatómico, 3. estado súper-etérico, 4. estado etérico, 5. estado gaseoso, 6. estado líquido y 7 (el más denso): estado sólido.

Con esto en mente, es sencillo darse cuenta, cuando entramos a analizar la composición energética del ser humano, de que cada uno de los cuerpos sutiles de los que estamos compuestos obedece a un cierto tipo de combinación de estos estados de materia anteriores, según del plano y el cuerpo del que estemos hablando.

Ahora, ¿de qué tipo de energía está hecho cada uno de estos cuerpos que poseemos? Pues como ya podréis suponer, de la materia de cada uno de los planos que les corresponden y a los que se conectan como vehículo evolutivo en ese nivel. Es decir, el cuerpo físico está formado por la combinación de partículas fundamentales, átomos primordiales del plano 49, en sus tres estados inferiores, lo cual es lo mismo que decir que estamos hechos de sólidos, líquidos y gases. El cuerpo etérico, en este caso, está formado por partículas del mismo plano físico, pero en sus estados más elevados, lo que significa que las partículas de energía que forman nuestro primer cuerpo sutil se encuentran en los estados que llamamos sub-atómico, súper etérico y etérico. El cuerpo emocional está formado por átomos elementales de tipo 48 de diferentes clases de materia astral y etérica, y el cuerpo mental y el causal, por átomos elementales de tipo 47, el primero en los estados más densos y el segundo en los menos. Así, para resumirlo de forma esquemática, tenemos que:

Cuerpo físico: formado por la materia del plano 49, en estados 5, 6 y 7 (gas, líquido, sólido). Cubre todo lo referente a nuestro cuerpo 3D y a las energías e información consciente que lo forma. Sus mónadas constituyentes son principalmente mónadas de tipo 3 que hemos visto antes.

Cuerpo etérico: formado por la materia del plano 49, en estados 2, 3 y 4 (sub-atómico, súper etérico y etérico). El cuerpo etérico es la base primaria de los chakras o vórtices de energía que poseemos, así como del sistema de canales por el cual circula toda la energía del cuerpo. Está formado principalmente por mónadas de tipo 2 y posee aproximadamente la misma extensión y forma que el cuerpo físico, por lo que también se le llama «doble etérico» o «cuerpo físico interior». Es el cuerpo energético que sirve de molde para el cuerpo físico, pero no hay que confundirlo con la matriz etérea, que no es sino la capa de energía que recubre cada órgano, tejido y músculo del cuerpo físico.

Es importante conocer que el cuerpo etérico se forma de nuevo en cada encarnación, y vuelve a disolverse en el plazo de uno a tres días después de la muerte física, atendiendo al conocimiento que tienen de ello la mayoría de tradiciones esotéricas y culturales orientales. Para su buen funcionamiento, atrae energías vitales del Sol a través del chakra del plexo solar, y energías vitales de la Tierra a través del chakra basal, energías que hemos descrito anteriormente cuando hablábamos de la composición del prana, chi, etc. Automáticamente, el cuerpo etérico acumula estas energías y, a través de los chakras y los nadis y meridianos (canales energéticos del cuerpo), las conduce al cuerpo físico en flujos vitales ininterrumpidos, encargándose de mantener un equilibrio vivo, funcional y armonioso en las células corporales.

Luego, cuando la necesidad de energía del organismo está saciada, la energía sobrante del cuerpo etérico se irradia hacia fuera a través de los chakras y de los poros en filamentos de energía y que constituyen el aura etérica, que, por lo general, es la primera fracción del aura total percibida por las personas clarividentes o con un mínimo de percepción extrasensorial. Estos rayos se disponen en torno al cuerpo físico formando como un manto protector que impiden a los gérmenes patógenos y a los contaminantes penetrar en el cuerpo, y, simultáneamente, irradian un flujo constante de energía vital hacia el entorno.

Esta protección natural que todos tenemos cuando gozamos de buena salud, significa que, básicamente, una persona no puede enfermar debido a causas de origen externo. Las razones de una enfermedad radican siempre en nosotros mismos, y esto posiblemente sea algo que no nos viene de nuevo a ninguno: los pensamientos y emociones negativas, y una forma de vida que no esté en consonancia con las necesidades naturales del cuerpo (sobresfuerzo, alimentación insana, abuso de alcohol u otras sustancias, etc.), pueden consumir la energía vital etérica, y su irradiación natural perderá intensidad y vigor, haciendo que surjan zonas débiles en el aura.

Cuando esto pasa, los filamentos energéticos mencionados aparecen doblados o se sobreponen en formas desordenadas y podemos ver «agujeros» o «grietas» en el sistema energético principalmente en su primera capa áurica, a través de los cuales pueden penetrar en el cuerpo las vibraciones negativas y las bacterias causantes de enfermedades. Además, la energía vital puede escapar de la zona a través de estas heridas.

Finalmente, otra función importante del cuerpo etérico consiste en servir de intermediario entre los cuerpos energéticos superiores y el cuerpo físico. Transmite al cuerpo emocional y al cuerpo mental las informaciones que recogemos a través de los sentidos corporales, y, simultáneamente, transmite energías e informaciones desde los cuerpos superiores al cuerpo físico.

Cuerpo emocional: el segundo cuerpo sutil del ser humano está formado por la materia del plano 48 (el astral y del etérico), en sus estados del 2 al 7 (todos menos el estado atómico, que es el estado de mayor vibración energética). Cubre todo lo referente a nuestras emociones, sentimientos, pasiones, y a la información consciente que lo forma. Este cuerpo emocional está formado también por una serie de subcapas: la inferior, la media, y la superior, donde cada subcapa cumple una función para el correcto funcionamiento del cuerpo emocional a nivel global.

Por ejemplo, en la subcapa media del cuerpo emocional es donde se almacenan las energías proyectadas emocionalmente que no tienen o consiguen una manifestación física, como los sueños ocasionados por la fascinación, la imaginación de los deseos, lo que queremos pero no podemos conseguir, etc. Otra parte del cuerpo emocional, la subcapa superior, es como un contenedor de energías que se pueden proyectar al exterior para que se manifiesten a nivel físico, es la capa que almacena la parte emocional de las necesidades cubiertas, a nivel sentimental, y de los sentimientos más elevados del ser humano, y es por donde se proyecta también la energía procedente del cuerpo mental que viene de ese plano, superior en vibración, y que debe también llegar hacia el nivel más denso, abriéndose paso por todos los cuerpos sutiles. Es por eso que la capa superior del cuerpo emocional es la que limita con los mundos superiores, como solemos llamar a aquellos planos a partir del plano mental. Finalmente, aunque no las hemos descrito en orden, la capa inferior del cuerpo emocional es la capa de las emociones más negativas, densas y bajas en vibración, las pasiones mundanas, toscas, brutas y, en muchos casos, animalísticas del ser humano.

En todo caso, en general, el cuerpo emocional, que, como decimos, es el portador de nuestros sentimientos, de nuestras emociones y de las cualidades de nuestro carácter, y ocupa aproximadamente el mismo espacio que el cuerpo físico, extendiéndose hasta unos 12 centímetros por encima del mismo. En una persona poco desarrollada sus contornos están poco delimitados y el cuerpo emocional se presenta como una sustancia nebulosa que se mueve caótica y desordenadamente en todas las direcciones, de ahí que decimos que es un cuerpo amorfo (sin forma, son puras nubes de energía moviéndose alrededor del cuerpo físico), por eso, cuanto más desarrollada esté una persona en la definición de sus sentimientos, sus simpatías y las cualidades de su carácter, tanto más claro y transparente se manifestará y se verá su cuerpo emocional.

Y es que ninguno de los otros cuerpos sutiles marca con tanta fuerza como el cuerpo emocional la visión del mundo y de nuestra realidad. En el cuerpo emocional se hallan almacenadas, entre otras, todas nuestras emociones no liberadas, las angustias y agresiones conscientes e inconscientes, las sensaciones de soledad, rechazo y falta de autoconfianza, etc., que emiten sus vibraciones a través del aura emocional y transmiten el mensaje inconsciente que enviamos al mundo exterior. El pensamiento consciente y los objetivos mentales del cuerpo mental, que veremos ahora, tienen poca influencia sobre el cuerpo emocional, que sigue sus propias leyes. El cuerpo mental puede dirigir el comportamiento hacia el exterior, pero no suprimir las estructuras emocionales inconscientes. Así, por ejemplo, una persona puede aspirar conscientemente al amor o al éxito, e inconscientemente irradiar frecuencias energéticas contradictorias de celos y falta de autoconfianza.

Cuerpo mental: nuestro tercer cuerpo sutil, formado por la materia del plano 47, en sus estados del 4 al 7 (etérico, súper etérico, sub-atómico y atómico). Cubre todo lo referente a nuestros pensamientos y a la información consciente que lo forma. Este cuerpo está formado por cuatro subcapas: la inconsciente, la subconsciente, la consciente y la supraconsciente; donde cada una de estas subcapas tiene una función específica que regula el correcto funcionamiento del cuerpo mental en su conjunto. Nuestros pensamientos e ideas, y nuestros conocimientos racionales e intuitivos, son almacenados por el cuerpo mental o, a veces llamado, mentalsoma. Su vibración es mayor que la del cuerpo etérico y la del cuerpo emocional, y su estructura es menos compacta.

En una persona poco desarrollada mentalmente, el cuerpo mental tiene la apariencia de una sustancia blanca lechosa. Los pocos colores existentes son apagados y sin brillo, y su estructura aparece relativamente opaca a la percepción extrasensorial. Cuanto más vivos son los pensamientos y cuanto más profundos son los conocimientos intelectuales de una persona, tanto más claros e intensos son los colores que irradia su vehículo mental.

Sus frecuencias menores se manifiestan en el pensamiento lineal del entendimiento racional, a través del cual buscamos nuestro acceso a la verdad la mayoría de las personas, basándonos en las percepciones del plano físico, ya que, evidentemente, el cuerpo físico y sus sentidos recogen informaciones que transmiten al cuerpo emocional a través del cuerpo etérico; el cuerpo emocional transforma las informaciones en sentimientos y los retransmite después al cuerpo mental, que, a su vez, reacciona ante ellos con la generación de pensamientos y formas verbales, expresadas de vuelta hacia el plano físico mediante la voz, el lenguaje y las formas mentales generadas.

Con frecuencia, debido a la influencia del cuerpo emocional y de sus estructuras emocionales no liberadas, las informaciones que se traspasan entre cuerpos sutiles se distorsionan y el pensamiento se tiñe del color de la emoción por el que la energía ha atravesado para pasar de un cuerpo a otro. Así, surgen esquemas mentales recurrentes en nuestra psique, a través de los cuales enjuiciamos los acontecimientos de nuestro mundo, pues en estas situaciones el entendimiento y análisis racional de lo que nos pasa, no es ni mucho menos imparcial y objetivo, seamos conscientes de ello o no.

La auténtica función del cuerpo mental consiste en hacer el proceso inverso, esto es, recoger las verdades universales que le llegan del plano causal y superiores, e integrarlas a partir del entendimiento racional que proporcionan los procesos de la mente concreta, que entonces transfiere ese entendimiento para encontrar la gestión específica de esas situaciones, y ayudarnos a llegar a una solución, entendimiento, gestión o simplemente aceptación del problema, situación, evento o experiencia que está siendo vivida, en consonancia con las leyes universales y procesos energéticos que la generaron.

Los conocimientos, que, de este modo, nos llegan de planos espirituales, o de partes más profundas de nuestro ser o conjunto multidimensional, se manifiestan como mensajes en forma de intuiciones repentinas, a menudo en imágenes o incluso en sonidos que después se transforman en pensamientos verbales. Cuando les hacemos caso, y el cuerpo mental ejecuta estos procesos correctamente interactuando con la mente y el cerebro, nos permite mirar al interior de la auténtica naturaleza de las cosas, y expandir así nuestra consciencia por la comprensión del porqué de las mismas.

Cuerpo causal: último cuerpo presente en todos nosotros de forma general, formado también por la materia del plano 47, la parte superior del plano mental, y estados de materia del 1 al 3 (es decir, atómico, sub-atómico y súper etérico). Cubre todo lo referente a nuestra consciencia y la información consciente que la forma. Este cuerpo es lo que realmente nos diferencia del reino animal, nosotros lo poseemos y los animales no, y es lo que nos da sentido de continuidad entre vidas, pues es el cuerpo que conectado con el alma permite que:

- Es el cuerpo donde el alma reside como único envoltorio en los llamados «periodos entre vidas».
- Es el cuerpo donde se almacenan todas las vivencias y memorias de todas las encarnaciones (recogidas de los cuerpos inferiores, y luego también traspasadas hacia nuestro Yo Superior, nuestro propio Registro Akáshico, nuestro SER, etc.).
- Es la fuente y origen de nuestras funciones cognitivas abstractas, intuitivas y conceptuales.
- Es el enlace entre nuestra personalidad (instinto, emoción y pensamiento), nuestra alma y nuestro Yo Superior.

Bien. Visto lo principal de cada uno de los cuerpos que poseemos (de los cuerpos superiores no vamos a hablar, pues solo un número reducido de seres humanos los tiene desarrollados en algún sentido), repasemos su interacción con nuestro YS. Ya hemos visto que este está formado por innumerables puntos de energía de mónadas de tipo 4, que inician su andadura evolutiva en escuelas del tipo «sistemas solares», siendo estos la estructura evolutiva primaria para el desarrollo del aspecto consciencia de la mónada una vez que los aspectos materia y energía han llegado a sus respectivos limites, en el caso del plano físico, cuando el aspecto materia de la mónada está en su máxima expresión y la energía de la misma en el mínimo, y donde, a medida que evoluciona hacia el plano origen de la Fuente (el plano 1 de donde fueron creadas), se revierten estos aspectos liberando y permitiendo al aspecto consciencia de la mónada evolucionar hacia «casa», hacía el verdadero hogar.

El Yo Superior pues, como ya habréis podido deducir por sus características, no se halla físicamente dentro del cuerpo humano mientras gestiona sus encarnaciones, aunque así lo indiquemos para entendernos. El Yo Superior se encuentra y se mantiene en su propia ubicación espacio-temporal, es atemporal y adimensional desde nuestro punto de vista, con varios cuerpos de enlace, como son el espíritu y el alma, y con un primer cuerpo y envoltorio del plano 47 superior (plano causal). Pero, como todos los planos ocupan el mismo espacio, y solo están a diferentes frecuencias, de algún modo decir que el Yo Superior se encuentra en el cuerpo para diferentes escuelas o enseñanzas tiene cierta lógica, porque su posición en el plano 43-44 puede estar ocupando el mismo sitio que el cuerpo físico, aunque no sea la forma más correcta de expresarlo, ya que tendríamos que hablar solo de que el Yo Superior «enlaza al cuerpo».

Si hablamos correctamente, el Yo Superior reside en una localización espacial que es atemporal, no forma parte del plano físico ni del cuerpo del ser humano pero puede interactuar con él, y desde su propia dimensión y frecuencia dirige, gestiona y supervisa todo el proceso, tratando de hacer consciente a su vehículo orgánico de su existencia, a lo largo de todo el periplo evolutivo.

Por otro lado, solo aquellas personas que han avanzado por encima de los niveles inferiores evolutivos del reino humano que veremos luego, en futuros estadios evolutivos, desarrollan los cuerpos de revestimiento de los planos 44 (espiritual superior), 45 (átmico, o intelectual superior) y 46 (búdico o emocional superior). En caso contrario, el primer cuerpo o traje sutil para un Yo Superior, junto con el alma, es siempre el cuerpo causal, y, sin este, y el resto de cuerpos, no podría gestionar su experiencia humana.

La razón por la cual un Yo Superior no puede imbuirse directamente en un cuerpo físico es la misma por la cual no se pueden meter 10.000 W a una bombilla de 10 W. Explotaría. Se rompería. La energía de las mónadas que forman el orbe de consciencia que es nuestro Yo Superior poseen una frecuencia, vibración, energía, etc., que freiría instantáneamente las moléculas y átomos de carbono de nuestro cuerpo, posiblemente empezando por el sistema nervioso, por lo que es necesario que existan diferentes capas que reduzcan y amolden su potencial al plano 49 donde va a tener su experiencia física.

Diferentes líneas evolutivas

Es importante notar también que en el Sistema Solar existen diversas líneas evolutivas, aunque solo conocemos la humana, y hay mito, y leyenda en abundancia sobre otra, la línea dévica o angélica. Son dos caminos distintos, donde las mónadas se revisten de diferentes sistemas energéticos para su crecimiento. La línea evolutiva humana es la que nace desde el reino mineral, con la estructura energética enlazada en campos morfogenéticos grupales para el desarrollo de la consciencia, de, por ejemplo, los cuarzos, algo que ocurre de igual forma con los campos morfogenéticos o mentes grupales del reino vegetal y el animal. De estos últimos, al individualizarse, puede nacer un alma que en una futura encarnación puede adquirir un cuerpo causal, pasar a poder animar un cuerpo humano, enlazado a partir de aquí por un Yo Superior y gestionar a partir de ese momento todas nuestras encarnaciones y vidas.

¿Significa esto que hemos sido rocas, plantas y animales? No, nosotros como «personalidad» no, pero quizás las mónadas que ahora forman parte de nuestra estructura multidimensional han podido estar conectadas a los campos de consciencia grupales de minerales, flora y fauna, y, por ende, ha adquirido experiencia en esos otros reinos. Solo nuestra alma, en algunos casos, proviene del reino animal, siendo posible también que el Yo Superior la cree directamente para poder pasar a enlazar con un cuerpo humano.

Por otro lado, la línea de desarrollo dévica es la línea que nace con los elementales de los cuatro grupos principales: aire, tierra, agua y fuego, más el akasha, pasando por diferentes niveles de evolución en el reino elemental, pasando a formas más complejas de devas y otros seres menores, y luego entrando en lo que llamamos jerarquías angelicales, de las que no voy a hablar mucho pues la ficción, la religión y la fantasía han distorsionado de mala manera el conocimiento de esta línea evolutiva que avanza, en paralelo, por la estructura energética de nuestro Sistema Solar, con la línea humana.

A este respecto, son ciertos grupos de estos devas o elementales los encargados de la creación de los diferentes cuerpos sutiles que usa el ser humano con la energía y materia prima de cada uno de los planos, como vimos que nos explicaba ese guía en la conversación que tuvimos en una sesión y que os he transcrito anteriormente. Es decir, que no es el Yo Superior el que se crea directamente el cuerpo causal, el mental, el emocional o el etérico por sí solo, ni estos están disponibles en una tienda del plano monádico para ser cogidos, sino que el alma que necesita un traje para vivir una experiencia humana, recibe asistencia de la línea evolutiva dévica, y en cada plano de existencia donde debe imbuirse un cierto cuerpo sutil, son los devas y elementales correspondientes quiénes les construyen, vamos a decirlo así, el cuerpo sutil con la materia del plano correspondiente, que queda bajo su responsabilidad y mantenimiento.

Esto ocurre tanto en nuestro planeta como en el resto de planetas de nuestro sistema, pues aunque la línea humana está más circunscrita y restringida por las formas físicas al planeta que le acoge, la línea dévica, a partir de un cierto nivel evolutivo, puede moverse con libertad de una esfera planetaria a otra, de ahí parte de la literatura sobre ángeles o arcángeles que rigen tal o cual fuerza planetaria, tal o cual aspecto solar, etc. Es más complejo que esto, pero como no es la línea que seguimos actualmente, no entraremos en detalles que tampoco conocemos con exactitud.

Energías de los cuerpos sutiles y relaciones humanas

Veamos un poco más al respecto de los cuerpos sutiles, pero desde un ángulo mucho más interesante, el que nos permite relacionarnos los unos con los otros e interactuar energéticamente entre personas. Y es que ya sabéis que hay dichos populares para todo, especialmente cuando hablamos de las relaciones que establecemos entre los seres humanos, desde amistades superficiales hasta matrimonios consumados, que tienden a explicar movimientos energéticos con frases tipo «los opuestos se atraen» o «Dios los cría y ellos se juntan».

En estudios ocultistas, esotéricos, místicos y metafísicos, se le da mucha importancia a este tipo de energías que se mueven entre las personas cuando se inicia una relación entre ellas, ya que son de suma relevancia para entender por qué unos se atraen, otros se repelen, unos son felices durante 80 años y otros no se aguantan más que tres días.

En este tema, hay que abrir la mente para entender que no solo están en juego las atracciones puramente sexuales y de carácter o personalidad, sino que las relaciones establecidas entre dos personas se producen y existen a nivel de los cuerpos sutiles que poseemos, y la relación tendrá una connotación distinta según el número de capas o cuerpos que se hallen conectados entre esas dos personas.

Decía la ocultista Dion Fortune, en varios de sus escritos, que, para el sostenimiento de la vida, basta con una fuerza única, la fuerza vital de la Creación, a través de nuestro Yo Superior y de nuestra esencia, pero que, para expandir esa creación hacen falta dos fuerzas: una dinámica, activa y actuante, y otra inertemente potencial y pasiva. Una que se considera el aspecto masculino de la energía, y otra que se considera el aspecto femenino de la misma. Allá donde estas dos fuerzas o polaridades se encuentren e interactúen, se puede dar por asegurado la puesta en marcha de movimientos energéticos que, entre otras cosas, dan lugar a la continuidad de la vida misma.

En el plano físico, todos tenemos un cuerpo orgánico que determina nuestra polaridad energética principal, somos hombre o mujer, masculino y positivo, o femenino y negativo. Las fuerzas vitales y sexuales que actúan en el primer cuerpo del ser humano están determinadas puramente por la actividad química del sistema endocrino, y las hormonas generadas, produciendo así la estimulación de nuestros sistemas reproductores, que varía según la composición química de estas hormonas que circulan por la sangre. Cuando en una relación entre dos personas interactúan fuerzas que involucran solo el primero de los cuerpos que poseemos, sin ninguna añadidura por parte de las fuerzas de cuerpos sutiles superiores, tenemos el sexo físico, puro y duro, desprovisto de todo acompañamiento o relación energética superior. Es cuando en una relación se empiezan a involucrar al resto de cuerpos sutiles, que empezamos a entender de dónde viene la sabiduría de los refranes anteriores.

Como ya sabéis, cada capa o cuerpo energético hace de contenedor para el cuerpo o capa inmediatamente inferior. Las capas impares del aura (1, 3, 5 y 7) son estructuradas y siguen el contorno del cuerpo físico, mientras que las pares (2, 4 y 6) son amorfas y fluidas y son como nubes de energía alrededor del mismo. Los diversos cuerpos, siguiendo esta regla entonces, son alternativamente positivos y negativos en sus relaciones mutuas, siendo el más sutil o de mayor vibración positivo respecto con el más denso o de menor vibración.

   Es decir, el cuerpo emocional, es de polaridad positiva respecto al cuerpo físico, que es negativo, siendo el cuerpo físico el estimulado siempre por la acción de las emociones activas de la persona. En otras palabras, cuando el cuerpo emocional está involucrado en la relación entre dos personas, es este quién pone en marcha el sistema físico para que se produzca el intercambio energético en estos dos primeros niveles.

   Este mismo esquema se repite en todos los cuerpos, haciendo que el superior actúe como fuerza activa sobre el inferior, que entonces reacciona y provoca el intercambio y unión energética entre ambas personas. Cuantos más cuerpos sutiles están involucrados en una relación, más profunda es esta, pues más partes del ser humano están implicadas en el intercambio. Puesto que no todas las personas han alcanzado el mismo grado de evolución, en la mayoría de los casos, las uniones entre parejas se producen solo a nivel del cuerpo físico, etérico y emocional, es decir, se es capaz de realizar la unión física, de sentir afecto por la otra persona pero no siempre se llega al compañerismo intelectual, que implicaría la activación mutua del tercer cuerpo sutil en la relación de pareja y conexiones superiores. En muy pocos casos la unión se hace también a nivel espiritual involucrando el cuerpo causal.

   En estos casos, cuando dos personas tienen ya los cuatro cuerpos funcionando en paralelo, se tratarán como compañeros y amigos espirituales, además de compañeros intelectuales, emocionales y físicos. Una persona con más cuerpos energéticos en activo que otra reclamará una actividad acorde a ellos en el intercambio con otra persona, mientras que una persona con menos cuerpos desarrollados se sentirá plenamente satisfecha en una relación solo con la gratificación de sus sentidos y pasiones (intercambio físico y emocional básico, por norma).

La unión en cada plano depende de que haya intercambio real de energía en ese nivel. Así, en el plano físico, la unión depende solo del uso de nuestro cuerpo en el acto sexual. En el plano emocional, la unión tiene lugar cuando se intercambian los deseos, emociones y sentimientos, en el plano mental, se produce cuando existe simpatía emocional e intereses intelectuales comunes, y en los planos superiores cuando el ideal espiritual es el mismo para ambas personas.

¿Los opuestos se atraen o se repelen?

Y aquí es donde tenemos que decir que la respuesta a nuestra pregunta, depende de la unión en el plano que tratemos. En el primer plano, a nivel físico, generalmente los opuestos se atraen, a nivel de polaridad, lo masculino por lo femenino y viceversa. En el segundo plano, el emocional es, al revés, aquello que es igual, atrae a más de lo mismo, «Dios los cría y ellos se juntan», dice la sabiduría popular, ya que la atracción en este segundo plano, a nivel emocional inferior, depende de que se comparta una pasión mutua y semejante entre ambas personas.

A nivel emocional superior (el cuerpo emocional tiene diferentes estratos como hemos descrito antes), se invierte la polaridad de nuevo, y la diferencia es la causa de la atracción. Los que tienen un gran poder de amar son atraídos muchas veces por aquellos que necesitan afecto, los que tienen un instinto protector son atraídos por aquellos que necesitan a alguien en quién apoyarse, etc.

A nivel mental inferior o nivel de la mente concreta, el contenido similar de la consciencia de la persona es el factor que las hace sentirse atraídas, mismos intereses, valores, simpatías y objetivos, mientras que a nivel del cuerpo mental superior o abstracto, aquellos que poseen y se plantean sus problemas intelectuales desde puntos de vista opuestos son los mejores compañeros, pues se estimulan mutuamente en ese aspecto.

Luego, en los planos superiores, que no están demasiado desarrollados en ningún ser humano, la unión depende del perfil espiritual de cada uno, uniéndose o sintiéndose atraídos por aquellas almas que comparten un mismo camino, ideales y visión, y misión, de la vida.

En conjunto, en una pareja, hay mucho más que la simple relación física o emocional inferior, y todo depende siempre del desarrollo personal que cada uno de los miembros tenga. Muchas veces se produce la evolución conjunta, uno tirando del otro en algunos momentos para ir desarrollando la conexión en todos los niveles, otras veces, siendo imposible hacerlo, viendo como ambos caminos, puntos de vista, entendimientos y formas de percibir las relaciones se vuelven totalmente dispares. Tenemos varios cuerpos que podemos desarrollar y usar para el intercambio y fluido de energías vitales, sentimentales, mentales, espirituales, cósmicas, etc., entre nosotros, pero cuando no se usan o no están activos o equilibrados al mismo nivel entre los dos miembros de una relación, es cuando echamos mano de nuevo de la sabiduría popular para entender el porqué del refrán que dice: «el lobo y la oveja, nunca hacen buena pareja».

Los átomos simiente

El siguiente tema a tratar va muy de la mano de lo que ya hemos visto sobre el cuerpo causal y el proceso evolutivo de nuestro Yo Superior. Para que este pueda controlar o recoger experiencias de sus cuerpos sutiles, se inserta en ellos algo que la mayoría de tradiciones herméticas y esotéricas denominan los «átomos simiente» o átomos permanentes.

Se trata de varios átomos, no físicos, sino energéticos, alojados en el plexo solar etérico (para el cuerpo etérico), la cabeza (a nivel mental, para el cuerpo mental), el hígado emocional (para el cuerpo emocional) y el corazón humano, ventrículo izquierdo (para el cuerpo físico), que acogen y almacenan todo aquello experimentado por los diferentes cuerpos sutiles de los que estamos compuestos como si de la caja negra de un avión se tratase.

Estos átomos simiente permanecen con el alma durante todo su viaje evolutivo por la línea humana a través de todos los niveles de crecimiento que esta tiene a su disposición. En el llamado periodo entre vidas, como veremos luego, los átomos simiente físico y etérico, emocional y mental, se encuentran anclados al cuerpo causal, y cuando el alma vuelve a enlazarse y encarnar con un nuevo cuerpo humano, cada átomo se ancla a la posición que hemos mencionado anteriormente para cumplir su papel recolector.

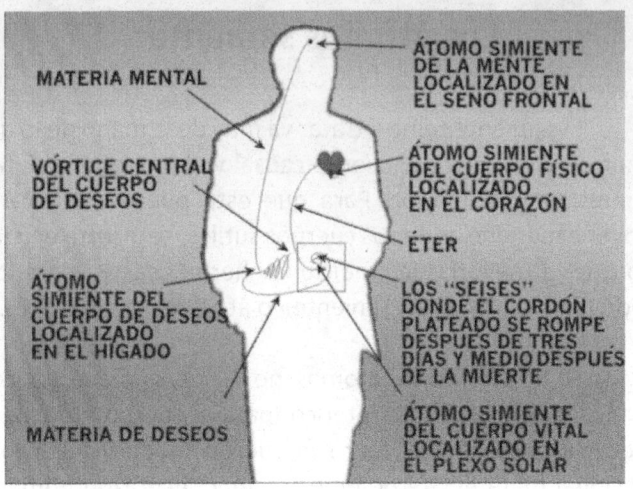

El Yo Superior, los átomos simiente y los cuerpos sutiles están conectados entre sí por el llamado cordón de plata, que es la interfaz que une y sirve de comunicador para el trasvase de información de una parte a otra.

Una red de filamentos energéticos

Los átomos simiente están involucrados además en el proceso de emisión y recepción de datos por toda la estructura del ser humano. Y es que ninguna parte de nuestra estructura es independiente de las otras, ninguna está desconectada o separada o no relacionada con las demás, ningún punto de cualquier posición del conjunto del campo energético queda impasible, o inalterado, si hay un cambio en cualquier otro punto. Por lo tanto, todo afecta a todo, todo cambia a todo, y todo se altera, ajusta, armoniza o resintoniza si se trabaja en cualquier parte de aquello que nos forma. Estructuras y componentes más cercanos entre sí, y más interconectados, alteran o ajustan estructuras más próximas, pero hasta el hecho de cortarse una uña del dedo pequeño del pie en el cuerpo físico altera moléculas y partículas energéticas en el cuerpo causal. Esto es debido a que existe una red de filamentos y conexiones de todos los sistemas con todos los sistemas. Ya no solo hablamos de la red de canales y meridianos que portan chi, prana, energía vital de un punto a otro, sino que todos los componentes y elementos se entrelazan entre sí por minúsculos filamentos energéticos formados por partículas de diferentes tipos de vibración, pero todas con una peculiaridad: transmitir y retroalimentar a todos los sistemas con todos los demás sobre lo que sucede en cada uno de ellos.

Esto hace que tengamos, desde el alma hasta el cuerpo físico, un sistema de envío y recepción de paquetes de información automático, que propagan constantemente datos de todos los cuerpos y elementos a todos los demás, haciéndonos ver que, por esa razón, hay información sobre todo lo que nos pasa en cualquier parte del cuerpo y estructuras, y hay retroalimentación de lo que se intercambian estos mismos componentes entre sí a todos los niveles. Este mecanismo es la base, o parte de ella, de muchas terapias que permiten obtener datos del estado de cualquier punto del cuerpo físico examinando otras partes del mismo, como la lengua, los pies, los ojos o los oídos.

Así, es fácil entender este mecanismo a nivel físico y celular, pues sabemos que el cerebro, el corazón y resto de órganos físicos envían y reciben impulsos eléctricos con paquetes de información que facilitan que nuestro cuerpo sólido funcione correctamente. Ahora, simplemente, añadimos a este conocimiento que este mismo mecanismo también está presente en todos los cuerpos sutiles internamente, y entre todos los componentes, en todas las partes y "piezas" que nos componen. De esta manera, tanto a nivel de ser, de Yo Superior como a nivel de alma y a nivel de psique, queda todo registrado, compartido, consultado y organizado para que funcionemos como un perfecto y completo sistema holístico e interdependiente.

¿Quién hace la decodificación de estos paquetes en cada cuerpo sutil? ¿Existe alguna especie de central de información en cada uno de ellos que permite la gestión de este envío y recepción de datos? Así es. De la misma manera que asignamos al cerebro y al corazón la gestión de todo el cuerpo físico y sus componentes, a través del envío de impulsos mediante el sistema nervioso central y el sistema nervioso autónomo, el cuerpo etérico, el emocional, el mental y el causal poseen una contrapartida parecida, no a nivel de órganos pero si a nivel de "sistemas nerviosos energéticos" que ejecutan la misma función que los sistemas nerviosos del cuerpo físico, y el equivalente al cerebro físico en cada uno de los cuerpos es la partícula energética que llamamos "átomo simiente". De esta manera, este "átomo simiente" actúa como el equivalente a la caja negra de un avión, recopilando datos que provienen del cuerpo donde están ubicados, y retransmitiendo a través de las conexiones del equivalente al sistema nervioso de ese cuerpo sutil la información que recibe y usando el cordón de plata como medio de envío y recepción principal, o uno de los principales, entre cuerpos sutiles.

El cordón de plata

¿Y qué es exactamente ese cordón de plata que tantas personas dicen haber visto en experiencias cercanas a la muerte o en desdoblamientos astrales y proyecciones fuera del cuerpo?

Desde el momento en el que el espermatozoide fecunda al óvulo, nuestro ser o Yo Superior, desde su posición espacio-temporal, allá donde se encuentra cuando hablamos (linealmente) de los periodos entre vidas, crea un enlace con el nuevo cuerpo que empieza a crecer en el vientre materno, para mantenerse conectado (pero no encarnado aún) a su futuro vehículo orgánico y físico.

Este cordón de plata es el que hace de nexo de unión entre todos los cuerpos que poseemos, manteniendo unidos y conectados desde el cuerpo físico hasta el causal, y hacia el Yo Superior durante toda la encarnación. Este cordón de plata tiene, además, como función la comunicación entre vehículos y el trasvase de energías.

El cordón de plata une también a los diferentes átomos simiente entre sí, uniéndose en el plexo solar, y creando un tramo de materia etérica hasta el corazón y otro hasta el hígado, pero de materia astral o emocional, uniéndose en el átomo simiente del cuerpo etérico formando una figura conocida como los «dos seises», uno acostado boca arriba y otro vertical, como dos espirales con el mismo centro, una dentro de otra, y con el átomo simiente del cuerpo etérico como punto de unión de ambas espirales.

La materia mental de la tercera parte del cordón de plata (la que une el cuerpo mental con el cuerpo emocional) surge del átomo simiente de la mente, interpenetra el seno frontal pasando entre la pineal y la pituitaria, baja hacia las glándulas tiroides y timo, se dirige luego hacia la izquierda para hacer la conexión con el bazo, luego hacia atrás y a la derecha para conectar con las suprarrenales, y se une a la segunda parte del cordón, hecha de material astral, y, finalmente, se enraíza en el átomo simiente del hígado a nivel del cuerpo emocional.

Lo que sucede cuando fallecemos, es que, al romperse el cordón de plata, el átomo simiente físico inicia un proceso de salida del corazón, que culminará con el traspaso del mismo paulatinamente desde los cuerpos más densos hacia los más sutiles. De forma secuencial, al morir el cuerpo físico, el átomo simiente pasa al cuerpo etérico (subiendo al cerebro a través del nervio neumogástrico, abandonando el cuerpo físico por medio de la comisura de los huesos parietal y occipital), donde queda temporalmente anclado junto con el mismo átomo simiente etérico, antes de que este sea descartado y se inicie la transición a los planos superiores, y de ahí, se pongan en marcha los diferentes estadios del proceso de finalización de una vida, revisión, etc. Este proceso lo vamos a explicar en detalle ahora.

Los cuerpos sutiles, el proceso de fallecimiento, transición y preparación de la nueva vida

Como acabamos de repasar, el ser humano está compuesto por varios cuerpos sutiles que se superponen al cuerpo físico y se interpenetran unos con otros. Estos cuerpos, además del cuerpo denso, químico y orgánico que es el cuerpo físico, son: el cuerpo etérico o vital, el cuerpo emocional, el cuerpo mental y el cuerpo causal. Este último, el cuerpo causal, pertenece a la parte mental superior del ser humano y no se recicla entre vidas, manteniéndose con el alma, mientras que la suma de los cuerpos etérico, emocional y mental, no son otra cosa que los componentes que se reciclan en cada encarnación y se consideran parte de la personalidad.

Cuando llega nuestra hora de abandonar el plano físico, lo primero que sucede es que el cuerpo etérico, el cuerpo emocional, el cuerpo mental y el cuerpo causal abandonan el cuerpo químico y orgánico. Esto suele suceder con la última exhalación o expiración, cuando el prana o fuerza vital, la esencia y los cuerpos sutiles, dejan el recipiente que habían usado como vehículo evolutivo.

Poco a poco, el cuerpo orgánico se empieza a enfriar progresivamente, se endurece y toma un color grisáceo, ya que las fuerzas de cohesión y repulsión que actúan sobre el cuerpo producen una ruptura en la composición de las moléculas que lo mantenían como un todo coherente y unido.

Este, pues, empieza a disgregarse paulatinamente, liberando la mayor parte de los átomos de los que está compuesto. «Polvo somos y al polvo volveremos», que dice el refrán. Las moléculas se convierten en átomos independientes, y estos se descomponen en electrones, protones y neutrones, que vuelven al éter de la Creación, para volver a formar en algún momento parte de la construcción de algún otro cuerpo humano, mineral, vegetal o animal.

En todos los aspectos, en esos primeros momentos, tras haber abandonado el cuerpo, seguimos siendo nosotros al completo, simplemente no tenemos ya un vehículo físico del cual preocuparnos. El átomo simiente del cuerpo orgánico que estaba alojado en el ventrículo izquierdo ha pasado a estar anclado al cuerpo etérico portando consigo toda la información sobre el cuerpo vehículo usado en el plano terrenal. A continuación, a lo largo de los próximos días, tres aproximadamente, según tradiciones orientales, el cuerpo etérico o vital se irá desintegrando también. Se produce lo que conocemos como la *primera desoma*, es decir, ha ocurrido la «primera muerte» y dejamos atrás todo lo que no nos sirve de la parte orgánica de nuestra vida. Puesto que el cuerpo etérico solo sirve de «molde energético» del cuerpo físico, al no existir este último, el cuerpo vital tampoco es necesario ya.

Aun así, este cuerpo etérico que posee aún remanentes energéticos de todas las experiencias vividas por el cuerpo físico las traspasa al siguiente cuerpo sutil antes de desintegrarse, a través de su átomo simiente, el del cuerpo físico y el del cuerpo etérico, anclados ahora ambos al cuerpo emocional, de forma que en este cuerpo emocional llevamos una carga muy importante de información sobre la parte física y etérica de nuestra anterior encarnación.

Tras la primera desoma, lo que somos entonces es esa alma revestida de un cuerpo emocional, mental y causal.

La segunda desoma en el plano mental

Mientras que la muerte del cuerpo se produce en el plano físico, y la desintegración del cuerpo vital en el plano etérico, el siguiente paso del proceso de salida de una encarnación se hace ya en el llamado mental. Como todo plano o dimensión, está dividido en siete regiones principales, siendo las tres primeras el llamado genéricamente bajo mental, la cuarta el mental medio, y las tres siguientes el alto mental o causal, aunque esta terminología la usamos solo por conveniencia para entendernos entre nosotros, ya que no existen separaciones tan claras entre bandas, sino más bien un continuo energético que cambia de vibración cuanto más subes en él. Aquí, dependiendo del nivel evolutivo de cada uno, al cruzar y salir del plano etérico apareceremos en la zona que nos corresponda por frecuencia de vibración.

En estos momentos, el alma lleva consigo al completo el cuerpo causal, el mental, el cuerpo emocional, y la carga energética/experiencial del cuerpo etérico y físico, en los átomos simiente correspondientes, que hemos visto anteriormente, que contienen toda la información del cuerpo sutil en cuestión.

En estos momentos, esa alma pasa por un periodo de revisión de vida, en el cual vemos, y volvemos a sentir, principalmente porque se hace a través del cuerpo emocional, todo aquello que nos ha ocurrido en la encarnación que acabamos de dejar atrás. Mientras estamos haciendo está revisión, también el ser realiza una limpieza de aquello que ya no le es necesario, y traspasa toda la información y carga energética que desea usar de nuevo del cuerpo emocional al cuerpo mental. Se produce lo que se llama la *segunda desoma*, la segunda muerte. Con esta segunda desoma, el cuerpo mental recibe los átomos simiente del cuerpo físico, etérico y emocional, además del propio átomo simiente mental que ya poseía.

Ahora, esa alma está envuelta solo por el cuerpo causal, mental, y, en él, se encuentran anclados, los átomos simiente de los cuerpos inferiores, con la información de la vida o vidas anteriores, y con aquello que ha decidido mantener para la siguiente encarnación.

El siguiente paso del proceso ocurre los niveles medios y superiores del plano mental. Es en este plano donde también nuestro cuerpo mental realiza una limpieza de aquello que no es necesario mantener para la siguiente vida, y también se desintegra por completo este último cuerpo mental, antes de empezar a planificar la entrada de nuevo en el plano físico. En estos momentos somos el alma, revestida con un cuerpo causal y nada más, además de los cuatro átomos simiente: el físico, el etérico, el emocional y el mental.

De vuelta para abajo

Así, una vez hemos visto las diferentes opciones que tenemos para volver a encarnar, hemos escogido lugar, línea temporal, fecha de entrada, lecciones principales a experimentar, misión a cumplir, etc., esa alma, revestida solo de un envoltorio que es el cuerpo causal, inicia su descenso al mundo físico de nuevo. En el plano mental, se crean los patrones cognitivos iniciales que configurarán las diferentes esferas mentales, que se insertarán en el cuerpo físico a posteriori (la mente no es lo mismo que el cerebro, la mente es un campo energético, cuántico, que contiene junto con el cuerpo mental la información de quiénes somos, vivencias, recuerdos, memorias, programas y patrones de conducta, así como nuestro sistema de creencias, los arquetipos que imbuimos en nuestra programación particular, etc.). Con la ayuda de entes de la línea evolutiva dévica se construye un nuevo cuerpo mental que será el repositorio de la parte intelectual y cognitiva, para la nueva vida.

A continuación se pasa por el plano etérico, donde se forma de nuevo la nueva capa, o vehículo evolutivo, también con ayuda de la línea evolutiva dévica, que se va a convertir en el nuevo cuerpo emocional que vamos a tener, usando como molde, para que este germine y se cree, las instrucciones que trajimos de la vida anterior en el átomo simiente correspondiente. Ahora, en estos momentos, el alma tiene ya un cuerpo mental con la información sobre su propósito y aprendizajes, y un cuerpo emocional recién creado con los remanentes de las vidas anteriores que no fueron desechados y que se ha considerado que deben ser imbuidos de nuevo en el patrón del cuerpo emocional a tener.

El siguiente paso, entonces, es crear el cuerpo etérico, así que, con materia del plano etérico, de nuevo con ayuda de la línea dévica, bajando un nivel más hacia el plano físico, el alma se reviste de un nuevo cuerpo etérico, que posee ciertas reminiscencias de los cuerpos usados en anteriores encarnaciones, pues ha sido creado con las instrucciones codificadas en el átomo simiente para ello, y las modificaciones requeridas por el Yo Superior para las nuevas circunstancias de esta nueva encarnación. Este cuerpo etérico marcará cómo será el nuevo cuerpo físico, hasta el mínimo de los detalles, de forma que si se planea que ese ser tenga algún defecto, es aquí en este cuerpo etérico donde se diseña ese defecto o alteración física.

Seguidamente, este cuerpo etérico se proyecta y se inserta sobre el bebé en formación en el útero de la madre, sobre el nuevo cuerpo físico que ha de nacer, que a su vez trae la configuración genética heredada de los padres. Si un cuerpo físico tiene un defecto genético heredado, pero su Yo Superior no considera oportuno manifestarlo, el cuerpo etérico no lo incluirá en el molde y ese defecto no se manifestará. Si ese cuerpo físico no trae ningún defecto pero se necesita alguna disfunción para su aprendizaje, crecimiento, experiencia, etc., se incluirá en el molde y ese cuerpo físico que ha de nacer lo manifestará.

Así, en ese momento, cuando el nuevo ser humano nace, tiene un cuerpo físico creado por la configuración genética de los padres y con las cualidades o características del molde etérico diseñado previamente, un cuerpo etérico resultado de esas decisiones del ser para la nueva encarnación y con la carga remanente que ha permanecido de los anteriores cuerpos físicos ocupados, un cuerpo emocional nuevo que trae los remanentes energéticos de lo vivido en las últimas vidas y lo que se considera necesario para esta, y un cuerpo mental que trae consigo las instrucciones, planes evolutivos, lecciones, misión, etc., que habrán de ejecutarse para ese ser, más el cuerpo causal que no ha sufrido ningún cambio y que acumula toda la continuidad experiencial de vida en vida, que está entonces recubierto, encarnado, en un nuevo bebé, y que inicia una nueva aventura en el plano físico.

¿Cuándo entra el alma en el cuerpo?

Aunque mis experiencias con la terapia regresiva han dado varias respuestas, la mayoría de veces podemos decir que el alma solo entra en el cuerpo físico de forma permanente cuando el bebé ha nacido e inhala por primera vez. Yo mismo, en terapia regresiva, me he visto varias veces en la sala de partos esperando a que naciera mi cuerpo físico, para tomar posesión del mismo. Por otro lado, es cierto y correcto que muchas veces, un alma puede entrar y salir varias veces durante el periodo de gestación, pues viene a comprobar el estado del cuerpo que va a ocupar, pero, normalmente, la futura alma se mantiene cerca de la madre, fuera de su cuerpo, y solo entra por completo cuando este ha nacido. Creo, y esto solo por mis experiencias propias con la terapia regresiva, que a mayor nivel evolutivo del alma, menos tiempo se pasa en el útero materno durante el periodo de gestación del cuerpo físico, de forma que, posiblemente, aquellos que llevan pocas vidas aprovechen también esos nueve meses para adquirir experiencia de las sensaciones que se tienen mientras se gesta tú cuerpo físico, y en otros casos, simplemente esperará fuera a que ese cuerpo nazca para introducirse en él. Este último caso es el que he visto con más frecuencia.

En todo caso, el cordón de plata está completamente unido al cuerpo físico desde los cuatro meses de gestación en los diferentes cuerpos (desde el físico al causal) permitiendo al Yo Superior un control más directo sobre la gestación y el desarrollo de estos cuerpos energéticos, mientras que el vehículo orgánico se desarrolla en el interior de la madre.

Ya hemos mencionado que hay dos formas por las cuales un alma humana se forma y puede individualizarse para co-dirigir un vehículo físico y su sistema energético. La primera manera es aquella por la cual una porción del alma grupal de alguna de las especies más avanzadas del reino animal se individualiza lo suficiente para poder "animar" un cuerpo humano, recibiendo entonces un enlace con un YS que hace de coordinador y, entonces, ese alma que proviene de alguna especie animal entra en un "nivel de juego" superior, dotándose de un cuerpo causal que no poseen los reinos inferiores de la naturaleza y siendo controlada y gestionada por un YS por el resto de todo su periodo evolutivo en la Tierra.

La segunda forma a través de la cual un vehículo físico, un avatar humano, recibe un alma es porque un YS la crea directamente para poder enlazar al cuerpo y sistema energético, así, el YS con la ayuda de diferentes jerarquías que asisten al planeta en la gestión de todo el sistema de vida en la Tierra forman desde cero un cuerpo álmico, el YS enlaza con él, y el conjunto entonces enlaza con cualquier cuerpo físico con su sistema energético. Así nace un "nuevo" ser humano, algo que evidentemente hace eones que no sucede pues todos los que estamos aquí o bien ya hace mucho tiempo que fuimos dotados de nuestra alma por nuestro YS o bien nuestra alma proviene de niveles inferiores y fuimos enlazados a nuestro YS.

Repasando la diferencia entre alma y espíritu

Hemos explicado que la estructura del ser humano está basada en una superposición de diferentes "capas" o cuerpos que nos dotan de diferentes capacidades y funciones para poder interactuar con cada uno de los planos de la Tierra. De estos cuerpos, llamados cuerpos sutiles, tenemos nueve y actuando como "coordinadores" del conjunto, tenemos dos cuerpos que llamamos alma y espíritu, en nuestra terminología. El alma es la "coordinadora" y cuerpo de enlace entre el YS y la personalidad, de manera que, el alma, para la mayoría de personas, es la parte "consciente" de nosotros que se forma en la primera encarnación que tenemos en este planeta y que tiene bajo su control, o debería tener, a los cuerpos físico, etérico, emocional, mental y causal. En general, esta es la estructura que el ser humano posee ya que la estructura de nivel superior no está desarrollada prácticamente en ninguno de nosotros.

Sin embargo, hemos dicho que teníamos nueve cuerpos potenciales, así que es necesario otro coordinador "superior" que es otro cuerpo que hace de enlace entre el YS y el alma, y que llamamos "espíritu". Este cuerpo, si está presente y cristalizado, pues de nuevo, pocas personas lo tienen, coordinaría al alma más los cuerpos inferiores, y además tendría a su cargo, si es que la persona los tiene, los restantes cuerpos que nos forman: el emocional superior o búdico, el intelectual superior o átmico, el espiritual superior o ádico y el cuerpo solar. Puesto que estos últimos cuerpos no existen y el espíritu tampoco en la inmensa mayoría de seres humanos, el YS enlaza directamente con el alma y la personalidad a través de la esfera de consciencia y a través de los canales YS-alma que poseemos por defecto. En todo caso, el único problema es la terminología, pues cada libro, sistema de creencias o filosofía usa estos dos términos para diferentes cosas, así, en un sitio alma significa una cosa y espíritu otra, y en el sitio de al lado cambian los conceptos para los mismos nombres. Quedaros pues con el conocimiento de la estructura que poseemos y su forma de coordinar su funcionamiento y sabréis a que me refiero en el libro cuando use alma y espíritu para designar esta parte del ser humano.

La psique humana y sus componentes

Ahora que conocemos la composición y funcionamiento de nuestros cuerpos sutiles, nos toca adentrarnos en detalle en la parte cognitiva y «pensante» del ser humano, que es, al fin y al cabo, lo que más peso tiene en la forma en la que vemos el mundo e interactuamos con la realidad. Analizar la psique humana es algo que filósofos, psicólogos y pensadores llevan tratando de hacer desde tiempos remotos, y es un campo de trabajo que nunca se acaba.

En todo caso, nosotros, cada uno individualmente, podemos intentar conocernos un poco mejor si tratamos de observar nuestros pensamientos, relajándonos unos segundos y prestando atención a lo que se nos pasa por la cabeza. Al hacerlo nos damos cuenta de que podemos distanciarnos de la actividad que está ocurriendo, y observar que es lo que estamos pensando ahora, de forma qué, uno, de repente, se convierte en el observador de sus propios pensamientos. Eso significa que, entonces, aquí dentro hay alguien más que es capaz de observar lo que alguna otra cosa está pensando.

Y ¿qué será esa otra cosa? Son los diferentes componentes, personajes y facetas de nuestra personalidad que hemos formado a lo largo de nuestra vida, que llamamos nuestros «Yos», y que están constantemente peleándose entre sí por tomar el control del conjunto. Estos «Yos» van intercambiando constantemente la careta y fachada que nos ponemos ante el mundo, ante los demás, hasta que, de vez en cuando, llega un momento en el que, algo, más «profundo», decide parar por unos segundos el parloteo, se pone a observar lo que está sucediendo, y se da cuenta del caos que hay montado y que no cesa ni un segundo.

El físico Nassim Haramein decía que buscar la mente dentro de la cabeza es como buscar al locutor de un programa de radio dentro del aparato receptor. Y es que, para entenderlo correctamente, debemos diferenciar entre el cerebro, como si fuera el procesador de un ordenador, la mente como la interfaz que recoge y discierne los datos e informaciones, y el cuerpo mental, como el almacén y base de datos de los mismos. Así que nos encontramos que el ser humano, para poder «pensar» y usar sus capacidades cognitivas, tiene un esquema que tiene varios componentes: un cerebro con sus neuronas y conexiones sinápticas, una mente formada por diferentes campos cuánticos en forma de esferas, y un cuerpo mental que es parte integrante del sistema energético del ser humano.

El proceso que os resumo a continuación podéis encontrarlo detallado en varios artículos de la página *Detrás de lo Aparente*, así como en las publicaciones de *Psicocibernética* y en el libro *Las esferas mentales* de Rudyard Kipiling, entre otros pocos autores que han publicado al respecto.

La mente

Pasemos entonces a ver qué es la mente. Si el cerebro fuera el procesador de datos del ordenador, la mente sería la nube de Internet. La mente es un campo cuántico, energía inteligente y ordenada que se encuentra en un rango de frecuencias indetectable para nosotros, y es el segundo componente de la estructura cognitiva del ser humano que nos hace seres «pensantes» y autoconscientes tras el cerebro. Puesto que la mente es energía, está formada por un tipo de materia que podríamos llamar «plasma», resultado de la unión de diferentes tipos de paquetes «cuánticos» que veremos luego.

La mente no funciona por capas, sino por esferas, ya que está compuesta, a nivel energético, por 6 en concreto, cada una con una función diferente y con una profundidad y alcance distinto. Para entender cómo se forma esto, tenemos que adentrarnos brevemente en el mundo de las partículas sub-atómicas y de cómo se interconectan entre sí.

Empezando desde los niveles más altos, todos los seres vivos estamos formados por células, organizadas de diferentes formas y cuya ordenación da lugar a los tejidos, órganos, huesos y demás componentes del cuerpo físico de seres humanos, animales y plantas. Estas células, están compuestas a su vez por moléculas, que no son más que agrupaciones de átomos, y los átomos están compuestos por un núcleo, en el que se concentra casi toda su masa, rodeado de una nube de electrones. Esto fue descubierto a principios del siglo XX, ya que durante el siglo XIX se había pensado que los átomos eran indivisibles, de ahí su nombre *a-tómo-* «sin división». Poco después se descubrió que también el núcleo está formado por partes, como los protones, con carga positiva, y neutrones, eléctricamente neutros. Los electrones, cargados negativamente, permanecen ligados a este mediante la fuerza electromagnética.

Un electrón no tiene componentes o subestructura conocidos, por lo que, generalmente, se define como una partícula elemental. Los protones y neutrones por su parte están constituidos por partículas más pequeñas llamadas quarks.

Cuanto más diseccionamos el tema más complejo se hace este mundo. Los quarks se unen mediante partículas llamadas gluones y hasta la fecha conocemos seis tipos diferentes de quarks. Los protones se mantienen unidos a los neutrones por el efecto de los piones, que son mesones compuestos formados por parejas de quark y antiquark (a su vez unidos por gluones). Y, si los protones y electrones están compuestos por varios quarks, ¿de qué están compuestos los quarks? Los quarks, y partículas más pequeñas que quizá en algún momento llegue a descubrir nuestra ciencia, están formados por la acumulación de millones de mónadas de tipo 1, 2 y 3 como ya vimos en los capítulos anteriores.

Alfas y Analfas

Visto los tipos de mónadas anteriores, el que nos interesa ahora son las mónadas de tipo 3, que son las que forman las partículas base que dan lugar a la mente. Debido al trabajo energético y metabólico del citoplasma de las neuronas del cerebro, se liberan partículas de energía llamadas «alfas», que al ser liberadas se convierten en otro tipo de partículas llamadas «analfas», y que funcionan como la materia prima virgen para que los procesos mentales se lleven a efecto. Es en estas analfas, partículas de energía del citoplasma neuronal, donde quedan grabados los impulsos eléctricos que conforman la información que ha entrado por nuestros sentidos, seamos conscientes de toda esa información o no.

A nivel del plano mental, y del cuerpo sutil correspondiente, las analfas se agrupan y se encuentran en grupos o formas llamados Quantas, formando «bloques» o «ladrillos» que permiten así crear o generar estructuras más complejas a partir de la unión de estos Quantas:

Partículas de energía liberadas de las neuronas →
Alfas → Analfas → Analfas agrupadas → Quantas

Bien, teniendo claro esto, vamos a ver entonces la composición de la mente y como se forma esta como campo cuántico. Lo primero que tenemos que saber, es que, para crear las esferas mentales, las analfas, formadas en Quantas cúbicos, se unen entre sí en grupos de siete. Un Quanta cúbico es la agrupación de ocho Quantas energéticos en dos planos cuadrados, paralelos y equidistantes, unidos de esta forma:

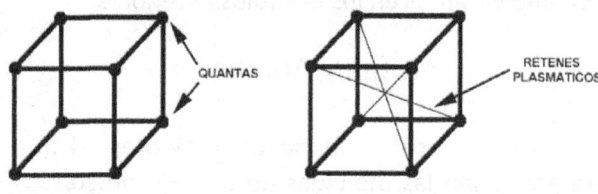

Al agruparse en esta forma, sus campos magnéticos se unen, dando origen a enlaces internos llamados «retenes plasmáticos»; de esta manera quedan fijos los quantas generando un cubo. La agrupación de analfas con esta disposición se denomina «quanta cúbico» porque poseen seis caras o lados, uno por cada una de las esferas mentales que formarán luego. Cuando las analfas crean múltiples quantas cúbicos, estos a su vez, se unen entre sí, en grupos de siete, creando una estructura llamada «quanta heptocúbico», que tiene esta forma:

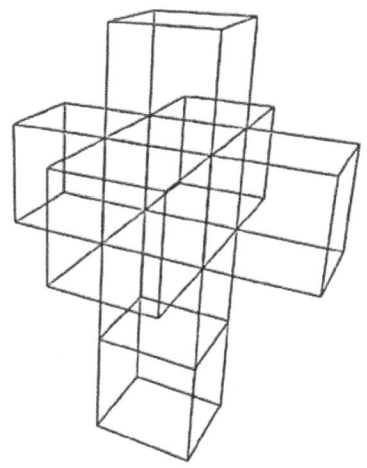

La razón de que se unan en grupos de siete tiene que ver con los procesos energéticos de creación de la energía y de la materia, siguiendo la Ley de las Octavas, donde todo proceso pasa por siete estadios o niveles diferentes desde que se inicia hasta que finaliza, dando lugar a cambios vibracionales y energéticos que producen la manifestación de todo aquello que percibimos en nuestra realidad. Normalmente, se asocia esta Ley de las Octavas y los diferentes estadios de la energía con la escala musical y las siete notas, algo que Gurdjieff usaba mucho para explicar esta ley universal de forma clara y entendible. Así, el siguiente paso, una vez se han formado estas agrupaciones en forma de quanta heptocúbico, es la agrupación de estos últimos entre sí para dar lugar a cada una de las diferentes esferas mentales que poseemos.

De esta manera, la mente de una persona está formada por seis burbujas mentales, cada una formada por ocho quanta heptocúbicos, cada uno de ellos formado por siete quanta cúbicos, insertadas al nacer con la información necesaria para la encarnación en curso. Dentro de una esfera mental, existen 56 quantas cúbicos. En total, en toda la mente, poseemos 336 quantas cúbicos con millones de partículas (analfas) que permiten el procesamiento y gestión de la información.

Las esferas mentales

Las seis esferas energéticas se sitúan en diferentes partes de la cabeza, pero no forman parte del cuerpo físico, sino que son la interfaz entre los procesos del cerebro y el repositorio de información del cuerpo mental que hemos visto anteriormente. Estas esferas mentales se forman cuando se forma el cuerpo mental de una persona, proceso que ya explicamos en el capítulo anterior, cuando hablábamos de los pasos de entrada y salida de cada encarnación, y la limpieza y creación de los diferentes cuerpos sutiles que poseemos, y se insertan en el cuerpo físico tras cada nueva encarnación que tenemos.

Aquí en la imagen podéis ver la ubicación de las seis esferas mentales y ahora os voy a explicar su función:

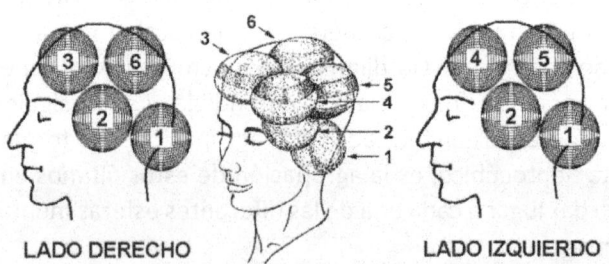

LADO DERECHO   LADO IZQUIERDO

A medida que una persona crece, evolutivamente hablando, sus esferas mentales se ensanchan y agrandan, haciendo crecer el cuerpo mental y elevando el nivel de evolución de la persona por expansión de su consciencia. Esto sucede porque el trabajo intelectual exige a las neuronas crear nuevos enlaces sinápticos entre ellas cada vez que no encontramos respuestas «fácilmente» en nuestro interior, para entender y comprender nuevos conceptos, de forma qué, nuestro cerebro, al no ser capaz de obtener aquello que necesita con las conexiones sinápticas existentes, debe crear nuevas para poder forzar a la psique a integrar, comprender o entender algo que no tiene abarcado en su estado normal. Esto fuerza la conexión y expansión de la red sináptica, a través del ejercicio mental, creando nuevos enlaces neuronales, que generan una corriente magnética extra, que hace que se agranden las esferas mentales, expandiendo así automáticamente la esfera de consciencia. La expansión para abarcar planos superiores incrementa el límite de aquello que llegamos a entender, y la expansión en los planos en los que ya nos desenvolvemos incrementa los detalles y profundidad del conocimiento que ya tenemos.

Cada nuevo nivel de conciencia alcanzado ayuda a comprender la realidad de forma ligeramente diferente, y nos proporciona diferentes lecciones y aprendizajes a adquirir, y acerca a nuestro Yo Superior o ser un nivel más cerca de su origen.

Esfera 1. Esfera preconsciente o inconsciente

Como veis en el diagrama anterior, la esfera número 1 es la llamada esfera inconsciente o pre-consciente, recubre completamente el cerebro, y no es otra cosa que la puerta de entrada de toda la información captada por nuestros sentidos, para ser procesada y decodificada por los procesos cognitivos. La esfera preconsciente capta todo aquello que se cuece alrededor nuestro proveniente de los sentidos físicos, todo tipo de estímulos, señales, datos, informaciones, sensaciones, percepciones, etc., de forma que todo lo se ve, se siente, se escucha y se percibe va directamente a ella para su análisis y almacenamiento, que luego determina si se trabaja a nivel consciente por otra esfera, y se usa, o se relega al cúmulo de datos que pasa directamente a nuestro subconsciente por su esfera correspondiente.

Esfera 2. Esfera subconsciente

Por diseño y programación de cómo estamos hechos, nada de lo que entra por la esfera preconsciente se pierde, sino que parte de ello se deriva directamente hacia la segunda esfera, la esfera subconsciente, que sirve de almacén para todo aquello que no ha sido procesado por la esfera consciente de la mente. Esta esfera subconsciente, recubre, energéticamente, toda la parte central de la cabeza, como veis en el diagrama anterior, y es, por lo tanto, la que gestiona la reserva de toda la información que podemos acumular a lo largo de nuestra vida.

Es a través de esta esfera que se archivan desde la mente al cuerpo mental todas aquellas experiencias que entraron por la esfera preconsciente y de las que no se tomaron conciencia y no pasaron a las memorias de la mente consciente, como traumas, temores, fobias, etc. Y también todos aquellos datos descartados para el uso diario por la mente consciente. Es, por lo tanto, la biblioteca de toda la información que podemos acumular a lo largo de nuestra vida.

Esfera 3. Esfera consciente

La tercera esfera recubre el lóbulo frontal derecho, en la parte anterior. En estado de vigilia, trabajamos solo con la cuarta parte de esta esfera, las otras partes actúan en meditación profunda, durante el sueño o estados expandidos de consciencia. Esta parte de la mente gestiona la información que usamos a nivel consciente, cuando estamos en el estado normal de vigilia.

Si todo lo captado y procesado por la mente preconsciente se fuera a la tercera esfera del diagrama, la esfera consciente, nuestra mente racional estaría inundada de datos, no podríamos procesar tal cantidad de información, y nuestro cerebro se colapsaría. Ya sabéis que percibimos millones de bits de información al día, de los que solo entran en nuestro ámbito perceptivo (nos damos cuenta) unos pocos de ellos, los necesarios para que nuestro ego/personalidad artificial pueda manejarse por el mundo físico en el que existe.

Así, esta esfera se encuentra dividida en 4 estratos o capas, separados entre sí por membranas energéticas que corresponden con los cuatro estados frecuenciales de diferente vibración que emite el cerebro, que son las ondas que se registran, por ejemplo, en los encefalogramas:

- **BETA**: Estado normal de vigilia en el ser humano.
- **ALFA**: Baja frecuencia de funcionamiento mental, nivel de relajación, ensoñación. Es el nivel que se suele alcanzar en las prácticas de meditación.
- **THETA**: Frecuencia de funcionamiento muy baja. Nivel normal de sueño, ya sea crepuscular, medio, profundo o muy profundo. En meditación se trabaja para acceder a estados muy profundos.
- **DELTA**: Frecuencia sumamente baja de vibración, no manejable a niveles normales.

Esfera 4. Esfera consciente continúo

La siguiente esfera mental se encuentra ubicada a la altura del lóbulo frontal izquierdo, en la región anterior. Tiene un funcionamiento idéntico a la tercera esfera, la mente consciente, pero trabaja a niveles más profundos de interconexión con otros planos de nuestra existencia, pues como hemos repetido a lo largo del libro, somos seres multidimensionales que, en diferentes estados de conciencia, tenemos acceso a través de otras partes de nuestra mente, a planos y realidades que no percibimos en estados normales de vigilia. Este nivel consciente-continuo es aquel que continúa, que traspasa las limitaciones de la realidad física conocida no limitándose a este plano físico.

Esfera 5. Esfera supra-consciente

Ubicada en el lóbulo parietal izquierdo, en la región posterior, tiene idéntica función que la sexta esfera, pero en otros niveles más profundos.

Esfera 6. Esfera subliminal

Finalmente, la mente subliminal recubre el lóbulo parietal derecho, en la región posterior, y es la que nos permite acceder, conscientemente, a los niveles más profundos de nuestra psique, por ejemplo, cuando trabajamos en meditaciones profundas, en estados regresivos, bajo hipnosis, en conexiones con planos superiores de realidad, etc.

¿Cómo funciona el proceso de almacenamiento de datos entre la mente y el cerebro?

Una vez vistas las seis esferas mentales, veremos cómo interactúan entre ellas. Todos nosotros recibimos la información del mundo exterior a través de nuestros cinco sentidos, y de ahí la procesamos en el cerebro, determinamos lo que estamos percibiendo, le asignamos las etiquetas o correspondencias adecuadas, y lo traspasamos a la mente.

Como hemos visto antes, en el trabajo energético y metabólico de las neuronas del cerebro, se liberan partículas de energía subcuántica llamadas «alfas», que se convierten en «analfas», y que funcionan como materia prima virgen para que la primera fase del proceso mental se lleve a cabo por interacción de los sentidos con la realidad.

Para ello, el ser humano guarda los datos recibidos de los sentidos en algo parecido a una carpeta temporal del ordenador, después de haber pasado por cientos de filtros mediante los cuales, los diferentes programas y arquetipos que tenemos en nuestras esferas mentales, así como los centros intelectuales y emocionales del cerebro que veremos un poco más adelante, adaptan la información recibida a la forma menos agresiva a los conceptos preestablecidos. Una vez procesados y «analizados» (diluidos y adaptados a nuestros modelos cognitivos particulares que nos hacen quedarnos con algunas partes de lo recibido, almacenar otras o descartar el resto según nuestra programación particular), entonces pasa a la fase de «archivo» hacia el cuerpo mental.

La zona del cerebro que gestiona la memoria a corto plazo en la mente, es el hipocampo, y la zona del cerebro que gestiona la memoria a largo plazo es el córtex anterior cigulado, que lo que hacen es asociar una neurona física a una información que está alojada en el cuerpo mental, a través de su esfera correspondiente, como si de una dirección de una página web se tratara, para saber dónde hemos de ir a buscarla cada vez que necesitamos acceder a ese recuerdo o información. La parte del cerebro encargada de reenviar toda percepción o información hacia el cuerpo mental a través de las esferas mentales es la glándula pituitaria, que actúa, entre otras funciones, de enlace entre el plano mental y el plano físico, entre las neuronas y conexiones sinápticas del cerebro que guardan de forma química el punto de la mente donde se almacena un determinado recuerdo o concepto.

Toda la información está en la mente y en el cuerpo mental, y el cerebro, solo tiene registrado en sus neuronas, la dirección energética de donde se encuentra cada bit de información. Cada vez que queremos recordar algo, lo que hacemos es que activamos la neurona que contiene la dirección donde se ubica ese recuerdo o información en la mente, y a partir de ahí se crea el enlace que nos permite recuperar esos datos.

Esferas mentales y acumulación irrelevante de datos y bits de información

Cuando estamos leyendo, estudiando, o haciendo alguna actividad donde se requiera adquirir datos de forma consciente, lo ideal es no tener ninguna otra fuente de ruido o emisión cerca, ya sea televisión, radio, o, ni siquiera, estar en un sitio ruidoso o demasiado ajetreado. La razón no tiene nada que ver con la concentración, o con la calma y tranquilidad que uno pueda necesitar para poder leer o estudiar relajadamente, que también es importante, sino con la forma en la que nuestra mente funciona, y adquiere todo tipo de información externa, ya que, te des cuenta o no, estamos todo el día asimilando información por los cinco sentidos de forma inconsciente, que, al no ser procesada de forma consciente, se convierte en basura a nivel subconsciente, que no sirve para nada.

Cuando estás leyendo, por ejemplo, con la televisión puesta de fondo, tu esfera preconsciente está captando lo que lees, pero también lo que escuchas o percibes a tu alrededor. Como tu atención está focalizada en el libro, tu esfera número uno envía a la esfera número tres, la consciente, la información que te interesa adquirir, pero envía a la esfera número dos, la subconsciente, todo el resto. Así, mientras lees cualquier cosa o tienes tu atención focalizada en algo, tu esfera subconsciente se sigue cargando de basura externa, bits de datos que no te sirven para nada, pero que se acumulan y acumulan sin parar a nivel subconsciente en el cuerpo mental. Cuando realmente uno quiera concentrarse en algo, cuanto menos ruidoso y bullicioso el entorno mejor, y menos datos «basura» que registraremos en nuestro subconsciente sin ninguna utilidad ni necesidad de ello.

Consciencia del Yo Superior versus la consciencia artificial del ser humano

Ahora que conocemos como funciona la mente y las diferentes esferas que la componen, y los procesos cognitivos que se ponen en marcha para que podamos procesar la información que recibimos, es necesario conocer cómo es posible que seamos «conscientes» de esos mismos procesos, de esa información y de nuestra propia existencia. Para ello, nos adentramos en el concepto de la esfera de consciencia.

La consciencia del ser humano tiene dos partes, una consciencia «real», que es la consciencia de nuestro Yo Superior, y una consciencia «artificial», que es la consciencia de la personalidad del cuerpo físico que nace, se desarrolla y muere, durante el periodo que dura la encarnación en curso de la encarnación que somos.

La consciencia de nuestro Yo Superior es aquella que la Fuente, en su aspecto materia-energía-consciencia ha desarrollado y proyectado a lo largo de su camino evolutivo, y que se imbuye en el centro de la esfera de consciencia del ser humano. No es, sin embargo la consciencia que prevalece en la mayoría de personas, pues, para bien o para mal, estamos conformados con una psique y una estructura mental muy compleja, que nos dota de una personalidad, formada por la tríada de cuerpos inferiores: etérico, emocional y mental, y que, ahora, en casi todos los casos, es la que prevalece en el ser humano, mientras que su consciencia real, la de su ser, subyace en niveles más internos, a la espera de ser liberada y manifestada por la persona.

Si tuviéramos que dibujar o representar gráficamente la consciencia, sería en forma esférica, y su ubicación se situaría en el plano mental, el tercer plano o nivel dimensional que rodea o forma parte del entramado de la realidad, si contamos como el primer plano, el plano o nivel físico que es el que percibimos todos, tal y como hemos visto anteriormente. En realidad, la forma que define la consciencia del ser humano es toroidal, un torus, no una esfera, pero solo si pudiéramos visualizarla en cinco dimensiones la percibiríamos con esta forma. La capacidad perceptiva del ser humano no abarca más allá de las tres dimensiones conocidas, y es por eso que el torus pasa a ser una esfera a nuestra percepción actual.

Así, la esfera de consciencia del ser humano es capaz de percibir y trabajar con cinco dimensiones, las tres de nuestra realidad física, con la que gestiona y maneja nuestro cuerpo, nuestra realidad, nuestra vida, y dos más que son las que le permiten percibir y sintonizar los planos superiores inmediatos por encima del plano físico y mantener la conexión con el Yo Superior y el SER.

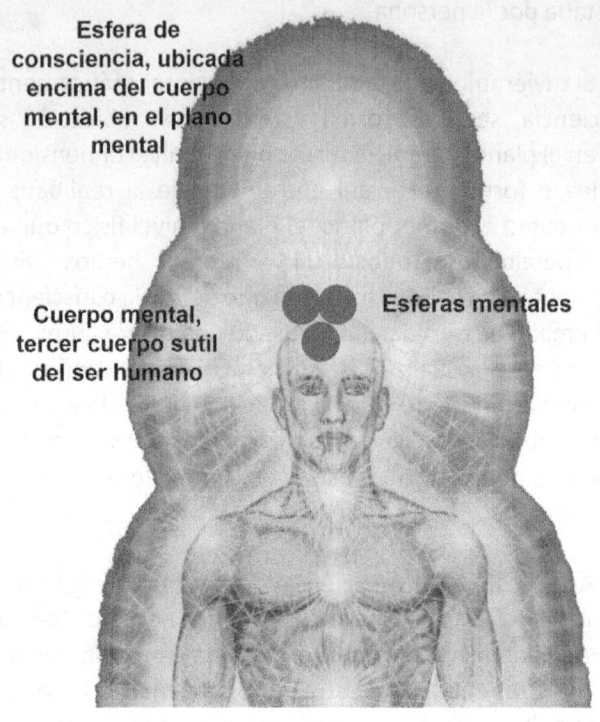

La esfera de consciencia, así como el cuerpo mental, está formada por puntos o líneas de energía, en contraposición a la percepción de «nubes» de energía, amorfas, que se ven al mirar el cuerpo emocional. Estas líneas energéticas, antes de nacer, y mientras se formaba esa consciencia artificial que llamamos personalidad, estaban enfocadas, o apuntaban, hacia el interior de la misma esfera, pues ahí es donde se mantiene y se ubica la consciencia de nuestro Yo Superior, pero, después del nacimiento, empieza a sufrir un proceso de reversión y toda la energía consciente empieza a enfocarse hacia el exterior, hacia el mundo material, desconectándonos entonces del núcleo de aquello que somos.

Para explicarlo sencillamente, la consciencia de nuestro Yo Superior, que es formada por el aspecto consciencia de la agrupación de mónadas tipo 4 directamente de la Fuente, es el punto central de la esfera de consciencia, mientras que la consciencia artificial de la personalidad son todos los puntos externos de esa misma esfera. Cada uno de esos puntos corresponde a un «Yo» diferente, una de las facetas o subpersonalidades que tenemos.

El proceso que seguimos todos nosotros, desde que nacemos, es idéntico. La mente, formada por energía en forma de esferas, comienza a funcionar justo en el instante en que salimos a este mundo, y comenzamos a percibir la realidad exterior, de forma que el deseo de experimentar, ver, sentir, aprender, etc., empieza a reubicar la atención hacia el mundo exterior del recién nacido, principiando la pérdida paulatina de la atención del interior del mismo, de la consciencia de su Yo Superior, haciendo que este se vaya aislando de la conexión con la realidad de la Creación.

La consciencia inicial que tenemos del ser que somos se va perdiendo, porque comenzamos a identificarnos con el mundo material, lo que nos hace creer, porque así lo empezamos a sentir, que somos solo materia y que solo existe la realidad subjetiva que entonces percibimos. Esa consciencia de nuestro Yo Superior se ve opacada en el centro de la esfera de consciencia por el desarrollo y crecimiento de la parte exterior de la misma esfera, que nace como una consciencia artificial «de la personalidad». Este proceso se conoce como la «reversión de la esfera de consciencia», pues todos los componentes energéticos de la misma, que estaban enfocados y mirando hacia la consciencia del centro de la esfera, ahora se han revertido y miran hacia fuera, hacia la realidad exterior.

Si intentamos diagramarlo, este sería, por ejemplo, el aspecto de la esfera de consciencia de una persona ya desarrollada y adulta, donde cada uno de los puntos negros de la superficie de la misma, es un «Yo» o subpersonalidad, y el punto central de la esfera, en el centro de gravedad de la misma, es el punto de conexión con la consciencia del Yo Superior.

Así, mientras la reversión se produce, la configuración psíquica que traemos de serie va creando una consciencia artificial asociada al programa Ego, que veremos luego, y que nos da a las personas la ilusión de individualidad y de separación de unos respecto a los otros. Desde nuestro nacimiento, a medida que se va forjando nuestra personalidad, las líneas de energía de la esfera de consciencia cada vez se enfocan más y más hacia fuera, y los componentes energéticos se van forjando con nuevas fachadas, máscaras y facetas de la personalidad, que, entonces terminan por dotar al vehículo físico de una consciencia artificial cien por cien, completamente alejada de la consciencia del Yo Superior, que es la que reside y se pierde, posiblemente para el resto de la encarnación, en la mayoría de seres humanos, en el centro de la esfera.

La creación genética del ser humano

Soy consciente que aún hay muchas personas que no conocen, aceptan o han descubierto aún, que el vehículo químico, orgánico y físico que usamos no es producto de una evolución natural, sino que es producto de unas manipulaciones y modificaciones genéticas sucedidas hace miles de años, por aquellos «dioses de la antigüedad» de los que tantas culturas ancestrales nos hablan. Es un tema sobre el cual aún tenemos mucho que aprender y que investigar, pero no por ello no tenemos ya decenas de piezas del Tetris que conforman una explicación más allá de la pura doctrina darwinista al nacimiento de la raza humana.

Sobre este tema no me voy a extender mucho, pues ya tenéis muchas fuentes que nos hablan de ello, y supongo que muchos de vosotros ya habréis oído hablar mucho de la manipulación genética que hemos sufrido y de que razas *off-planet* manipularon genéticamente a esas razas autóctonas del planeta para crear lo que conocemos ahora como el ser humano. Como breve resumen de dónde sale la mayor parte de la información pública al respecto, sabréis que a mediados del siglo XIX unos arqueólogos descubrieron la antigua capital asiria de Nínive, y hallaron en las ruinas del palacio de Asurbanipal, uno de sus últimos monarcas, una biblioteca con los restos de alrededor de 25.000 tablillas de arcilla inscritas. Estos textos, de 6.000 años de antigüedad en muchos casos, recogían sucesos y crónicas de eventos muy anteriores protagonizados por seres inteligentes, considerados por los sumerios como superiores, o dioses, llegados de otro planeta. Son una de las primeras fuentes donde se nos habla de cómo la raza humana fue creada genéticamente.

Probablemente habrá hechos o información que no son del todo correctas en esas tablillas, por dos razones, la posible manipulación sufrida por todo lo que se publica y sale a relucir para el público general, y segundo, porque aquellos que escribieron las tablillas, aquellos sumerios que intentaron dejar constancia de lo que habían escuchado, visto y oído, probablemente introdujeron sus propios filtros cognitivos a la hora de transcribir los conocimientos que tenían en la época. Esto es muy importante, estoy convencido de que las traducciones de las tablillas sumerias habrán sufrido diferentes interpretaciones, habrán estado sujetas a desinformación, alteración y confusión, especialmente porque diferentes especialistas han traducido grandes porciones de las tablillas con diferentes interpretaciones, así que la polémica está servida.

Aun así, personalmente no tengo ninguna duda de la veracidad de esto que os explico ahora, básicamente porque fuentes de diferentes organizaciones esotéricas han dado las suficientes pistas y piezas del rompecabezas para saber que lo que se cuenta en la historia de las tablillas es correcto en general, otra cosa es que sea creíble para muchas personas o que la misma programación que tenemos nos haga rechazar de plano este tipo de posibilidad. Aun así, os hago un resumen de cómo ha sido creado este cuerpo humano que ahora usamos como vehículo evolutivo para el ser que somos.

Para los que estéis interesados en leer más a fondo, la página y blog de Morféo de Gea *Detrás de lo Aparente*, tiene muchos artículos sobre el tema, por lo que os remito a ella y aquí os hago solo un resumen de lo expuesto para comprender algo más sobre nuestra historia. Otras fuentes de información son los llamados Penre Papers, publicados por el investigador Wes Penre, tras el análisis de diferentes traducciones y documentos sobre las tablillas sumerias y el origen del ser humano.

A grandes rasgos, la historia de nuestros orígenes nos cuenta que, hace miles de miles de años, el desarrollo y evolución de nuestro planeta como biblioteca y reserva viviente de ADN, de formas de vida, tuvo tanta repercusión a lo largo y ancho de nuestra galaxia, que algunos grupos, razas y especies de otros sistemas trataron de usar y aprovechar sus recursos, y todo lo que en la Tierra había en ese momento.

De esta forma, según las tablillas sumerias, hace miles de años, unos 450.000 más o menos, el planeta fue literalmente invadido, y controlado, por razas venidas de otros puntos de la galaxia, lo que inició el declive del sistema de vida en la Tierra que se había desarrollado hasta el momento en armonía entre todas las diferentes especies que convivían en el planeta. A priori, lo que parece llamó la atención de otras entidades, de otros grupos, provenientes de otras partes de la galaxia, eran los recursos minerales del planeta. Así que hicieron uso de forma sui géneris de los recursos vivos que encontraron aquí, para ello, modificando las formas de vida de entonces como trabajadores y recursos para cubrir sus propias necesidades evolutivas.

Básicamente, estas razas, manipularon sucesivamente de forma genética las especies nativas del planeta de aquel entonces. Mezclándolo con ADN de otra raza de características saurias, originaria también de nuestro planeta, así como con ADN de su propia especie, generando una nueva clase de ser vivo a partir de las especies autóctonas de entonces del planeta (saurios o reptoides mezclados con homínidos y otros), con las que buscaban cubrir ciertas necesidades propias que estoy seguro todos conocéis o habéis oído mencionar alguna vez.

Aquellos vehículos físicos nativos fueron mezclados entre sí, modificados, creados, alterados, y literalmente ensamblados de nuevo para crear una nueva clase de ser vivo, a la que se le quitaron algunas habilidades, como la conexión directa con la Fuente a través de su Yo Superior, y se introdujeron los cambios necesarios para poder programarlos a través de la modificación de la estructura de la mente y de la esfera de consciencia que os he explicado. Había nacido un ser que tenía cuerpo principalmente homínido, pero parte de sus genes y de su mente presentaba rasgos de aquella otra raza llegada de fuera, e incorporaba algunos rasgos de la misma, manteniendo la mayor parte de la genética nativa. Esto, explicado de forma tan simple, parece un cuento para niños, y así se pretende que sea en una primera instancia para romper alguna de las barreras que, en nuestra mente, bloquean la entrada de todo nuevo conocimiento que vaya en contra de la programación que se nos ha inculcado durante milenios. Ahora, quizá, podamos entrar más en detalle en la historia original según se explica en diferentes niveles de organizaciones esotéricas y de la que tenéis referencias en el blog *Detrás de lo Aparente*[6] que os he mencionado y recomiendo que leáis.

De Manus y Lhulus

En ciertas enseñanzas, a la raza base que se usó para crear al ser humano se les llama *Manus*, y eran de características reptoides, pero nativos del planeta, descendientes de los grandes dinosaurios que poblaron la

---

[6] *Detrás de lo Aparente*, http://detrasdeloaparente.blogspot.com.ar/

Tierra hace 65 millones de años y evolución, también por manipulación genética, de una especie conocida como el trodoon. El trodoon fue manipulado por aquellos que son llamados «*nórdicos*» en el campo de la ufología tras escoger a la raza sauria animal con mayor capacidad evolutiva de entonces. Se usó ADN de varias especies, entre ellas, de otra raza reptoide de la constelación que nosotros conocemos como Alfa Draconis, y que sus habitantes parece que conocen como «Amiris», y aquellos que nosotros llamamos Dracos, se llaman a sí mismos algo así como «Amoss». Es solo una anécdota de terminología que me fue explicada una vez por uno de nuestros guías.

    Por otro lado, la llegada de otra raza llamada por los sumerios «Anunnakis», que significa «los que vinieron del cielo» (ellos se llaman a sí mismos de otra manera), dio nacimiento, tras una serie de manipulaciones genéticas del Manu original, a aquellos que los sumerios llamaban «Lhulus», y que correspondían a las primeras especies homínidas que fueron aquellos primeros esclavos trabajadores que se encargaban de extraer los recursos del planeta necesarios para que «los dioses» se los llevaran de vuelta allá donde les era necesario. Tras ajustes, modificaciones y experimentos varios, los Lhulus, de nuevo manipulados, y mezclados entre sí, y con los Manus (la raza sauria o reptoide original del planeta, descendiente del trodoon y de los grandes dinosaurios, y de cuya base se tomó los genes necesarios para la manipulación y creación del actual ser humano), dieron lugar a una nueva sub-especie, por el cruce del Manu y del Lhulu, que recibió el nombre de «lhumanu», de donde deriva nuestra denominación actual de «humano», empezando con el primer *homo sapiens*.

    Así, el cuerpo que usamos, que no el ser que somos, desciende genéticamente del Manu, una especie con origen saurio nativa de la Tierra, y del Lhulu, una modificación genética homínida también nativa, y de cuyo cruce, salimos nosotros, el lhumanu, por eso en nuestro ADN tenemos genes reptoides reflejados en la parte más antigua de nuestro cerebro, el tallo cerebral y el sistema reticular, y tenemos también genes Lhulus, homínidos antes de su cruce genético con el Manu, reflejados en el neocórtex, así como también tenemos todos los genes del cruce Lhulus-Manus que nos identifican como la especie actual que somos, el *lhumanu* u *homo sapiens*, en la capa neuronal que recubre los lóbulos prefrontal y frontal.

En estos momentos, aquellos que llamamos la «élite» del planeta, aquellos que dirigen el mundo entre bambalinas son descendientes directos de los Lhulus, pero de las líneas que son más puras y menos manipuladas, mientras que el resto de personas, el resto de la humanidad, descendemos de la mezcla y segunda y siguientes manipulaciones genéticas que dieron lugar al lhumanu, u *homo sapiens* en su última versión. Como estos últimos, los lhumanus, iban a ser usados como recursos para los intereses de las razas que habían venido de fuera, se produjeron los ajustes en la psique y parte mental para que pudieran entender, usar y comprender órdenes y deberes, pero pudieran mantenerse bajo control en todo momento.

Puesto que el *homo sapiens* fue diseñado originalmente para cumplir un trabajo determinado, y sobre todo servir a los propósitos de sus creadores, era necesario que respondiera a la programación, propósitos, y órdenes iniciales de forma autónoma, ya que, por el alto número de miembros de la nueva especie creada, no se podía reprogramar a todos ellos, a nivel de psique, y/o configuración mental, cada vez que fuera necesario introducir algún tipo de orden, código o patrones de conducta, de trabajo, de sumisión, en ellos.

Para hacer esto, aquellos «dioses de la antigüedad», los Anunnakis de las tablillas sumerias, crearon un dispositivo especial interno al cerebro físico del lhumanu, que nosotros conocemos como la glándula pituitaria, cuya función inicial era enlazar automáticamente con la «base de datos», con los repositorios de instrucciones de nuestros creadores, quiénes, así, tecnológicamente, reprogramaban la psique de los lhumanus sin la intervención directa y constante de aquellos que, genéticamente y literalmente, ensamblaron el vehículo físico que ahora usamos. El funcionamiento de la pituitaria, y su función, era realmente sencillo, trabajando básicamente como lo hace una conexión Wi-Fi en un ordenador, es decir, abriendo un enlace de datos, una conexión con otro punto, y enviando y recibiendo paquetes de datos con el servidor que le transmitía la nueva programación, órdenes, códigos, patrones de conducta, etc. Simple y efectivo a la vez.

Por otro lado, nos cuentan las tablillas sumerias, que, debido a disputas internas, rencillas, desacuerdos y discrepancias a la hora de gestionar a la nueva especie creada, y quizá debido también a la manera y logística del proceso de gestión de los lhumanus originales, en un momento determinado de la evolución de los lhumanus primarios se decidió abrir la psique de la especie al concepto de la dualidad y de los opuestos, ampliar sus capacidades cognitivas, y darles la facultad de existir bajo normas y patrones existentes en la Creación.

Para bien o para mal, con ello, también proporcionaron a la nueva raza, el lhumanu, la oportunidad de poder ser libres como seres, pues la apertura hacia la percepción del concepto de la dualidad trae consigo el libre albedrío, de poder escoger entonces en todo momento una de las dos opciones, uno de los dos opuestos, algo que hasta entonces no podía ser ni siquiera percibido por la psique del lhumanu, programado de una cierta forma para unos propósitos muy concretos. Al hacerlo, se vio, nos explican, que el que la nueva especie creada tuviera libre albedrío era una complicación para los llamados Anunnakis, pues el lhumanu podía a partir de entonces elegir ser su propio controlador, tomar control del cuerpo físico y ser dueño de sí mismo.

El hecho de otorgar al lhumanu la percepción del concepto de los opuestos, el concepto de la dualidad, y el tener activa la conexión psíquica a través de la pituitaria, incluía, además, la posibilidad de que los lhumanus se pudieran conectar directamente a la Fuente, sin pasar por el sistema de control creado por los Anunnakis, y evitaran todo el proceso de reprogramación creado y montado, así que, finalmente, estos últimos decidieron desactivar la glándula pituitaria de sus funciones comunicativas para evitar esa posibilidad. Hecho esto, se dieron cuenta de que ahora no podían programar automáticamente a todos los miembros de la especie de forma directa, por lo que se tuvieron que buscar otros medios para seguir con la gestión y control de los mismos, eligiendo la manipulación de la ilusión de la realidad del lhumanu, esto es, manipular su percepción de cómo «es el mundo» para poder someterlos y dirigirlos, a partir de la manipulación psicológica de las masas, con técnicas de control e influencia masiva en ellas, siendo este el medio actual que sigue en marcha para mantener controlada y programada a la raza humana en su conjunto, algo que, como ya veis, lleva muchos milenios en pie y no ha variado un ápice desde su puesta en marcha.

Como detalle final, una pequeña parte de la reciente creada humanidad fue excluida de dicha manipulación genética para servir de interfaz entre nuestros creadores y la masa de la nueva raza creada. Estos linajes originales no están dentro de la manipulación global del resto de humanos, y son las encargadas de ejecutar las órdenes, diseñar las estructuras y controlar al resto de la masa de la humanidad acorde a los designios de la raza que nos creó, y luego, con el tiempo, de otras razas que también se disputan nuestra posesión, como son, principalmente los llamados *Dracos*, así como otras especies y razas que trabajan para ellos, y/o con ellos. Así, estos linajes ancestrales que hacen de enlace entre las razas de fuera y el ser humano son la cara visible del poder oculto, y son representantes incondicionales de nuestros creadores. Como ya podéis suponer, forman parte de familias poderosas del poder y los estratos más elevados de nuestra estructura social, y siempre ocuparon los mismos lugares generación tras generación.

Y es que, nos guste saberlo o no, la población humana ha sido guiada siempre ciegamente por un sinfín de falsos caminos, y manipulada según ciertos intereses y agendas, muchas veces contradictorios, por varios grupos de decenas de estos agentes de control de la realidad en la que vivimos. Esto ha derivado en todo tipo de acontecimientos con nefastas consecuencias para el grupo más frágil (simbólicamente hablando), que es la masa general de la población, el lhumanu, como posiblemente nos siguen llamando. La cuestión es que la información sobre todo esto está tan compartimentada, y ha sido tan manipulada y tan ocultada, que lo que uno cree que sabe sobre lo que ha pasado realmente con nosotros como raza no es sino una fracción muy pequeña de lo que saben aquellos que se encuentran en los escalones superiores de los círculos y estructuras de poder del planeta.

Evidentemente, parte de este proceso de supresión de la información está diseñado específicamente para mantener estas estructuras de poder que llevan milenios en pie, como hemos visto, para negar la existencia de niveles fuera de aquellos normalmente perceptibles por el humano medio, especialmente en lo que concierne a la milenaria interacción y sumisión a razas de fuera del planeta, a los que nos crearon, y sobre todo a los que se disputan desde siempre el control de nuestra raza y nuestro planeta. Por qué esto es así, es simplemente una cuestión de ADN. Múltiples razas claman tener derechos sobre el cuerpo físico que es el *homo sapiens* porque se usó su ADN para crearlo, desde aquellas que crearon al Manu y luego por haber sido este usado para crear al lhumanu, como aquellas que modificaron especies homínidas y crearon al lhulu, como toda la amalgama de razas que dieron parte de sus genes para que el resultado final, el lhumanu, sea ahora un vehículo físico potente, poderoso y temido, si estuviera a pleno funcionamiento (recordemos que tenemos un 95% de ADN que no usamos y/o no está activado), y por el cual, aún hay disputas galácticas a niveles que solo nos suena a ciencia-ficción y a películas de guerras entre extraterrestres.

Por otro lado, el hecho de que existan unos linajes y estructuras que fueron excluidos de ciertas manipulaciones para poder hacer de enlace entre los creadores y los creados, nos ayuda a entender cómo funciona el mundo, y como está estructurado su sistema de control, que vamos a tratar de resumir un poco, aunque ya hablamos de ello in extenso en el anterior libro, *El Yugo de Orión*. Hagamos simplemente un resumen de ello para aquellos que llegáis a estos temas por primera vez.

Actualmente, la forma en la que yo concibo las estructuras de poder en la Tierra es tal y como lo muestra la tabla siguiente:

Nivel 1. La interfaz y los verdaderos controladores del planeta: Entidades de fuera, nuestros creadores, polaridad de servicio a uno mismo. Supuesto origen de nuestros creadores: constelación de Orión, Alfa Draconis, Sirio, Zeta Reticulí, etc.: Anunnakis (Reptoides), Dracos, grises, y otras razas mantoides, insectoides y otras STS, principalmente, que se reparten el pastel. El grupo que hace de interfaz entre estas razas y los seres humanos son los llamados "hombres de negro", conocidos principalmente en el campo de la ufología.

Nivel 2. Círculos de poder internos. Miembros de linajes muy antiguos que forman parte de la gestión de la humanidad en su más alto nivel. Fueron apartados de varias manipulaciones genéticas por las razas creadoras para que tuvieran un cierto ADN que les permitieran interactuar tanto con estas como con la recién creada especie que somos. Por lo tanto, han estado siempre en control de la gestión del sistema de vida en la Tierra obedeciendo a los grupos off-planet que se consideran nuestros creadores.

Nivel 3. Sociedades secretas completamente desconocidas con control global. Sociedades y grupos desconocidos. Sin figuras públicas. Control total y absoluto sobre los niveles inferiores. Muy pocas personas conocen algo del nivel 3. El nombre genérico simplemente sería "los gestores del planeta" en los niveles secundarios de poder, los controladores, los Illuminatis en su versión de "élite dentro de las élites". El llamado Papa Negro, jefe de los jesuitas, es la persona con mayor poder en este círculo, y parece ser la única figura "pública" que tiene acceso a este nivel.

Nivel 4. Sociedades públicamente "secretas" con control global. Red de control mundial. Sociedades secretas "públicas": masones como representantes públicos de los Illuminatis, jesuitas, bajo el control del Papa Negro, Caballeros de Malta, como la orden militar de los jesuitas, etc. Red de control reducida de los principales grupos del nivel inferior. Los personajes con mayor poder en este momento en este ámbito son el llamado Papa Negro, jefe de los jesuitas como hemos dicho, y los altos "cargos" de las diferentes iglesias y religiones del planeta que poseen los grados "Illuminatis" más altos (ocultos) dentro de las jerarquías y estructuras de estas sociedades. Aquí se encuentran también las diferentes familias en el poder conocidas por la mayoría de la sociedad como Rothschild, Rockefeller, etc., que ejecutan y coordinan las acciones que Anunnakis, y Grises, a través de los "hombres de negro", transmiten a los Illuminatis, principalmente a los jesuitas.

Nivel 5. Grupos globales de control y manipulación. Bilderberg, la Comisión Trilateral, Council of Foreign Relations, el Club de Roma, el Comité de los Trescientos, gobiernos secretos y paralelos detrás de los gobiernos públicos, agencias tipo NSA, CIA, Mossad, OTAN. Organizaciones religiosas en su conjunto: el Vaticano, Opus Dei, etc. Miembros de la realeza. Poderes principales detrás de cada uno de los grupos u organizaciones del nivel inferior. La financiación para diferentes operaciones de los niveles superiores se consigue principalmente por el control bancario de este nivel. Los miembros de la realeza forman parte de las líneas de sangre que no fueron "tocadas" tanto en las consecuentes manipulaciones genéticas sufridas por el ser humano.

Nivel 6. Grupos de control e influencia nacionales e internacionales. Grandes empresas e industrias, complejo militar, grandes medios de comunicación, grandes farmacéuticas, bancos y empresas de control económico, agencias de calificación, principales *think* *tanks* (instituciones, grupos de expertos, grupos de presión social, etc.). Organizaciones religiosas.

Nivel 7. Gobiernos "públicos". Figuras públicas elegidas "democráticamente", principales marionetas de cara a la masa de la gente, primer nivel de poder percibido por el conjunto de la sociedad (ministros, presidentes de gobierno, autoridades públicas, etc.).

Nivel 8. Masa de la humanidad.

Otra forma de verlo es usando un diagrama de círculos concéntricos, donde el poder real se guarda en el centro y cada uno de los niveles anteriores protegen al nivel inmediatamente superior, de forma que es imposible para alguien del exterior, penetrar hasta los círculos de poder más secreto.

Para explicar la tabla de forma general, antes de analizar escalón por escalón, a primera vista se intuye, empezando por abajo, que quienes tienen el poder en los niveles 6 y 7,que están muchas veces en paralelo, se mueven por el deseo de alcanzar riqueza, poder y capacidad de control. Muchos de los que copan posiciones de poder en estos niveles son personas sin escrúpulos sin sentimientos, gente sin ninguna empatía por el género humano, algunos psicópatas. A medida que subimos, en los niveles 4, 5 y 6, la perspectiva cambia un poco. Las motivaciones suelen ser el puro deseo de dominación, control y manipulación, pues son personas que poseen muchas riquezas materiales. Por supuesto, los del primer nivel solo pretenden mantenernos como "comida" y recursos disponibles. En general, en las posiciones de poder de todos los niveles hay tanto "oscuros" e "hijos de las sombras" como personas en un proceso de evolución hacia la polaridad negativa.

Así que para un humano "normalito", la cosa está bastante complicada. Además, en todos los casos, los grupos se solapan en ciertas áreas y los límites pueden ser difusos. Normalmente los de arriba dictan la agenda a los de abajo, pero una persona puede pertenecer a diferentes grupos de distintos niveles y representar diversos papeles según convenga a sus intereses y a los de su grupo en particular.

No olvidemos que muchos de los miembros de estos poderes y niveles provienen de linajes muy antiguos, ancestrales, muy inteligentes, pues no sufrieron parte de la modificación genética sufrida por el resto, pero que también muchos otros son simples peones, usados cuando son necesarios y descartados luego y, la mayoría, no solo no tienen reparos, problemas morales, ética ni sentimientos de empatía hacia otros, sino que, por su propia polaridad evolutiva y energética, buscan la generación de eventos y sucesos para su propio avance y crecimiento en el camino escogido.

Por otro lado, en esta jerarquía, nadie que está en un nivel inferior conoce realmente lo que sucede en un nivel superior. Es probable que sean muy pocos los seres, humanos o no, que se encuentren en el grupo de más alto nivel. En alguna escasa literatura, se le ha intentado poner nombre a las élites dentro de las élites, llamándolos los *Incunabula*, *Quorum*, o, como todos estamos acostumbrados a oír, los *Illuminatis*.

Cada nivel obedece órdenes del nivel superior, así como nuestros políticos obedecen órdenes de los banqueros, la industria, las instituciones y los grupos de presión. Estos, a su vez, obedecen a grupos tales como Bilderberg (de los cuales también forman parte) o a agencias de poder, servicios secretos, gobiernos en la sombra, etc. Por su parte, estos integran paralelamente sociedades tan conocidas como los masones o *Skulls and Bones*, por nombrar un par, que son las que deciden lo que estos grupos globales ejecutan. Pero, a su vez, dependen de organizaciones todavía más secretas a las que pocos tienen acceso.

Los miembros de esas sociedades secretas deciden el rumbo del planeta. Pero, a su vez, dependen del rumbo marcado por el último eslabón, la conexión con el grupo o grupos de entidades *off-planet* de otro nivel evolutivo, que, como decía Charles Tort, son o se consideran nuestros "dueños".[7]

Por eso, aunque tenemos claro que el primer eslabón de esta pirámide de poder busca mantener el dominio sobre la humanidad porque somos su fuente de alimento energético y una fuente de recursos de todo tipo, se nos hace difícil comprender que el resto de los eslabones inferiores simplemente se limiten a ejecutar los métodos que aseguran que esta fuente de alimento no tenga opción de rebelarse, desconectarse o desaparecer. De hecho, se nos funden muchas neuronas al darle vueltas al asunto, porque no nos cabe en la cabeza que algo así tenga ni pizca de lógica.

Además, en el nivel 2, en la parte humana, la motivación parece ser más bien tener el poder de regir y controlar el destino de un planeta entero, de la humanidad en su conjunto. En muchos casos, aquellos que pertenecen a los grupos y sociedades de los niveles 2 y 3 se consideran los elegidos, por derecho histórico, para gestionar el planeta. Quizá interpretan que lo hacen para conducirnos al bien mayor de la raza humana. Por muy errados que estén, eso es lo que creen, así es como lo ven, o eso es lo que nos han dicho: que están convencidos de que son ellos los que "por mandato divino" deben mover los hilos de la humanidad, los responsables de su rumbo. No ansían riquezas, pues las tienen todas; no ansían más que poder sobre los demás, ser los

---

[7] «I think we are property». Charles Tort, *The Book of the Damned (El libro de los condenados)*.

dueños y amos del destino del globo. Han sido tan engañados y manipulados desde los más remotos tiempos por los verdaderos controladores que no son capaces de ver (o quizá sí, pero no les importa) que, a su vez, ellos son manipulados por otros intereses mucho más espeluznantes. Al menos yo lo intuyo así. Lo percibo y no soy nadie y no tengo acceso a la información a la que las personas de esos niveles acceden.

Pero sé que la polaridad de servicio a uno mismo tiene el defecto de "ver las cosas solo como se las quiere ver", mientras que la polaridad del servicio a otros tiende a percibir la realidad "como es". Y cuando uno ve la realidad como es, porque además tu ser y tu Yo Superior te lo hacen ver, se da cuenta de que hasta los que más mandan son peones en la escala cósmica de este juego de la vida.

Esta escala de poderes tiene muchísimos sub-niveles, y cuando bajamos un poco más cerca de lo que ya conocemos, entonces sí vemos con total transparencia que el deseo último de estos grupos, de los niveles 6 y 7 solapados, apunta a conseguir el dominio absoluto de todas las áreas de la vida de la gente, con sistemas globales de gestión, gobierno y supervisión. Esto se traduce en algo de lo que todos hemos oído hablar: el gobierno mundial único, el sistema financiero único, el control de la población al detalle, el control de su educación, de su salud, etc. Aunque muchas de estas cosas ya existen en los niveles más altos, aún deben terminar por implementarse en los niveles inferiores. Ya existe un grupo reducido de personas que controlan a los grupos más numerosos, que controlan a los que deciden quién gobierna un país, un sistema económico o un movimiento social. Así que ahora se trata simplemente de seguir generando y provocando los eventos y situaciones que lleven a implementar estos últimos mecanismos de control y supervisión en todos los niveles de la sociedad.

Nosotros, que estamos en el nivel más bajo de esta pirámide o escala de control, en el círculo más externo, solo podemos percibir el efecto final de las decisiones tomadas o de las acciones ejecutadas para que una idea o concepto (por ejemplo, tener monitorizada a toda la población como se tiene marcado a todo el ganado) se lleve a cabo.

Y así están las cosas. Lamento presentar una imagen tan pésima del mundo en el que vivimos. Pero, si no abrimos los ojos, poco podremos hacer para cambiar el rumbo del barco. ¿Hay seres de luz que trabajan para echar un cable? A patadas. Pero están encarnados como tú y yo, y tienen nuestras mismas limitaciones físicas para luchar contra el sistema. Porque "desde fuera" no se puede intervenir, la regla del libre albedrío lo impide. Así que, si se quiere ayudar, hay que remangarse y encarnar en el sistema para trabajar desde dentro. Los que han venido a salvarnos estáis leyendo este y muchos otros libros, imbuidos en cuerpos de carne y hueso, tratando de recordar por qué estáis aquí y qué hacer con esa misión que te auto asignaste antes de encarnar.

El problema, simplemente, es que la estructura de control es compleja, y que, además, opera en decenas de niveles, en centenares de escenarios, con múltiples planes. ¿Por qué? Porque todo cambia, fluye; porque los peones del juego, la gran masa de la población, son realmente quienes dirigen el rumbo del barco; porque nada puede pasar sin los de abajo; porque, si un buen día no hacemos caso a nada de lo que estos grupos y niveles de control públicos, semipúblicos y en la sombra nos imponen, el barco no se mueve o, al menos, no se mueve en la dirección que ellos desean.

El problema es que la gran masa de la población no es la dueña de los recursos, instituciones y herramientas de gestión de la sociedad. Todos los mecanismos de cambio físico se encuentran en manos de psicópatas, portales orgánicos y personas manipuladas por las razas que nos manejan. Todos los mecanismos menos uno: nuestro libre albedrío y nuestro poder de dejar de ser fuente de alimento, mano de obra o mera diversión para ellos.

El programa Ego de la personalidad artificial

Como hemos dicho, cuando el ser humano fue alterado genéticamente y se dio paso a nuestra composición actual como *homo sapiens*, no existía el ego como tal, y la conexión con el sistema de control inicial creado por las razas que nos manipularon era suficiente para mantener a los lhumanus alejados de la consciencia de su Yo Superior y, por ende, de la Fuente. Pero, cuando el libre albedrío nos fue dado, tras sucesivas manipulaciones y cambios genéticos, y diferentes disputas entre los miembros de las mismas razas que nos crearon sobre cómo gestionarnos, fue necesario implantar un programa de seguridad que protegiera el acceso del nuevo vehículo evolutivo a la consciencia de su ser, para evitar su conexión con la Fuente, y que todo el trabajo realizado hasta ahora para tener bajo control al lhumanu hubiera sido en vano. Así fue como el programa Ego fue creado, y el término «programa» es, literalmente, lo que mejor define a la parte de nuestra psique que denominamos «el ego».

Y es que la función del programa Ego es dotar a la consciencia del lhumanu de un programa de control. Puesto que la consciencia de todo ser humano, cuando nacemos, está orientada energéticamente hacia el punto de conexión con el Yo Superior, como ya hemos visto anteriormente, era necesario encontrar la forma de revertirla para que se cortara esa conexión, y fuera posible controlar el vehículo físico, evitando que lo hiciera el ser que, por derecho, debía usarlo como medio evolutivo. De hecho, en los primeros modelos de lhumanu, inicialmente, existía la posibilidad de mantener la atención en una nueva encarnación tanto hacia el interior de la esfera de consciencia, y hacia el Yo Superior y planos superiores, como hacia el exterior del plano físico, hacia la materia, hacia la realidad sólida y tangible, que aún hoy en día, muchos creen que es la única que existe y en la única en la que nos movemos.

Al inicio, el recién creado *homo sapiens* era consciente de su ser, pues todos los puntos de la esfera de consciencia (todos los Yos o subpersonalidades) miraban (apuntaban y estaban enlazados energéticamente) hacia el interior, el centro de la esfera de consciencia donde reside y se manifiesta el aspecto consciencia de nuestro Yo Superior, menos uno de esos puntos que miraba o estaba dirigido hacia el exterior. Este punto energético de la superficie de la esfera de consciencia, que miraba hacia fuera, permitía ser consciente de la realidad material, mientras que el resto de la consciencia permanecía conectada al centro de la esfera de consciencia y en control total del vehículo y cuerpo físico.

Puesto que esto presentaba los problemas que hemos comentado de que el lhumanu tomara por sí solo el control de la situación, y dejara de responder a la programación inicial, había que encontrar la forma de aislar a la consciencia del Yo Superior de alguna manera, para que el lhumanu no supiera quién era de verdad y este no recuperara el dominio del cuerpo físico, dejando así de poder seguir estando dominado, controlado, y pudiendo ser usado, para aquello para lo que fue creado.

Lo que se decidió hacer, por las razas que nos crearon, para poder revertir toda la esfera de consciencia del lhumanu y desconectarlo de la consciencia de su Yo Superior, fue crear un programa (energético) que se conectó al punto (al componente de la personalidad del lhumanu) que miraba al exterior, el único que permitía al lhumanu original mantener tanto la conexión con los mundos superiores como con la realidad material en la que existía. Al insertar en la esfera de consciencia, a través de este «Yo exterior» del lhumanu, este programa de comportamiento, se consiguió poco a poco que toda la esfera se revirtiera al cien por cien hacia fuera. ¿Y qué programa hizo esto? Uno que reconoceréis fácilmente. Fue el programa o energía del concepto «deseo», la necesidad de «querer cosas» del mundo exterior, el anhelo de todo aquello que el lhumanu veía en el mundo material. Este programa automático insertado en la superficie de la esfera de consciencia del lhumanu se ocupó de revertir la orientación de la misma, por tener ahora, artificialmente insertado en su psique, el deseo constante de tener cosas materiales y anhelar todo lo que provenía del mundo sólido, olvidando todo aquello que pertenecía al mundo espiritual, y así, que la estructura energética de la esfera de consciencia se reorganizara, y se focalizara solo en la realidad del mundo exterior de la persona, desconectándola del interior de la misma.

Con esta maniobra, con esta modificación en la psique del lhumanu, y por consiguiente, en la psique y configuración de la parte mental de todos y cada uno de nosotros, se logró que la totalidad de la consciencia estuviera dirigida hacia la vida material, como su único punto de atención, y obteniendo de esta manera un programa que lograba varios objetivos a la vez. Por un lado la búsqueda de la parte espiritual de la vida, el intentar conocer quiénes somos y de dónde venimos, el intento de conocer a nuestra esencia, nuestro ser, se dirigió hacia fuera, hacia el exterior de uno mismo, evitando así que jamás lleguemos a encontrarlo, ya que lo que verdaderamente somos, solo reside en el interior de cada uno, y es hacia dentro hacia donde uno debe mirar para hallarlo.

Por otro lado, la reversión de la esfera de consciencia y la inserción del programa «deseo» logró que apareciera el concepto de personalidad artificial en el *homo sapiens*, haciendo que, desde entonces, todos creamos que somos los títulos que nos dan, los nombres que nos ponemos, o el estatus que conseguimos, es decir, que nos basemos en identificarnos solo con la personalidad artificial del «yo», forjada exclusivamente en base a las experiencias del mundo material.

Por último, con el nacimiento de la personalidad artificial se consiguió, además, que toda la atención del nuevo ser humano estuviera puesta exclusivamente en la realidad subjetiva, aquella que cada uno interpreta según sus propios filtros y creencias, para así poder programarnos a través de la manipulación de la misma.

Y es que la consciencia artificial es responsable de que creamos que somos lo que somos, y que seamos manipulados de la forma más sencilla que existe, por los distintos «yos» de la personalidad virtual que toman el mando constantemente, según disponga el programa Ego en ese momento, manipulado por las influencias externas que recibe y que le hacen actuar para presentar al mundo la parte de sí mismo que conviene según aquella respuesta que haya que dar. ¿Esto qué significa? Significa que es nuestro programa Ego de control de la psique el que decide si ahora debe estar en control el «yo divertido», el «yo tolerante», el «yo cariñoso» o el «yo serio». Si estamos en una reunión de negocios, nuestro programa Ego pone en control del total de nuestra personalidad la faceta o subpersonalidad que corresponde para lidiar con esa reunión de negocios. Cuando llegamos a casa, y nos ponemos a jugar con los hijos, o salimos a tomar algo con los amigos, nuestro programa Ego detecta y evalúa qué faceta de nuestra personalidad, qué «yo» debe tomar el mando, sacando a relucir el personaje que nos toque representar en cada escena. De esta forma, nos aseguramos el control total y el ser capaces de lidiar con miles de situaciones diarias, ya que, literalmente, tenemos miles de personajes en nuestra psique, formando parte de la esfera de consciencia, en su superficie, mientras que la verdadera personalidad que tenemos, la personalidad y consciencia de nuestro ser, queda relegada al centro de esa consciencia, sin poder salir nunca a la luz ni tomar el control de ninguna situación en ningún momento.

 Visto lo visto, lo que diríamos todos es que habría que eliminar el programa Ego de la esfera de consciencia del ser humano, ¿verdad? Pero no se puede. El ego no se puede destruir, porque si lo hacemos destruimos el cuerpo que usamos, ya que está conectado e imbuido directamente con las conexiones sinápticas del cerebro, en la mente, y en el conjunto de nuestra psique, por lo que, si se pudiera y se destruyera por completo este programa, terminaríamos rápidamente internados en una institución psiquiátrica. En estos momentos, por la configuración actual que tenemos, el ego es el enlace social con la realidad exterior del mundo en el que vivimos, y como tal, el ego no es bueno ni malo, no es positivo o negativo, solo es un programa de gestión de nuestra psique que responde a la consciencia y personalidad artificial (la superficie de la esfera de consciencia que hemos visto) y a la programación y manipulación que recibe por parte de los que nos controlan. El ego se insertó con una serie de funciones a cubrir, y como tal está diseñado para hacerlo. Nadie le echa la culpa a un *software* por hacer lo que está diseñado para hacer, simplemente, si no nos gusta cómo funciona ese *software*, tenemos que modificarlo, cambiando su programación, ya que, en este caso, no es algo que pueda ser desinstalado.

 Y esto significa que el trabajo que todos nosotros tenemos por delante pasa por desconectar la consciencia artificial y darle poder a la consciencia de nuestro Yo Superior, y por unificar todos esos Yos en uno solo, algo que no es nuevo, como fórmula, pues ya Gurdjieff, místico ruso del siglo pasado, lo explicaba en sus enseñanzas de *El Cuarto Camino*, como la vía para crear una sola personalidad única, que enlace con la consciencia del «ser». En ese momento, esta toma el mando del ego, y nuestra personalidad pasa de ser la consciencia artificial a convertirse y ser guiada por la consciencia del Yo Superior y de nuestra verdadera esencia. Es algo que requiere de un arduo trabajo interior, pero, si no se hace, no se consigue absolutamente nada en términos de crecimiento y salida de la «Matrix», pues no hay nada más importante en esta vida que nos permita dar el salto evolutivo que todos estamos intentando llevar a cabo. Por otro lado, mientras no se haga, seguimos siendo marionetas de un sistema que nos gestiona sin grandes problemas precisamente porque ninguno de nosotros, prácticamente, ha tenido nunca a su Yo Superior al mando de su cuerpo, sino que cada pocos minutos un yo diferente toma el control, y cada pocos minutos somos una parte distinta de nosotros mismos la que se enfrenta al mundo exterior tratando de lidiar con él, siempre según los dictados de un programa artificial insertado en nuestra esfera de consciencia.

Los miedos primarios imbuidos en la psique del ser humano

Soy consciente que entender el funcionamiento del ego no es fácil. Tiene múltiples funciones como si de un complicado programa de ordenador, analogía que hemos hecho, con múltiples subrutinas, se tratase. Una de ellas, de las características, o funciones, del programa Ego, es la creación constante de las personalidades o «yos» con la que nos identificamos todos nosotros, cuyo principal objetivo es ser reconocido por los demás, y por la sociedad, como individuo.

Y eso es lo que al ego más miedo le da. Que llegue algún momento donde no sea reconocido, no encaje, no sepa lidiar con esa situación y, por ende, no sobreviva. Aunque parezca extraño, una de las funciones más importantes del ego era, y es, asegurar la supervivencia del cuerpo físico por todos los medios. ¿Por qué? Porque factores psicológicos heredados de nuestros ancestros imbuyeron en nuestra psique ciertos comportamientos, que, a día de hoy, con sus correspondientes actualizaciones, aún tenemos activos y formando parte de aquello que nos hace comportarnos de una forma o de otra.

Esta necesidad de ser reconocido y de encajar y sobrevivir en cualquier situación, tiene como base primordial el miedo al rechazo, y el miedo al abandono, además de otros temores primarios imbuidos muy profundamente en nuestra psique que ahora vamos a ver, ya que la explotación y exacerbación de los miedos primarios del ser humano ha sido siempre una herramienta de control de la población, de la que cuesta darse cuenta.

Son principalmente cuatro los grandes temores, imbuidos en la parte instintiva de nuestro cerebro y de nuestra psique, y están todos interconectados unos con otros, por lo que es necesario verlos en su conjunto, ya que no son piezas separadas que puedan ser completamente aisladas individualmente. Estos temores son antiguos, arcanos, llevan con nosotros desde el momento en el que el ser humano apareció como ser consciente, quizá mucho antes de la manipulación genética sufrida, ya que nuestros ancestros los desarrollaron en su psique, y parte de ella, si no toda, pasó luego a la psique del *homo sapiens* cuando este fue creado por el cruce de las especies que se usaron para dar lugar a nuestra raza.

Miedo a la oscuridad

El temor a la oscuridad es el más antiguo, y el más enraizado en nuestra psique. Su origen se centra en la época en que nuestros ancestros dependían enormemente del Sol para su supervivencia. El Sol les daba calor, luz, la posibilidad de encontrar comida, protección de diferentes animales que tenían mucha mejor visión nocturna que ellos, etc. Cuando el Sol no estaba presente, en el pasado, su ausencia equivalía a peligro, peligro de muerte, peligro de ser atacado, peligro de no tener comida, exposición al medio natural, especialmente durante los inviernos si no se vivía en lugares cálidos, etc. El Sol, así, se convirtió en un símbolo de poder, de vida, de esperanza, ya que se esperaba que saliera con mucha expectación cada mañana, como un salvador que volvía a proteger a la tribu y de ahí que el miedo a la oscuridad esté mucho más arraigado en nuestra psique de lo que podemos imaginar, especialmente algo que vemos en muchos niños que no desean dormir a oscuras antes de que, su razonamiento lógico, les diga que no pasa nada, que están en casa y protegidos. El ser humano adulto da por hecho que la noche no es especialmente más peligrosa que el día si estás en casa con las luces encendidas, y, sin embargo, hay muchas cosas que, cuando suceden de noche, a oscuras, nos produce una reacción muy distinta que, si la misma cosa, nos sucediera a plena luz del día.

El sistema bajo el que vivimos conoce muy bien este miedo primario y comprende cómo funciona. Es una de las razones por las que vemos el símbolo del Sol imbuido, y usado, en tantísimos logos de empresas y multinacionales, ya que intentan asociar sus productos, en la mente de los consumidores, con todo aquello que el Sol, subconscientemente, a través de milenios, nuestra mente asocia al astro rey: vida, poder, energía, crecimiento, seguridad, etc. Es la antítesis de aquello a lo que más tememos, y es una forma de posicionarse en la mente de las personas.

El miedo a los predadores

El segundo temor más enraizado en la psique, en el subconsciente del ser humano, es el temor a los depredadores, como hemos dicho, tremendamente interrelacionado con el primero. La humanidad del mundo moderno no teme al mismo tipo de predadores que originó este miedo: predadores animales, pero nuestros ancestros eran muy vulnerables, especialmente por la noche, pues aún ni las cuevas, o las construcciones rudimentarias que usaban para resguardarse eran refugio completamente seguro contra el ataque de diferentes animales que salían, solos o en manada, a buscar sus presas y alimento. Por milenios, esta necesidad de protegerse de posibles predadores, fue incrustándose en la mente, y pasando de generación en generación como medio de supervivencia, hasta que se convirtió en otro de los temores inconscientes más profundos del ser humano. Y todo, especialmente por la noche, por lo que el miedo a la oscuridad se ve reforzado por el miedo a ser atacado o asaltado, enlazando ambos temores y reforzándose mutuamente.

Evidentemente, hoy en día, y en general, el miedo a predadores animales ya no existe físicamente, pero ha sido sustituido por el miedo a que otros humanos nos ataquen, asalten, amenacen, hieran, etc. Incluso a pesar de que todas nuestras ciudades suelen tener las calles iluminadas por la noche, subsiste el temor a salir solo a altas horas, a pasear de noche, a realizar ciertas actividades. La falta de sol no tiene por qué impedirlo, tenemos iluminación artificial por doquier, la ausencia de predadores animales es un hecho, aun así, la noche es peligrosa, y el miedo a la oscuridad enlazado con el miedo a predadores, prevalece inconscientemente en nuestras decisiones.

Obvia decir que, por parte del mismo sistema, se generan y promueven formas de que sigan existiendo personas que ataquen, asalten, amenacen, etc. Si algo forma parte de la naturaleza humana, aunque sea en pequeña proporción, y se puede potenciar para algún tipo de propósito concreto, no hay duda de que se hace. Es el mismo caso que empresas que comercializan programas antivirus informáticos, tienen una sección dedicada a crear, o contratan a otros para que lo hagan, virus informáticos. Y es que, si no hay virus, ¿cómo iban a vender los antivirus? Si no hay predadores humanos, ¿cómo van a vendernos sistemas de protección y leyes, restricciones y formas de sentirnos seguros? Desafortunadamente, estamos hechos de forma que, a nivel de comportamiento social, estamos dispuestos, la mayoría, a ceder parte de nuestros derechos y libertades, a cambio de sentirnos seguros y protegidos. Es algo que favorece la imposición de todo tipo de controles sobre la población, pues ese miedo inconsciente, sustituyendo predadores por terroristas, asaltantes, radicales de tal o cual credo, etc., es muy prevalente en el mundo actual.

El sistema bajo el que vivimos explota mucho este miedo con películas tipo *Alíen*, *Depredador*, *Pesadilla en Elm Street* con el famoso Freddy Krueger, y miles de películas de terror del mismo estilo. A algunos esto les da miedo consciente, a otros les hace reír y pasar un buen rato en el cine, a todos, subconscientemente, nos mantiene avivado y activo el miedo a los depredadores.

Necesidad de protección y miedo al abandono

El tercer temor imbuido en nuestra psique está relacionado con la protección de los depredadores que ya hemos visto. Una de las primeras reacciones que tenemos, subconscientemente, cuando nos encontramos en una situación donde nos sentimos o vemos atacados, o asaltados, es la búsqueda de protección, simbolizada por el personaje del padre protector, del miembro más fuerte del clan, o de aquel que cuida de otros. Así, en los tiempos en los que la llegada de la noche hacía aparecer el peligro de los depredadores, todos buscaban el resguardo y protección de aquellos miembros que, por las razones que fueran, se erigían en cuidadores y protectores de la tribu, del grupo. Al hacer esto, estaban dando cierto poder y control, sobre el resto, al personaje o miembro que tomaba este rol. De esta forma, estos se convertían de algún modo en los dirigentes y jefes de nuestros ancestros, por el simple hecho de tener las capacidades físicas e intelectuales para proteger a los demás: dictaban donde era seguro ir a cazar, a pescar o a recolectar comida, o donde no ir, decidían cuándo se podía salir de la seguridad del grupo y cuándo no, etc.

Esta necesidad de protección, de nuevo, inconsciente, es la misma que se sigue propagando actualmente en el mundo moderno, habiendo sustituido al jefe fuerte del clan, por gobiernos, policías, militares, y demás organizaciones e instituciones por el estilo, que no podrían ser implantadas y tener tanto poder sobre la población, sino fuera por la explotación de la necesidad de protección que llevamos imbuido todos como parte de uno de los instintos primarios del ser humano.

La cuestión es que la reacción instintiva al miedo es la de buscar protectores, y lo hacemos sin ser conscientes de ello, en la mayoría de los casos. Sabiendo esto, no hay más que mantenernos en un estado potencialmente latente siempre de temor a que pase esto, a que pase lo otro, para que, instintivamente, mantengamos siempre la necesidad de este tipo de sistemas de protección (percibidos como tales).

Atentados de bandera falsa (creados por los propios países para imponer en sus ciudadanos ciertas normas y leyes como resultado del mismo), conflictos creados artificialmente, enfrentamientos continuos de ideologías, culturas, razas, credos. Nada que no podáis comprender ya por vosotros mismos. La contrapartida a este tipo de miedo es el desarrollo del coraje y la valentía personal, para actuar por uno mismo sin buscar protección externa a pesar del miedo que se pueda sentir o percibir, por esta o cualquier otra situación vivida.

Además, esta necesidad de protección viene asociada con el tercer miedo más prevalente en la psique humana: el miedo al abandono por aquella figura protectora que nos protegía. Antiguamente, ser abandonado por tu tribu, tu clan, tu grupo, significaba directamente la muerte a manos de depredadores, del clima, de otras tribus, etc., por lo que el miedo a ello significaba aceptar las normas, reglas y decisiones de aquellos que protegían al clan para sobrevivir en conjunto.

También el ser abandonado, obliga a tener que enfrentar los posibles problemas, depredadores, obstáculos, situaciones peligrosas, etc., por uno mismo, algo que no suele ser lo más deseado por la mayoría de las personas en nuestra sociedad, ni ahora ni hace miles de años. Si no existe tal o cual institución, cuerpo de protección, organismo, etc., ¿quién me va a solucionar mis problemas? Eso es básicamente la versión moderna del mismo dilema que tenían nuestros antepasados en su contexto particular.

El miedo al abandono está presente en muchos grados en nuestra vida. Un niño que no se separa de sus padres, porque evidentemente sin ellos no sabría desenvolverse en el mundo, una persona que se aferra a una pareja para poder navegar por la vida, un empleado que se rige por las decisiones de su jefe para no perder el trabajo y el sueldo, el equivalente a ser desterrado de la tribu y, posiblemente, no ser capaz de sobrevivir por sí mismo. Son contextos diferentes para actuaciones y sistemas relacionados con el mismo tipo de precepto: el miedo al abandono de la figura protectora y cuidadora, sea una persona, o todo un ejército militar.

El miedo humano a la muerte

Relacionado con este miedo anterior que terminamos de explicar, está el miedo a morir. El proceso de fallecimiento o paso de un periodo que llamamos entre vidas y posterior encarnación, es un hecho bastante aceptado por una mayoría de personas, culturas y tradiciones. No todo el mundo cree que existe algo más allá de nuestro cuerpo físico, pero solo es necesario un poco de desarrollo personal para ver que somos mucho más que un simple trozo de materia orgánica. Los que ya tenemos nuestras pruebas personales de la reencarnación y de quiénes somos (siempre hablando en términos lineales, no ha sido mi intención en este libro entrar con el tema de la simultaneidad del tiempo y existencias paralelas y simultáneas, que es un concepto mucho más correcto aún), en muchos casos tampoco tenemos demasiado claro cómo funciona todo ese proceso, nada sencillo por otro lado, tremendamente planificado y bien definido, y mucho más complejo de lo que, en muchas ocasiones, podemos llegar a pensar.

Personalmente llevo algún tiempo trabajando con la terapia regresiva, tanto en mí como en otros amigos, para investigar, comprender y experimentar de primera mano todo lo que sucede, o nos sucede a cada uno, en el llamado periodo entre vidas, cuando no estamos embutidos en el cuerpo físico, cuando somos solo ese «ser» que entra y sale de un mundo energético, etérico, para ir a un mundo denso, físico. De todo esto ya hemos hablado en los capítulos precedentes cuando hemos visto el proceso paso a paso de salida y entrada de una encarnación a otra.

Un guía me dijo una vez: «el mayor temor de los humanos es el temor a la muerte». Y parece ser cierto, desde el lado de los que estamos vivos, porque os aseguro que desde el lado de los que se van es totalmente lo contrario.

Cada vez que he revivido una de mis muertes en alguna de mis vidas pasadas, ha sido una liberación. No puedo explicarlo mejor. Cada vez que salía de mi cuerpo, lo veía ahí abajo, tumbado, donde fuera que estuviera cuando acababa de fallecer, me sentía libre, por fin todo había acabado, por fin volvía a casa. En uno de los libros de Michael Newton, uno de los casos expuestos en el mismo explicaba que salir de una vida es lo mismo que salir de una piscina donde has estado buceando durante muchos años, bajo el agua, y de repente salir a la superficie y respirar aire fresco.

Todas las personas que he sometido a regresiones, tras la salida del cuerpo se sentían bien, contentos, liberados. Luego hay otras emociones diferentes, pero son por otras causas. Yo he sentido cabreo, frustración, desespero y cansancio, pero, personalmente, ha sido por el hecho de haber entrado y salido de una vida sin haber cumplido la misión que me había propuesto cumplir, cosa de lo que te das cuenta inmediatamente tras abandonar el cuerpo físico, porque recuperas la memoria de quién eres en realidad. Lo mismo me ha pasado con algunos amigos, que, al salir, se han sentido cansados y apesadumbrados, por los mismos motivos, pero no por haber dejado atrás la existencia física, que es en muchos casos un motivo de alegría para el que se va.

Sin embargo, curiosamente, para muchas personas es la entrada en una nueva vida lo que cuesta más, lo más traumático del proceso. Salir de los mundos superiores y tener que bajar otra vez al mundo de la materia. No es fácil. Se hace con ilusión porque es otra aventura más, pero no siempre es algo que sea fácil, pues la entrada en un cuerpo físico exige ciertos sacrificios a ese ser, entre otros, reducir la vibración, encajar en un cuerpo pequeño, perder la memoria de quién eres, y tener que empezar de cero. No es de extrañar que la salida del juego de la vida sea siempre un « ¡buf, por fin se terminó esta partida!».

Pero la muerte no es el final de nada, es una transición entre dos estados. Una entrada y salida. Como dijo otro ser que estaba con la persona en el periodo entre vidas en una de las regresiones que le hice a un amigo, «si no perdemos el miedo a morir, no terminaremos por aprender nunca a vivir». Y es que cada uno de nosotros elegimos el momento de entrar y el momento de salir, nada ni nadie nos puede hacer cambiar esos dos puntos excepto nosotros mismos, por lo que todos nos vamos cuando lo consideramos oportuno, y cada cual tiene sus razones para abandonar una encarnación cuando lo hace, sin que eso signifique una modificación de los parámetros acordados con aquellos que tiene alrededor y con los que ha encarnado. Si se nos va gente antes de tiempo, desde nuestro punto de vista, es porque así lo habían decidido, si nos vamos nosotros antes que otros, es porque así lo hemos pactado. En este tipo de situaciones siempre hay pactos y acuerdos pre-kármicos.

Una amiga mía, en una regresión donde estuvimos revisando su antepenúltima encarnación, vino para vivir solo 15 años, darle un mensaje a sus padres, hacerlos despertar a un cierto tipo de visión del mundo y largarse de nuevo mediante un accidente provocado por ella misma a nivel de alma, pues la misión se había cumplido. Todos los casos son iguales y no hay fallos en el sistema. Los que se quieren ir antes de tiempo tienen que buscarse la vida para que los acuerdos y lecciones que habían prometido llevar a cabo se hagan de alguna otra forma, si es que ya no desea cumplir su parte del trato a nivel físico, pues el libre albedrío sigue existiendo, sin embargo, eso no le exime de la responsabilidad de cumplir esos acuerdos, de ahí que queden cosas pendientes entre personas de una vida a otra, o de ahí que se reconfiguren las vidas de aquellos que han sido dejados atrás para permitirles seguir creciendo y avanzando por otro lado. Todo este proceso es siempre dinámico, nunca es estático, y siempre está en constante reparametrización y reconfiguración.

El problema es que este miedo a morir viene de la psique y del cuerpo orgánico que usamos, no proviene del ser que somos. El miedo a fallecer es parte del traje, no de la esencia, pero lamentablemente a veces el traje dirige la experiencia, y dejamos de estar en resonancia con la verdadera razón de nuestra encarnación: una visita temporal para poder recoger experiencias físicas, porque este no es nuestro hogar, nuestro hogar es el que está allá arriba, pues de allá venimos y allá volvemos entre escapadas al mundo físico, lamentablemente sin recordar cuando estamos en el mundo físico que esto solo es un momento de paso, y que estés en el plano que estés y en el estado que estés, todo es vida, vida y más vida.

Miedo al caos

Finalmente, el cuarto y último miedo primario también tiene mucho peso en nuestro modo de vida. Antiguamente, si caía la noche, si corríamos el riesgo de ser atacados por depredadores, si el protector del clan no nos cuidaba, el pánico podía apoderarse de los miembros de la tribu, nadie sabía qué hacer ni cómo reaccionar, no había control, no había orden, no había seguridad. La percepción de que no existía algo que mantuviera el control de la situación, en estas horas de potencial peligro, llevó a desarrollar otro miedo instintivo: el miedo al caos.

Si hacemos un pequeño juego de palabras, al preguntarle a alguien qué es lo primero que le viene a la mente cuando piensa en una sociedad donde no hubiera ningún tipo de control, de dirigentes, de gestionadores del sistema, etc., algunas personas posiblemente dirán «libertad», pero muchas otras, como leía en algún experimento social hecho hace algunos años, directamente lo asocian con el concepto de «anarquía» y, por supuesto, caos. Básicamente, si no hay ningún tipo de control sobre nosotros, todos pensamos en situaciones de caos y descontrol. Y aunque estoy casi seguro de que lo habría, es simplemente porqué ninguno sabemos tomar las riendas de nuestras vidas y de la convivencia en común en armonía, sin dictados de alguien que rija cómo deberíamos vivir, ya que no nos han dejado hacerlo, como raza, especie y humanidad, y de ahí que, literalmente, sentimos que no sabríamos sobrevivir en caos, sin controladores o algo o alguien que lo evitara.

Al final, y aunque parece irónico, a mayor control o intentos de control, más caos alrededor del mundo, pues todas las imposiciones, restricciones y limitaciones impuestas sobre nosotros mismos, y por nosotros mismos, van en contra de todas las leyes cósmicas, universales, naturales, y al no vivir en armonía con ellas, realmente el resultado es catastrófico, sea más manejable o no, pero en general, bastante catastrófico.

Estos son principalmente los temores más importantes imbuidos en la psique del ser humano por herencia genética, ancestral, desde hace miles de generaciones atrás. Estos miedos, más los que hemos añadido a lo largo del tiempo, aunque ya no tan profundos posiblemente, son aquellos que son explotados y exacerbados una y otra vez por el sistema bajo el que vivimos, y son los que nos mantienen en el estado de vivir controlados, en parte desde fuera, pero principalmente por nuestra propia mente. La élite de este planeta lo conoce perfectamente, tanto como nosotros sabemos que 2+2 son 4. Su complicación radica en que se ocultan en las capas más profundas de nuestro subconsciente en el cuerpo mental, y en las esferas preconsciente y subconsciente de la mente, así que el único modo de no dejarse llevar por ellos es, como hemos hecho con estos párrafos, sacarlas a la luz, a la mente consciente, para ser capaces de auto observarnos cuando sean detonados o avivados, y no dejarnos llevar por ellos, y por las medidas asociadas que se nos quieran imponer para paliarlos, por nuestro «bien común», por supuesto.

Consejos «para estar aquí»

Habiendo sacado a la luz los miedos más profundos que todos llevamos en el interior, y hayamos conseguido transmutar parte de ellos o no, lo que de verdad tenemos que tener en cuenta es que esos miedos van a ser, y siempre serán, temporales, porque forman parte solo del envoltorio que usamos para poder experimentar esta vida física. Y, aun sabiendo que puede costar horrores empezar a ver la vida desde ese punto de vista, debemos pensar que somos solo «visitantes en tránsito», tratando de alcanzar el punto de conexión de la realidad a través de la consciencia de nuestra mónada.

A este respecto, Robert Monroe tiene en su haber ser una de las personas que más difundió el tema de los viajes astrales al gran público y haber investigado y tratado de poner orden en todo lo que se mueve por esos otros planos. Dejó en sus libros muchos consejos sobre cómo sobrellevar la existencia humana, para aquellas personas que se sienten ya cansadas de tanto trajín en este mundo. Son consejos que no tiene desperdicio ya que imbuyen la sabiduría de quién ha salido y entrado tantas veces de su cuerpo físico que comprende realmente que somos todo, menos eso, nuestro cuerpo físico. Dice Monroe:

1. *Recuerda siempre que eres mucho más que tu cuerpo físico. Esto te proporcionará una perspectiva instantánea de cualquier actividad o suceso que te acontezca en la vida. La agonía se vuelve tolerable, el éxtasis se hace más profundo. Los miedos inducidos artificialmente se evaporan.*
2. *Reconoce y controla tu instinto de supervivencia. Úsalo, en vez de dejar que te use a ti. Algunas ideas al respecto:*

    - *Una parte de la fórmula «Vida física= Bueno» es necesaria durante nuestra estancia terrenal. La otra parte «Muerte física=Malo» puedes descartarla porque ya sabes que no es así.*
    - *Recuerda que tu objetivo final no es la supervivencia física. Así, aunque es válido que hagamos ciertas*

cosas y realicemos ciertas funciones, no hay que desesperarse por ello. Accidentes pueden suceder, altos y bajos pueden ir y venir, pero al final, no puedes perder. Tú objetivo, tener experiencias y aprender de ellas en forma humana se habrá cumplido siempre al cien por cien.

- *El instinto reproductor y sexual es extremadamente poderoso, sino el más potente en dirigir y controlar parte de nuestro comportamiento. Está diseñado para mantener a la especie viva, pero ha sido usado para manipular y controlar muchos aspectos de la humanidad. Disfrútalo, pero no existe motivo para vivir o morir por él. Déjate seducir, sucumbe ante él si lo deseas, pero sabiendo lo que es y por qué.*
- *Cosas materiales (comida, dinero, posesiones, etc.) son magníficas para un uso local, mientras estamos aquí. Ser propietario de ellas es solo un hecho temporal para asegurar nuestro instinto de supervivencia. No solo no puedes, sino que además no tendrás ningún interés en tener y llevarte nada cuando abandones la vida.*

3. *Mantén tu estatus de visitante en tránsito. Estás aquí solo porque tú lo has elegido. Esta elección no puede ser alterada mientras estamos encarnados, pero puedes hacer las maletas y no volver si así lo deseas, sin censuras, juicios o nada por el estilo. Recuerda que existe una perspectiva mayor de las cosas que ahora nos está vedada. Estamos aquí porque aquí es donde deseamos estar. Aquellos adictos al sistema de vida material en la Tierra quizá no lo entiendan, pero ese es su problema.*
4. *Disfruta de la experiencia. Maximiza los altos y bajos, pero no te vuelvas adicto a ellos. Sobreponte de las injusticias del sistema, la rabia por lo que no funciona, las aparentes desigualdades, las brutalidades, los problemas, las decepciones del sistema en el que vivimos. Es un mundo*

diseñado a propósito de esta forma, para que sea la máquina de aprendizaje más potente que pueda existir en la galaxia.
5. *Ejercita tu mente humana al máximo, sabiendo que es solo un ejercicio. Crea cosas útiles, bonitas, soluciona problemas, huele las flores, disfruta de las puestas de sol, compón música, escribe, explora los secretos del universo, saborea lo que te llega por los cinco sentidos, disfruta de las relaciones, la alegría, la tristeza o cualquier otra emoción, mete todo en tu maleta porque eso es lo que realmente necesitarás cuando vuelvas a casa.*
6. *Tu mente humana tiene una inclinación natural a intentar hacer las cosas y solucionar aquello que cree que debe solucionar aquí tal y como tú las haces allí, en «casa». La historia está llena de miles de ejemplos, pero al final, el sistema impuesto en la Tierra siempre gana, pues esa es su función. Puedes alterar parte del mismo, pero normalmente siempre vuelve a recomponerse siendo más inteligente para no dejarse vencer de nuevo. Eso no significa que no tratemos de cambiar lo que no funciona, pero nunca conseguiremos cambiarlo del todo. Si fuera posible, el sistema de aprendizaje se colapsaría y dejaría de existir. Aun así, ¿quién sabe cuánto tiempo le queda en realidad?*

Todos los puntos anteriores son conocidos por muchos de aquellos que manejan el sistema, y son fáciles de verificar por cada uno de nosotros si nos ponemos a ello. Es de nuevo, cuestión de perspectiva. Disfruta de la experiencia, porque cuando uno tiene una visión más amplia de lo que significa la existencia, hay cosas que digamos, puede dar por sentadas, sin embargo, cuando esa misma consciencia de repente se ve atrapada tras el velo de la amnesia, olvidando toda esa percepción que una vez tuvo, todo ese conocimiento, toda esa comprensión de la realidad, como lo que es, entonces no nos viene mal que de vez en cuando, nos den un poco de ánimo para transitar por los mares de lodo en los que a veces se convierte la vida.

El único modo de vivir

Habiendo leído a Robert Monroe a lo largo de los años, y a otros como él, que describen el concepto de la vida humana desde un punto totalmente contrario a la visión material de la misma, uno aprende a dejarse imbuir realmente por la idea de que solo somos visitantes en tránsito y que nada de este plano vendrá con nosotros en la maleta cuando hagamos el viaje de regreso a casa y, por tanto, esto nos lleva a tener que enfocar de forma distinta el concepto de la vida que en estos momentos tenemos respecto al mundo de ahí fuera en el que nos movemos. A este respecto, me decía hace tiempo un amigo que existir no es lo mismo que vivir. Existir es atravesar la vida a duras penas sorteando todo tipo de situaciones y problemas, reaccionando ante ellos e intentando hacer las cosas sin tener muy claro porque las hacemos, dejándonos llevar por la marea de las corrientes que el entorno nos marca. Vivir, por el contrario, es dejarse llevar por la corriente de la vida creadora que nace del interior de uno mismo, imbuido en la mágica energía de todo lo que existe, y que conecta todo con todo, y sabiendo que el único instante que cuenta es el momento presente, desde donde, además, es el único instante que representa a la misma eternidad. Esta descripción del vivir suena a palabras bonitas cuando se reciben desde la cabeza, y a verdad rotunda cuando se sienten desde el interior del ser que somos. Párate un momento a ver cuál de las dos opciones fue la primera en resonar.

Los cuatro acuerdos

Es posible que muchos de vosotros hayáis oído hablar de la antigua sabiduría tolteca que don Miguel Ruiz plasmó en sus famosos *Cuatro Acuerdos*, cuatro reglas para la vida que marcan la diferencia entre existir y vivir, entre pensar y analizar la vida, o sentir y fluir con ella. La mente piensa y analiza, el ser interior que somos siente y fluye.

Dice el **primer acuerdo** que no te puedes tomar nada de forma personal. Nada te pueden decir o hacer como para que te lo puedas tomar como si de algo personal contra ti se tratara y tuvieras que enfadarte o reaccionar por ello. Nada es lo suficientemente importante en esta vida como para permitir que te pueda sacar de tu centro, de tu felicidad y de tu bienestar, y esto solo sucede cuando consideramos que algo que nos digan, o nos hagan, tiene poder para ello, es decir, nos lo tomamos como algo personal contra uno mismo. Cuando no le das poder a nada externo a ti para que modifique tu estado de paz y armonía interna, nada ni nadie tiene control sobre nosotros y, por lo tanto, automáticamente, su efecto se diluye en tu realidad (no tiene por qué hacerlo en la realidad de los demás). Tu accionar, que no reaccionar, luego, sobre la situación en la que te encuentres, nace de tu poder para tomar la mejor decisión respecto al evento o persona con la que tengas que lidiar, siempre y cuando mantengas la convicción de que no debemos tomarnos nada personalmente. Además, en la mayoría de los casos, las personas manifiestan hacia fuera lo que llevan dentro y, por tanto, no están accionando contra ti, sino reaccionando y proyectando alguna faceta de su mundo interior que, posiblemente, a ti ni te viene ni te va. El mismo reaccionar de esa persona que te tomas como algo personal, habría sido proyectado de igual forma sobre otra que nada tenga que ver contigo, quizás pensando esa otra persona que también era algo personal contra ella cuando no era más que lo que, quién lo manifestaba, reflejaba de su realidad interior.

El **segundo acuerdo** expone que nada se puede suponer. Porque si supones puedes llegar a conclusiones erróneas. Nadie tiene nunca todos los datos de cualquier situación, evento o experiencia de forma que puedas comprenderla, entenderla o gestionarla como si tuya se tratara. Nunca supongas nada, pues te estarías inventando, intentando rellenar los datos que te faltan, con aquellos que tú posees en tu interior. El «creo que dijo esto...» o el «creo que quiere decir lo otro»... no tiene base real. Y dos personas oyendo lo mismo supondrán dos cosas totalmente diferentes, posiblemente siendo ninguna de ellas correcta respecto al origen de lo que generó la suposición. Tu mundo es diferente al mundo de la persona que dijo esto o lo otro, y no tienes ni idea de qué componentes a nivel de arquetipos, programas y patrones mentales tiene esa persona que la llevan a actuar o decir lo que hace o dice. De forma que, a no ser que puedas estar en la mente de esa otra persona, y sentir exactamente lo que quería hacer o decir, nunca puedes suponer nada, pues las suposiciones siempre serán equivocadas. En el mundo de los toltecas no se adivinan las cosas, sino que se preguntan y aclaran sin suponer nunca nada. El ego y la personalidad artificial suponen, el ser, nuestro Yo Superior se cerciona antes de accionar.

Dice el **tercer acuerdo** que nunca se debe intentar hacer las cosas lo mejor posible. Alguien que existe INTENTA hacer las cosas lo mejor posible, alguien que vive, nunca intenta nada, sino que LO HACE lo mejor posible. Intentar es para aquellos que necesitamos una excusa para huir de nuestra responsabilidad ante los hechos, personas o situaciones, pues si simplemente lo intentas y no sale, puedes salvar la cara, pero eso no te hace estar vivo, eso solo te hace existir un rato más, pues para vivir, hay que dar lo mejor de uno mismo en cada momento y hacer las cosas lo mejor que podamos. Nunca te equivocas sí, lo que haces, lo haces siempre con toda la carne en el asador, sin medias tintas, y sin intentar nada. Uno de aquellos guías con los que hablamos de vez en cuando nos dejó una frase marcada a fuego en la memoria, tras una de las tantas sesiones que ya hemos compartido con él: «uno tiene que hacer lo que tiene que hacer, y las cosas se hacen y punto, no se intentan, se hacen y punto». Fue una sacudida cuando también yo eludía, de alguna forma, mi propia responsabilidad.

No sé cómo suena esto cuando lo lees, pero sí que sé cómo suena y cómo nos caló a los compañeros cuando nos lo dijo. Cuando haces las cosas lo mejor que puedes, das el cien por cien de ti mismo, y no importa ese cien por cien a qué se refiere, si es mucho o es poco, si es más o menos que el cien por cien de otra persona, pues eso da igual, porque tú eres tú y solo puedes ser tú, así que si das el cien por cien de lo que eres en cada momento, estás dando todo tu ser, potencial y energía a algo o alguien. Nada más se le pide a nadie en este mundo para avanzar por el camino de cada uno, y de cara al bien común de todos los demás.

El **cuarto acuerdo** se refiere a que hay que ser impecable con las palabras y los hechos. Las palabras tienen poder, manipulan, hieren, reconfortan, crean ilusiones, expectativas, traen esperanza, generan dolor. Quién domina el arte de la palabra domina el arte de influenciar sobre los demás, y el arte de llevar la felicidad o causar tristeza. Las palabras son creadoras, pues es energía consciente con una intención detrás que sale de la persona que las pronuncia, y las palabras pueden ser dardos envenenados o ungüentos para el alma. Los antiguos toltecas, representados quizá, para muchos de nosotros, por el don Juan de Castaneda, basaban el arte de la impecabilidad en no decir o hacer nada que no tuviera un objetivo concreto y basado en lo que justo tocaba hacer o decir en ese momento. No se puede desperdiciar energía tontamente en las cosas, y por eso uno tiene que ser impecable, pues solo el uso correcto de la energía del ser humano, produce el excedente de la misma necesario para el crecimiento espiritual, ya que ninguna función interna puede activarse sin la energía necesaria, y esa energía es interna a cada uno de nosotros, proveniente de la famosa tríada de Gurdjieff de carbono-oxígeno-nitrógeno (lo que comemos, lo que respiramos, lo que obtenemos energéticamente del entorno). La activación de los chakras superiores por encima del séptimo, de las funciones internas psíquicas y espirituales, del desarrollo de la consciencia y la potenciación del espíritu para el control de la consciencia artificial, dependen de que exista energía sobrante en el interior de cada uno y que no haya sido malgastada existiendo, reaccionando, o actuando de forma que perdamos fuerzas tontamente. Solo la impecabilidad de actos, pensamientos o palabras generan ese excedente energético, que luego, automáticamente, es dirigido hacia donde corresponde para el uso del resto de mecanismos inherentes al ser humano que no se activan porque no hay nada que pueda mantenerlos funcionando. Recordad que el mundo está hecho para que nunca tengamos energía suficiente para nosotros mismos, y que la energía que consumimos tenga una calidad pésima (comida de baja calidad, aire contaminado, impresiones y entornos energéticos negativos), de forma que el consejo de ahorrar energía es aún más importante cuando piensas que, por mucho que te esfuerces, en el mundo occidental, todos sobrevivimos energéticamente, ya que no llegamos a absorber más que la dosis diaria de combustible que necesitamos para existir otro día más. Si no ahorras algo de lo que obtienes, no se puede dar el paso a vivir y desarrollarse.

Sé impecable, no supongas nada, no te tomes nada de forma personal y hazlo siempre lo mejor que puedas. Cuatro consejos para un único modo de vivir, que, unidos a los consejos de Robert Monroe sobre cómo llevar esta existencia terrenal, espero que nos empiecen a hacer cambiar nuestro punto de vista sobre la misma.

Partes del cerebro y su relación con el instinto, emoción y pensamiento

Sigamos tratando de redactar parte del manual de gestión del ser humano. Si a través de nuestros diferentes y múltiples Yos, a través de la personalidad virtual, y manteniendo vivos los miedos primarios del ser humano se puede controlar y dirigir perfectamente sus reacciones y comportamientos, ¿cómo afecta esto a las diferentes partes de nuestro cerebro y cómo se activan o desactivan estas cuando se desea conseguir una determinada respuesta por parte del sistema bajo el que vivimos? Sabemos que instinto, emociones y pensamientos son las tres formas básicas que nos definen como seres humanos mediante la expresión y manifestación de distintas características que poseemos todos, relacionadas, como ya sabemos, con los diferentes cuerpos sutiles y energéticos que poseemos. En el cerebro, estos tres constituyentes de lo que nos hace ser seres conscientes, podemos verlos manifestados en la fisiología de este gran ordenador central que rige nuestro cuerpo y vehículo orgánico.

El cerebro instintivo

La parte más antigua del cerebro, y sus estructuras más simples, se encuentran en la parte inferior del mismo. Es básicamente lo mismo que representan los cimientos de una casa respecto al conjunto de la misma, es por donde se empieza siempre a construirla, y es la parte que la sostiene y la primera que se termina. Esta parte inferior del cerebro es llamada el *R-complex*. El complejo-R, también conocido como el «cerebro reptílico», incluye el tronco del encéfalo y el cerebelo. La expresión «cerebro reptílico» deriva del hecho de que el cerebro de un reptil es dominado por el tronco encefálico y el cerebelo, que controla el comportamiento y el pensamiento instintivos para sobrevivir. Este cerebro controla los músculos, equilibrio y las funciones autonómicas (por ej. respiración y latido del corazón), sin él no seríamos capaces de mover ni un solo músculo. Por consiguiente, es principalmente reactivo a estímulos directos. Como hemos visto antes, es también nuestra herencia genética de la parte de ADN reptoide que todos tenemos, por nuestra procedencia original del cruce de Manus (especie con características saurias) con los Lhulus.

Además, gobierna algunos de nuestros comportamientos instintivos más primitivos, que todos manifestamos de una forma u otra incluso ahora en nuestra vida moderna. Especialmente, gobierna el impulso de huir o luchar, una reacción que nace de nuestra historia más antigua como especie, cuando literalmente, para sobrevivir, teníamos que enfrentarnos a predadores. Cazarlos o ser cazados. Quedarse y luchar o huir y salvarse. Había que tomar decisiones de este tipo constantemente. Nos quedamos a luchar si tenemos las herramientas, armas o fuerza para vencer o huimos para poder sobrevivir. Así, esta parte del cerebro reptílico trata, sobre todo, con nuestra supervivencia y reacciona y entra en control cuando esta se ve amenazada.

¿Cómo lo hace? ¿Qué funciones ejecuta para ello? Principalmente, el complejo-R, al tomar la iniciativa en una situación de este estilo, empieza a bombear sangre activamente desde ciertas partes del cuerpo hacia otras que se consideran más prioritarias para lidiar con la situación en ese momento.

Así, cuando entramos en modo de luchar o huir, que en la sociedad moderna su equivalente es la sensación de estrés (quién lo diría, ¿verdad?), el cerebro reptílico envía instrucciones al corazón para que empiece a bombear sangre desde el torso y desde el mismo cerebro, hacia las extremidades, brazos y piernas. Es decir, desvía y mueve toda la sangre rica en oxígeno hacia las extremidades, dejando de lado el torso, donde están todos los órganos vitales, y del cerebro, ya que durante el corto espacio de tiempo en el que la decisión de huir o luchar se toma, y una vez esa decisión ha sido tomada, las partes del cuerpo humano que necesitan estar a máxima potencia son aquellas que bien han de luchar o bien han de garantizar la huida, para asegurar la supervivencia del conjunto.

En esos momentos, no necesitamos sangre en esas áreas del cuerpo, que pueden funcionar bajo mínimos, pues no vas a ponerte a reflexionar sobre filosofía en esa situación, ni tampoco tu estómago se va a poner a completar la digestión. No es una prioridad para el cerebro, y por eso redirige la vitalidad hacia donde es necesaria. La energía se dirige a través de la sangre y el oxígeno que lleva, para que los músculos se tensen y tengan fuerza para acometer bien la lucha, bien la huida.

En términos de pura estrategia, no hay ninguna otra que tenga tanto sentido para el complejo-R como enviar toda la fuerza disponible hacia las extremidades, de forma que así se comporta. Claro, en el mundo moderno, no tenemos esta situación presente tal y como la tuvieron que vivir nuestros ancestros. No estamos físicamente amenazados por depredadores animales y, sin embargo, se sigue activando esta función de huir o luchar de forma inconsciente, como hemos dicho, cuando estamos en situaciones muy tensas, algo que para la sociedad occidental es bastante común.

Y es que, para mucha gente, la mayor parte del día pasa en situaciones de medio o alto estrés y, por consiguiente, el complejo-R está activado regularmente.

En un contexto donde en realidad nuestra supervivencia no está amenazada de ninguna forma, y donde podríamos simplemente desactivar el cerebro reptílico para que no tomara el control de las funciones corporales, no lo hacemos, o no se hace, por la sencilla razón de que nuestro modo de vida nos mantiene en un estado similar, en otro contexto, pero semejante en efectos al de nuestros antepasados y, por tanto, no salimos del modo de funcionamiento básico de la consciencia instintiva durante una gran parte de nuestra vida.

El cerebro emocional

La siguiente estructura y parte del cerebro es el llamado sistema límbico, o cerebro mamífero. Este sistema gobierna la parte emocional del ser humano, pues gestiona las interacciones químicas a través de las cuales experimentamos nuestras emociones y sentimientos. Es a través del sistema límbico que aquello que sentimos puede llegar a afectar nuestra fisiología, pues es la combinación de diferentes químicos, activados por el centro emocional y su correspondiente cuerpo sutil, lo que nos da las sensaciones físicas ligadas al amplio rango de emociones que somos capaces de sentir.

Si hablamos de aspectos masculinos y femeninos de nuestro cerebro, esta es la parte femenina del mismo. Si no tuviéramos este sistema límbico, no podríamos literalmente sentir ninguna de las emociones que se gestan energéticamente en el cuerpo emocional, y, si lo comparamos con el complejo-R, vemos por qué las especies animales reptoides no pueden sentir emociones, ya que no poseen este componente. En muchos casos, son puramente instintivos, fríos, y la forma de experimentar el equivalente a las emociones para estas especies, no se parece a la forma en la que lo hacen las especies mamíferas. Considera, por ejemplo, un cocodrilo en relación a un chimpancé o un perro. No verás cocodrilos literalmente tristes, pero podrás ver este estado emocional en perros u otras especies de mamíferos con el sistema límbico desarrollado. Cuando hablamos de que, literalmente, el ser humano genera la química que nos proporciona el cóctel de emociones que somos capaces de sentir, es porque el sistema límbico se encarga de proporcionar al cuerpo que tenemos los componentes para ello. Energías emocionales de los cuerpos sutiles tienen sus correspondientes elementos químicos liberados y generados por diferentes glándulas y por el sistema límbico para que sintamos cuando estamos tristes, contentos, alegres, eufóricos, deprimidos, felices o amorosos. Creo que la película *Inside out* (*Del revés*, en castellano) lo muestra bastante bien.

El cerebro racional

El tercer componente de nuestro ordenador particular es precisamente aquel que ya nos distingue del resto de especies del planeta, y es el llamado neocórtex. Es la parte del cerebro donde tiene lugar la mayoría de la actividad cerebral del ser humano, y gobierna todo el pensamiento creativo, y racional, de todo el individuo. El neocórtex es simétrico, y es algo que todos conocemos, pues tenemos el hemisferio derecho y el hemisferio izquierdo unidos por el cuerpo calloso. El hemisferio izquierdo rige el aspecto masculino del ser humano, el pensamiento lógico, analítico y racional, el razonamiento científico, matemático y el uso del lenguaje. El otro lado del neocórtex es el hemisferio derecho. Es el lado «yin», femenino. Gobierna la intuición, el conocimiento intuitivo, la creatividad, la forma en la que expresamos nuestros pensamientos y emociones vía el arte, la música, etc. También gestiona las relaciones entre las cosas, el pensamiento holístico que nos ayuda a percibir que todo está relacionado con todo y cómo encajan las cosas en un todo mayor.

Estos tres aspectos del cerebro han sido llamados el cerebro triuno, ya que tenemos, por así decirlo, tres cerebros que gestionan las tres características principales del ser humano: los instintos, las emociones y el pensamiento. En este último aspecto, cuando ambos hemisferios funcionan en sincronía, y en equilibrio, es cuando nos encontramos con la capacidad humana de racionalizar las cosas, y de intuirlas, cuando las conexiones sinápticas de uno y otro lado del neocórtex funcionan al unísono, en armonía, en balance. Y eso nos proporciona la sensación de vivir en consonancia, en nuestro interior, y puesto que es la parte del cerebro que nos faculta gestionar pensamientos y conceptos de alto nivel, abstractos y complejos, nos permite interactuar con nuestra consciencia hacia planos elevados de realidad, algo que ya veremos cómo más adelante.

De hecho, no hay sistema conocido más complejo que la parte frontal del neocórtex, es el ordenador más avanzado que existe y el más complejo que hemos descubierto hasta ahora. Cuando el neocórtex funciona en armonía con el sistema límbico, que gobierna las emociones, este último envía información hacia la parte racional, y esta recibirá correctamente los datos sobre las emociones que se están procesando o se deben procesar, y enviará de vuelta las instrucciones correspondientes para ello. Nuestras emociones y nuestras acciones estarán alineadas con nuestro pensamiento, algo que también veremos es de lo más importante para evitar todo tipo de manipulación externa.

Evidentemente, esta es la situación ideal a la que esperamos llegar todos como parte del funcionamiento correcto del vehículo y cuerpo físico que usamos para esta experiencia terrenal, pero, como ya podéis imaginar, no es la norma en una gran parte de la sociedad, al menos de la sociedad llamada moderna y occidental. Veamos qué sucede cuando se produce, de forma puntual, o crónica, una situación de desequilibrio del trabajo conjunto de las tres partes del cerebro.

Resultado de la disfunción del cerebro triuno

Hemos dicho que el conjunto de las tres partes del cerebro que acabamos de ver recibe el nombre también de cerebro triuno, y, como ya os podéis imaginar, cuando no funciona en perfecto equilibrio y sincronía, aparecen trastornos que vamos a explicar a continuación.

En un estado ideal de funcionamiento del ser humano ambos hemisferios del neocórtex funcionan en sincronía, ninguno debería dominar al otro. Y es por ello importante que se desarrollen las funcionalidades de ambos hemisferios, pues no se trata de que un lado sea mejor que el otro y viceversa, necesitamos ambos en perfecta sincronía. ¿Qué sucede si funcionamos principalmente en modo hemisferio izquierdo activo o principalmente en hemisferio derecho activo?

Si una persona, en su relación con el mundo y la realidad, solo desarrolla y funciona en modo lógico y racional, sin abrirse a la parte intuitiva y creativa, el hemisferio izquierdo toma el control por completo del neocórtex, conectado en sus dos partes por el cuerpo calloso, que tiene como función, entre otras, enviar la información de un lado a otro y hacer de puente entre los dos hemisferios. Cuando mucha o toda la actividad del neocórtex proviene del hemisferio izquierdo, todo el conjunto sufre y se desestabiliza, dejando de actuar como el director central de la actividad del cerebro triuno.

Esto provoca que el segundo componente del cerebro, el sistema límbico, trate de asumir el control del conjunto y, como tal, del comportamiento y funciones cerebrales de la persona, pues percibe que debería existir cierta actividad química y neurológica en una parte del neocórtex que no existe, por estar el hemisferio derecho prácticamente anulado. Esto provoca una mala función también en el sistema límbico, que controla la actividad química que nos hace experimentar las emociones en el cuerpo físico, y conlleva a una gestión de las emociones disonante, provocando una personalidad de tipo fría y distante, ya que el sistema límbico es incapaz de recibir las órdenes que necesita para saber cómo gestionar esas emociones, con lo que reduce su actividad o incluso puede empezar a funcionar bajo mínimos, con las consecuentes consecuencias para el conjunto del sistema, que ahora no está procesando químicamente las emociones y sentimientos que se están produciendo en el cuerpo emocional y en el conjunto del sistema energético de la persona.

Así, la persona, en su mayor parte, va a verse dominada en el nivel más básico, el complejo-R o cerebro reptiliano, ya que el neocórtex no está funcionando correctamente, al dominar solo uno de los dos hemisferios.

Por su lado, el sistema límbico se ha recluido y minimizado, al no percibir un funcionamiento correcto para evitar males mayores, y entonces solo queda como gestor del conjunto, la parte más instintiva y primaria de todos nosotros, que toma las riendas del conjunto de procesos que han de darse en el cerebro para poder subsistir y mantener con vida al ser humano.

De esta manera, la mayoría de respuestas y comportamientos, cuando son llevados al extremo, fuerzan a la persona a vivir prácticamente y constantemente en modo supervivencia, instinto y en modo «huir o luchar».

Luego, ¿qué sucede si ocurre el caso contrario? Aunque en nuestra sociedad occidental la mayoría de personas tienen tendencia a vivir solo en el hemisferio izquierdo la mayor parte del tiempo, el caso contrario también provoca disfunciones al conjunto del cerebro triuno. Si el hemisferio derecho domina por completo al izquierdo, de forma crónica, y nunca se activa la parte lógica y racional de gestión del mundo material, la persona se encontrará siempre «ida», poco enraizada, pensando siempre en «otros mundos», «fuera de la realidad». En este caso, el proceso inverso ocurre en el sistema límbico. Este sistema límbico, la parte emocional del cerebro, se activa muchísimo, se activa mucho más de lo que debería, y la persona se convierte en esclava de sus emociones, que no puede controlar, porque los procesos químicos gestionados por el sistema límbico no están bajo control lógico y racional. La persona se convierte en alguien pasivo por completo, que se deja llevar por las emociones del momento, positivas o negativas, miedos o euforias. Para el complejo-R, en este caso, el problema es que se cierra por completo, y el cerebro reptílico deja de funcionar, o funciona bajo mínimos, haciendo que la parte que gobierna el instinto y la supervivencia se anule. La parte del cerebro que gobierna el conjunto, entonces, es puramente la parte emocional y es todo lo que la persona manifiesta en su interacción con los demás y con la realidad.

En esta interacción, dependiendo de la disfunción de uno u otro hemisferio, una persona se puede convertir en dominador y controlador de otras, puede incluso mostrar agresividad, si solo funciona su hemisferio izquierdo, o se puede convertir en alguien pasivo y manejable, si solo funciona su hemisferio derecho.

Los roles de amo/esclavo, dominador/ dominado, víctima/predador son resultado de disfunciones crónicas por una mala función de uno de los dos hemisferios del neocórtex, en la mayoría de los casos.

En nuestra sociedad actual, la mayoría de nosotros padecemos regularmente algún tipo de disfunción, por el medio en el que vivimos, la educación, la programación, la manipulación mediática, etc. Aquellos que regularmente viven bajo el hemisferio izquierdo, se convierten en aquellos que desean mandar y controlar al resto, viceversa, aquellos cuyo hemisferio derecho se convierte en predominante, son aquellos que se convierten en sujetos pasivos, que acatan aquello que se les dice.

Los centros de control del cerebro

Ahora que conocemos las partes más importantes de nuestro cerebro vamos a ver otros puntos muy importantes de gestión del vehículo que usamos que están, también, bajo control del cerebro y sus sistemas nerviosos a pesar de encontrarse ubicados, energéticamente, en el cuerpo etérico.

Estos puntos son los llamados *"centros de control"*, y son una batería y conjunto de instrucciones y programación insertados en el interior de los chakras, mediante la cual el cuerpo etérico transmite a través del sistema nervioso autónomo al cuerpo físico órdenes e instrucciones para que ejecute ciertas funciones, o traspase ciertas informaciones, hacia diferentes partes de nuestra estructura física, emocional y mental, usando los componentes del cerebro triuno que hemos visto.

Una introducción de Gurdjieff

Hace ya varias décadas, los centros de control fueron desarrollados y explicados al mundo occidental principalmente a través del trabajo de Gurdjieff, pero se quedaron incompletos, pues Gurdjieff rara vez hizo mención a los chakras como lugares donde estos se ubican y tampoco explicó el funcionamiento y la dependencia que estos centros de control tienen entre sí y la relación con el resto del sistema energético. La razón es que en la época de Gurdjieff, a pesar de que él, como iniciado que era en escuelas y grupos esotéricos y ocultistas tenia este conocimiento, no se consideraba a la sociedad de entonces preparada lo suficiente para ahondar más allá de lo que se hizo público sobre estos temas, ya que, en todo momento, las fuerzas y jerarquías que tratan de dar al ser humano la información que le corresponde sobre su funcionamiento, origen, constitución, etc., no pueden sacar a la luz más que lo que el inconsciente colectivo de cada momento es capaz de absorber y comprender, de forma que siempre se ha ido soltando conocimiento, en cada época, acorde al estado evolutivo de la humanidad. Así, el conocimiento de los centros de control, que sirve para entender cómo funciona el ser humano a niveles muy profundos, ha sido algo siempre restringido y limitado, que ahora vamos a tratar de ampliar y completar para poder llevar a cabo una desprogramación eficaz de nuestra mente y nuestras estructuras psíquicas.

Existen principalmente cinco centros de control: **el instintivo, el motor, el emocional, el intelectual y el centro espiritual**. Gurdjieff hablaba también del centro sexual, pero es una sub-función que está asociada y forma parte del centro instintivo. Los centros emocionales, intelectuales y espirituales tienen dos partes, o dos componentes, un centro inferior y un centro superior que veremos luego.

Centro instintivo

Este centro se ocupa del funcionamiento interno del cuerpo y todos los procesos orgánicos se llevan a cabo con su intervención y coordinación. Se encuentra ubicado en el interior del segundo chakra a nivel del cuerpo etérico. Contiene en su base de datos toda la programación del funcionamiento de nuestros órganos, así como los procesos químicos que se llevan a cabo en nuestro interior, estando a cargo del centro instintivo el sistema circulatorio, digestivo, nervioso, etc.

Aunque el grueso de la programación del centro instintivo se encuentra en el segundo chakra, también posee algunas rutinas y programas de gestión de la parte "terrenal" en el primer chakra, de manera que hay funciones de gestión del cuerpo físico que están ubicadas en uno y otras en el otro. Esto se hizo así porque la gestión del cuerpo físico es de vital importancia para que podamos tener un vehículo funcional constantemente, y si, por cualquier razón hubiera algún problema importante en alguno de los dos chakras que contienen la programación de esta parte de la gestión del ser humano, el otro pudiera tomar las riendas en su conjunto. Es una especie de funcionamiento doble y con copias de seguridad. Cuando todo funciona bien, el segundo chakra lleva el grueso de las operaciones y una parte pequeña se ejecuta desde el primero, cuando hay algún problema, el chakra que lo tiene delega en el otro todo el control y todo sigue funcionando constantemente y adecuadamente sin que nos demos cuenta.

El centro instintivo comienza a funcionar desde el primer momento de nuestra concepción para dotar al organismo físico de las instrucciones que debe ejecutar para el crecimiento del cuerpo físico. Por lo tanto, estas instrucciones que ya posee y que están almacenadas en el chakra, que ya existe en el cuerpo etérico antes del nacimiento, y que ha sido imbuido en el útero de la madre, proporcionan a la memoria genética de las células las instrucciones para el desarrollo del embrión que dará lugar al nuevo vehículo físico. El ADN, que contiene toda la información sobre el crecimiento y las características del nuevo cuerpo, va activando y poniendo en funcionamiento las diferentes fases de desarrollo bajo las órdenes del centro instintivo.

Centro sexual

El centro sexual forma parte del centro instintivo y sus funciones se encuentran codificadas también en el segundo chakra, siendo su trabajo coordinar y gestionar las funciones reproductoras y sexuales del cuerpo físico.

La energía sexual del ser humano ha sido siempre una de las fuentes de potencial inherentes a nuestra constitución y configuración, debido a que es una energía que tiene su base y sustrato en la energía más elevada que podemos llegar a generar internamente, y que sirve como combustible para la activación y desarrollo de todo el potencial latente e inherente que tenemos, si es bien usada y aprovechada.

Su origen se encuentra en el refinamiento del mismo *prana* o *chi* que poseemos y que absorbemos del Sol, alimentos, bebidas, oxígeno, etc., y que los programas y procesos alquímicos del centro sexual alteran, destilan y refinan para dar lugar a este tipo de energía con funciones, vibración y características más elevadas que el resto de energías que recorren nuestro cuerpo.

Sin embargo, en estos momentos, la energía sexual en el ser humano tiene una capacidad y alcance limitados por el mal uso que se hace de ella, y por las manipulaciones que la sociedad moderna, principalmente, ha sufrido y está sufriendo en torno al sexo y la sexualidad, como arma de control, más que de desarrollo. Esta misma energía, mal usada, es dirigida mediante programación y mediante implantes etéricos hacia puntos de la mente y del cuerpo etérico, para mantener la programación y los dispositivos de control del ser humano en marcha.

Centro motor

El siguiente centro importante es el llamado centro "motor", encargado de las acciones automáticas y repetitivas que hacemos todos, como caminar, usar cualquier utensilio, conducir un vehículo, etc. El centro motor se encuentra ubicado en el interior del quinto chakra en el cuerpo etérico. Al igual que el centro instintivo, tiene rutinas y programación para gestionar diferentes funciones del cuerpo físico que están ubicadas tanto en la parte posterior como anterior del quinto chakra.

Este centro recibe sus instrucciones del centro intelectual, por los canales de conexión que existen entre chakras a través del sistema nervioso autónomo y gestionado por el hipotálamo, pues cuando queremos aprender a hacer algo, primero pensamos cómo se hace, usando el centro intelectual inferior para que el cerebro y la mente procesen los datos, pero cuando hemos procesado y asimilado cómo se ejecuta una determinada acción de forma automática, este trabajo se transmite y traspasa al centro motor, liberando al centro intelectual inferior de la responsabilidad de estar atento al mismo.

Cuando estamos aprendiendo a conducir, o a manejar cualquier cosa nueva para nosotros, aprendiendo cómo funciona algo, necesitamos tener nuestra mente consciente atenta y en control del proceso, ya que hemos de asimilar el conjunto de pasos e instrucciones que son necesarias para poder llevar a cabo la acción.

Así, inicialmente, todos los estímulos externos de aquello que estamos aprendiendo, por ejemplo, las instrucciones que leemos sobre cómo funciona algo o las instrucciones que nos dan sobre cómo se conduce, que entran por los sentidos, son gestionadas por la esfera mental consciente, poniendo atención a ello, y las respuestas mentales y musculares del cuerpo para aprender a hacer "eso" son coordinadas por el centro intelectual inferior. Cuando ya la mente consciente ha conseguido crear los patrones de conducta adecuados para poder repetir la acción, conducir por ejemplo, sin tener que poner tanta atención consciente para ello, entonces pasa la programación necesaria para poder seguir haciéndolo a la mente subconsciente, y el centro intelectual inferior pasa el control del cuerpo al centro motor para que este se encargue de ello. De esta manera, podemos liberarnos de un montón de tareas repetitivas y rutinarias que forman parte de nuestras necesidades físicas, como son andar, respirar, conducir, movernos o coger las cosas, sin tener que pensar en cómo las hacemos.

Centro intelectual inferior

El siguiente centro de control es el centro intelectual inferior, cuyo conjunto de programas y rutinas se encuentra ubicado en el interior del tercer chakra. Este centro recibe todos los datos que necesita para funcionar de los estímulos e impulsos eléctricos que reciben los sentidos del mundo exterior, de forma que trabaja con ellos para codificar y luego ejecutar las diferentes funciones que tiene asignadas para su gestión. El centro intelectual inferior es el que proporciona al neocórtex, en el cerebro, las instrucciones para activar las diferentes zonas del mismo y las diferentes conexiones sinápticas que han de procesar los diferentes estímulos visuales, olfativos, auditivos, táctiles y gustativos, de esta manera, cada vez que recibimos algo por los sentidos físicos o extra físicos, el centro intelectual inferior envía las ordenes a través del sistema nervioso autónomo al sistema nervioso central y al cerebro, sobre qué conjunto de redes neuronales y que partes de este órgano deben ser activadas para que esas neuronas ejecuten los procesos iniciales de procesamiento de la información. De ahí, se pasa la información a las esferas mentales, y se procesa el resto.

Puesto que todos estos estímulos son captados antes por la contrapartida etérica del cuerpo físico que por los sentidos físicos del mismo, el tercer chakra canaliza hacia sí mismo, y luego envía hacia el sistema nervioso autónomo, la información que todo el campo energético y áurico está absorbiendo y procesando, a la vez que los sentidos físicos captan las ondas electromagnéticas de esos mismos estímulos.

Cuando decimos que tenemos una sensación en el estómago de tal o cual manera, que nos avisa, o que nos habla de usar nuestro instinto, es porque el centro intelectual está percibiendo informaciones externas que están siendo captadas por el aura y procesadas por el centro de control antes de darle instrucciones al cerebro sobre qué hacer con ellas. Si energéticamente estamos captando una silla "etérica", el centro intelectual activa en el neocórtex las áreas de proceso de la información que el ojo está percibiendo (la energía lumínica que la silla transmite), para que ponga en marcha los procesos de decodificación en la mente que finalmente nos lleven a comprender que estamos viendo una silla. Este proceso lo veremos en detalle en los últimos temas del curso cuando expliquemos el proceso de decodificación de la realidad.

Así, el centro intelectual inferior se encarga de todo aquello que nos permite entender y comprender el mundo y la realidad en la que vivimos, ya que es el centro de control que contiene toda la programación que permite a los sentidos reenviar lo captado hacia el cerebro, activar las áreas correspondientes del mismo, y pasar los datos a la mente, para que esta ejecute los procesos de decodificación y así luego pueda darle sentido a esos impulsos y estímulos que nos hacen comprender que es lo que está siendo percibido.

Centro emocional inferior

El siguiente centro de control se encuentra ubicado en el cuarto chakra compartiendo lugar con el centro espiritual inferior y se trata del centro emocional inferior. El centro emocional es el encargado de transmitir las instrucciones al sistema límbico para procesar los impulsos y energías que provienen del cuerpo emocional del ser humano, y del campo electromagnético, el aura, en sus capas 2 y 4, que son las relacionadas con los sentimientos y emociones que poseemos. La transmisión, de nuevo, se realiza a través del sistema nervioso autónomo a través del hipotálamo.

Toda energía emocional captada y procesada por nuestro sistema energético es procesada por el centro emocional, que entonces transmite al cerebro como debe actuar con ella, generando los químicos necesarios para que el cuerpo físico manifieste esas emociones, así, el centro emocional será el encargado de generar el estado de tristeza a través del sistema límbico ante una acumulación o generación energética de tristeza, y lo mismo para cualquier otra emoción o sentimiento que podamos captar, sentir o generar.

Inicialmente, la gestión emocional del ser humano estaba a cargo de los procesos conscientes que el Yo Superior ejecutaba sobre la estructura energética del vehículo físico que usaba para cada encarnación, antes de las manipulaciones genéticas sufridas por la raza humana. En el momento en que se introdujo el programa ego, que veremos luego, el Yo Superior perdió control directo sobre la personalidad y su sistema energético, pues el ego actúa como un "cortafuegos", de manera que hubo que introducir un sistema de gestión emocional que supliera esta coordinación que hacía antes el ser de cada persona.

De esta manera, se introdujo el sistema límbico conectado al centro emocional inferior, que, inicialmente, en los primeros homínidos y vida consciente *pre-homo sapiens* de nuestro planeta no existía, para que, ocupando el mismo lugar que el centro espiritual inferior, a través del cual el Yo Superior sí que tiene acceso a muchas de las funciones internas del cuerpo físico, pudiera bloquear esta interferencia o conexión con esos otros niveles superiores del ser humano.

Así, la gestión emocional de todo lo que una persona siente y percibe desde su cuerpo emocional y desde las capas 2 y 4 del aura, pasaron a ser gestionadas mediante la programación de los diferentes Yos y subpersonalidades que tenemos, y mediante la creación y producción de diferentes químicos en el sistema límbico que nos dieran una manera de poder expresar físicamente las energías emocionales que estábamos generando energéticamente, y entonces poder adecuar la personalidad que mostramos ante los demás a las características del estado emocional en el que nos encontramos en cada momento.

Centro espiritual inferior

Ubicado también el cuarto chakra, pero a otro nivel de profundidad y con otra programación diferente, el último de los cinco centros principales es el centro espiritual inferior. Este centro está diseñado para hacer de enlace entre los procesos y estímulos provenientes de niveles superiores de consciencia del ser humano, entre ellos, los cuerpos superiores, el Yo Superior, el espíritu, etc., y el cuerpo físico y la personalidad, pero, para la mayoría de seres humanos, es un centro que está mal programado e imbuido con diferentes bloqueos para que no funcione correctamente.

Estos estímulos (pulsos con instrucciones y datos) son enviados por el YS, el espíritu, el alma y los cuerpos superiores (si existen), a través de los diferentes canales presentes en la estructura del ser humano para ello, como son el cordón dorado o línea del Hara, el cordón de plata, la conexión desde el centro de la esfera de consciencia con la superficie de la misma, es decir, la conexión entre la consciencia del Yo Superior con la personalidad, etc.

Desde estos puntos de recepción de las comunicaciones superiores, se llevan los estímulos recibidos hacia el centro espiritual inferior, que entonces tiene a su cargo su procesamiento y posterior coordinación de la codificación de los mismos. Así, por ejemplo, todo lo que llega desde el YS, que posee una conexión en el 9º chakra, situado en el centro de la esfera de consciencia, hasta el tantien inferior o Hara, es recogido por una de las terminaciones del sistema nervioso autónomo que envía el paquete de datos hacia el centro espiritual inferior.

Este, lo que hace como función principal es coordinar en el cerebro la comunicación con los niveles superiores, activando las partes del neocórtex que facilitan, entre otras cosas, por ejemplo, la canalización, la telepatía, las habilidades mentales superiores, etc., cuyo "software" está ubicado en las esferas mentales, que a su vez dependen de ciertas zonas del cerebro que son activadas cuando es requerido por este centro espiritual bajo el impulso y estímulo del Yo Superior o de alguno de los cuerpos superiores, incluidos el alma y el espíritu.

Sin embargo, como está ubicado en la misma posición que el centro emocional, este centro de control, al no recibir correctamente la programación e instrucciones que necesita desde el YS, al estar bloqueado, mal programado o disfuncional, recurre a los datos que son proporcionados por el centro emocional inferior para poder funcionar, de forma que su activación y responsabilidades de control vienen ya desde el inicio desajustadas pues las respuestas y estímulos emocionales no son los correctos para activar las funciones de comunicación superiores o las funciones "espirituales" que todos poseemos.

Los centros superiores de control

Hemos dicho que, de los centros anteriores, tres de ellos eran dobles: el emocional, el intelectual y el espiritual, teniendo una parte inferior y otra superior. Los que conocéis las enseñanzas de *El Cuarto Camino* de Gurdjieff os sonará lo que nos dice sobre estos centros superiores:

Para comprender el trabajo de la máquina humana y sus posibilidades, hay que saber que aparte de los centros espiritual, intelectual, emocional, instintivo, sexual y motor y de las partes que están relacionadas con ellos, tenemos otros centros, plenamente desarrollados y que funcionan perfectamente, pero no tienen vínculo con nuestra vida ordinaria ni con los centros a través de los cuales tenemos conocimiento de nosotros mismos. Estos otros son el centro emocional superior, el espiritual superior y el centro intelectual superior. Estos centros están en nosotros; trabajan todo el tiempo, pero su trabajo nunca llega a nuestra consciencia ordinaria. La razón debe buscarse en las propiedades especiales de nuestra pretendida «consciencia lúcida».

La presencia de estos centros superiores en nosotros es análoga a la de los tesoros escondidos que han buscado desde los tiempos más remotos los hombres que persiguen lo misterioso y lo milagroso; pero es un enigma mucho más grande. Todas las enseñanzas místicas y ocultas reconocen en el hombre la existencia de fuerzas y capacidades superiores —aunque en muchos casos, solo en forma de posibilidades— y hablan de la necesidad de desarrollar las fuerzas escondidas en el hombre.

Los centros superiores son el intelectual superior, el emocional superior, el espiritual superior, como se menciona en las enseñanzas de Gurdjieff, además de un cuarto centro que está directamente relacionado con la conexión con nuestro Yo Superior, pero que no se puede activar desde el lado humano, ya que pertenece exclusivamente al complejo multidimensional del ser que somos, y se encuentra ubicado en el centro de la esfera de consciencia, siendo análogo al punto de conexión que llamamos el noveno chakra, y por donde conectamos con nuestro Yo Superior, directamente.

Así, todos los centros superiores menos este cuarto, que suele llamarse el Centro de Consciencia Universal, pueden activarse y ser utilizados en esta realidad, pero para ello la conexión con nuestro Yo Superior tiene que estar activa, al menos esporádicamente y nosotros hemos de tener un correcto funcionamiento de los cinco primeros centros que ya hemos visto. Los centros superiores son estos:

Centro Intelectual superior

El centro intelectual superior se encuentra ubicado en el interior del octavo chakra, un vórtice extra físico que se encuentra unos 50cm por encima del séptimo chakra y que hace de punto de conexión también para el cordón dorado o línea del Hara. Este centro intelectual superior trabaja, o ha de trabajar a pleno rendimiento con el desarrollo del cuerpo intelectual superior o lo que en literatura esotérica se denomina también el *cuerpo átmico*, uno de los cuerpos superiores que el ser humano tiene la capacidad de desarrollar a medida que va evolucionando, pero que pocas personas en el planeta tienen en este momento cristalizado y materializado.

Cuando el centro intelectual superior está funcionando correctamente, su programación permite a la persona ser consciente y comprender que es correcto y que no lo es, es decir, que es verdad y que no lo es, entendiendo la "verdad" como los procesos e informaciones que están alineadas con el arquetipo, en el plano causal, de la energía de la verdad.

Esta comprobación la realiza el Yo Superior de la persona, que a través del centro intelectual superior, recibe los paquetes de datos que han de ser comparados, ejecuta la comparación con el arquetipo y energía de la *"verdad"* y devuelve al centro un código que indica si ese paquete de datos, conocimiento, información, etc., se encuentra alineado o no con este arquetipo.

Esto proporciona discernimiento automático, se impide que cualquier programación, dato, información o contenido que no esté alineado con la verdad arquetípica se cuele dentro de las estructuras mentales, pues al detectar que algo no es "correcto", la programación del centro intelectual superior lo desecha automáticamente. Si toda la población humana tuviera activado este centro de control, sería muy difícil, o prácticamente imposible, sufrir cualquier tipo de manipulación y engaño a los que estamos expuestos actualmente constantemente. Los datos de entrada de este centro de control provienen del centro intelectual inferior, que envía todo lo que recibe de los sentidos a su contrapartida "superior" a través del cordón dorado, para que este la filtre antes de devolverla para que pase a los procesos cerebrales y mentales para su análisis.

El centro emocional superior

Se encuentra ubicado en el interior del sexto chakra, y aunque es un chakra "físico" y que muchas personas tienen activo, su programación interior a nivel de este centro emocional no lo está, ya que, normalmente, es necesario que el centro emocional inferior esté funcionando y limpio para que el centro emocional superior se pueda poner en marcha.

Así, cuando este centro emocional superior se encuentra trabajando correctamente, las energías emocionales que provienen de fuera son analizadas y filtradas en base al arquetipo causal del "*amor*", es decir, todo aquello que no está alineado con la energía arquetípica del amor es desechado por este centro, una vez nuestro YS ha hecho la comprobación de la misma manera que lo hace con el centro intelectual superior, con lo cual, uno detecta y percibe directamente, a nivel emocional, aquello que no tiene un sustrato y contenido positivo. Este centro además, gestiona la empatía y el poder ponerse en el lugar de una tercera persona, facilitando el entendimiento entre personas que, dirimiendo su intercambio energético a través del centro emocional superior, pueden sentirse y comprenderse, no solo a nivel de palabras, sino a nivel de energías. Esto, como ya podéis imaginar, reduce la violencia, el enfrentamiento, las discusiones, conflictos, etc., prácticamente a cero, pues eres capaz de notar cómo siente y decodifica la otra persona las cosas y ponerte en su lugar para entender o comprender sus puntos de vista sin que los tuyos se vean menospreciados, infravalorados y comprometidos. La información con la que trabaja este centro superior proviene del centro emocional inferior a través del cordón dorado. Este centro está relacionado con el llamado *cuerpo búdico o cuerpo emocional superior*.

Centro espiritual superior

Ubicado en el interior del séptimo chakra, pero no activo, a pesar de que este chakra, igual que el sexto, puede estar funcionando perfectamente en muchas personas. Para que se active el centro espiritual superior, el centro espiritual inferior, ubicado en el cuarto chakra tiene que estar limpio, funcional y sin bloqueos, lo cual, luego, lleva al desarrollo de este centro de control de forma natural, lo que facilita la gestión, comunicación y conexión con los niveles superiores de la estructura del ser humano, entre otras cosas, la conexión "directa" con el Yo Superior, con el espíritu de la persona y con el alma de la misma, haciendo que la personalidad pueda recibir, más fácilmente, las directrices y guías de las estructuras más elevadas de nosotros mismos. Este centro espiritual superior está también asociado al cuerpo sutil más elevado que posee el ser humano, *el cuerpo espiritual superior*, situado "por encima", vibracionalmente hablando, del cuerpo átmico o intelectual superior.

Al igual que los anteriores, el centro espiritual superior recibe los datos para su funcionamiento y procesamiento del centro espiritual inferior. La diferencia con los centros superiores anteriores, es que el YS se puede comunicar directamente con este centro imbuyéndole los paquetes que necesita para procesar, y esto hace que desde la programación del centro espiritual superior se puedan activar áreas en el cerebro, específicamente en el neocórtex, que ponen en marcha funciones y programas en las esferas mentales que facilitan y activan capacidades comunicativas mucho más elevadas en el ser humano, como son la visión remota, que también depende en parte del centro intelectual superior, la telepatía, la xenoglosia a nivel físico y no físico, etc.

Así, terminamos de diagramar las funciones psíquicas, cognitivas y multifuncionales del ser humano, sus relaciones energéticas entre los cuerpos sutiles, la psique, la consciencia artificial, los programas de control tales que el ego y los centros de control a nivel físico, en el cerebro, que nos permiten gestionar esta existencia tan compleja a través del vehículo multidimensional que ocupamos.

Como en otra ocasión un guía que nos asistía en una sesión de preguntas nos comentó: «el ser humano está hecho realmente de forma maravillosa y muy compleja».

Ahora es cuestión de ver cómo ese ser humano puede y debe evolucionar.

Segunda parte

Las etapas de evolución del hombre

Hay que ver lo mal que estamos

Entre las decenas de emails que recibo a diario y que terminan yendo a la carpeta de *spam*, hace algún tiempo me llamó la atención uno donde me ofrecían todo tipo de productos para activar mi potencial psíquico y liberar mis facultades latentes al cien por cien.

En su momento, me hizo tanta gracia, que me inspiró a construir un esquema de todo lo que tendríamos que trabajar, para, realmente convertirnos en esos «superhombres» (y súper mujeres) que prometían los emails tomando unas pastillas y, realmente, tener todo el potencial que el ser humano tiene desactivado y disfuncional en estos momentos.

Vamos a reírnos un rato de nosotros mismos y veamos «lo mal que estamos». El esquema de nuestras limitaciones, de forma resumida, sería algo así como esto:

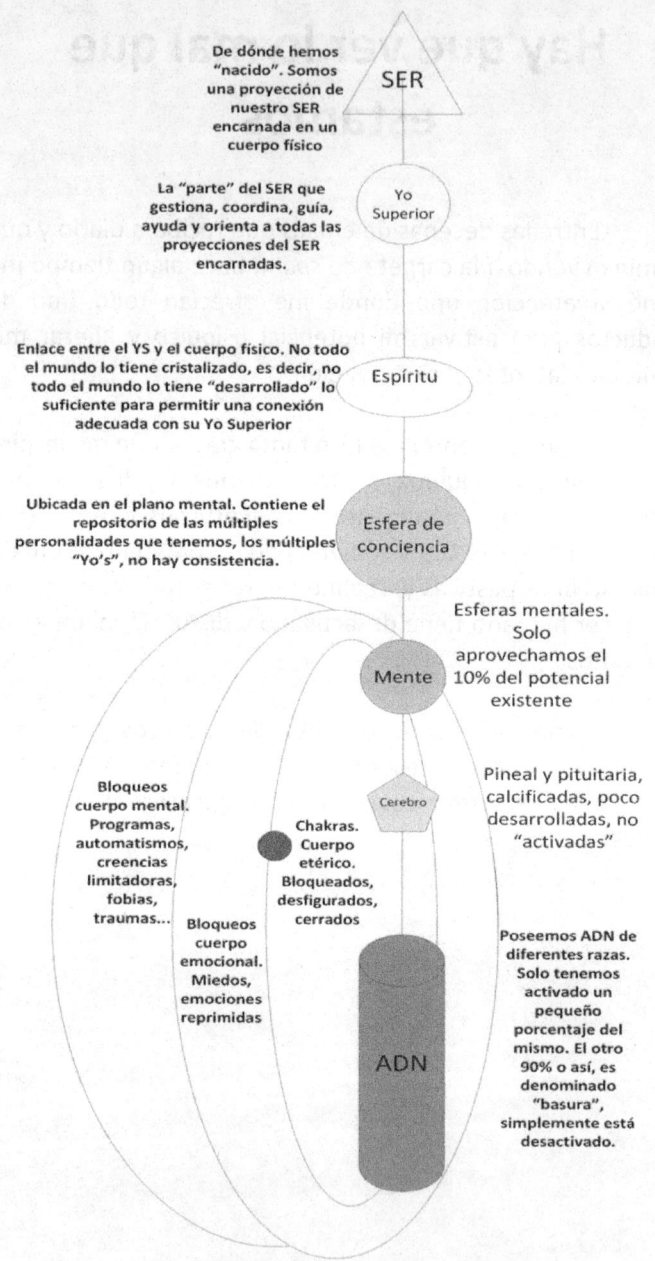

Espero que se entienda. Vamos a desguazarlo un poco.

SER y Yo Superior: De donde hemos salido todos y cada uno de nosotros. Nada que comentar al respecto, pues no existen limitaciones o disfunciones en esta parte de aquello que somos. Los he puesto en el esquema para ilustrar todos los componentes y sus conexiones.

Espíritu: Nuestro enlace entre el cuerpo físico que ocupamos, la personalidad que tenemos, y aquello de donde hemos nacido. Es un cuerpo superior. No todo el mundo tiene un espíritu «cristalizado», como decía Gurdjieff, que viene a ser algo así como que no todo el mundo tiene un enlace funcional con planos superiores, o la capacidad de tenerlo, ya que depende del nivel evolutivo de cada uno, ganado con el trabajo interior y el desarrollo personal individual acumulado a lo largo de esta, y otras encarnaciones. Si no hay esta conexión con la parte más multidimensional de lo que somos, no podremos nunca manifestar su potencial en nosotros. El otro aspecto que no está en el diagrama, lo que llamamos el alma, sí que está presente en todos nosotros, ya que no hay nada vivo que no posea alma de una forma u otra, de un nivel evolutivo u otro.

Esfera de consciencia: Se encuentra en el plano mental, y contiene, entre otras cosas, el repositorio de los infinitos «Yos» que todos tenemos, las caretas y fachadas que usamos, los sub-caracteres de nuestra personalidad. Como no tenemos un solo «Yo» unificado, cada día se activa una sub-faceta nuestra diferente (múltiples veces al día), así que no hay forma de desarrollar más el potencial que tenemos mientras haya tantos «Yos» conviviendo en nuestra mente que van a su bola. Mientras un «Yo» dice sí a algo (por ejemplo, hacer deporte o meditar todos los días), dos horas después otro Yo decide que es mejor quedarse en el sofá.

Tampoco hay forma de manifestar todo el potencial de nuestro SER y de nuestro Yo Superior en nosotros hasta que no estén todos los «Yos» unificados en uno solo.

Mente: Compuesta por diferentes esferas energéticas, cuánticas. Dice nuestra ciencia que solo usamos el 10% del potencial de la misma. Es como que me regalan un Porsche y solo me dejan ir en primera. Si activáramos el cien por cien, posiblemente haríamos las mismas cosas que hace Neo en *Matrix*, o lo que hace Scarlett Johansson en la peli *Lucy*, por decir algo. Además, cuenta con el componente de la «mente predadora», como le llamaba Carlos Castaneda, que nos mantiene siempre en un estado de programación autómata y en un sueño profundo a todos, haciéndonos creer, por supuesto, que estamos despiertos. Despertar de esta ilusión, y verla como tal, es un esfuerzo titánico, que no tengo ni idea si algún día conseguiremos materializar y mantener. ¿Cómo sé que estoy dormido? Porque he tenido atisbos hiperbreves, pero intensos, del estado que significa estar «despierto», y nada se percibe como lo percibimos todos en este momento. Como ahora soy consciente que no estoy en ese estado, soy consciente de que estoy dormido y nada puedo hacer que seguir intentando «despertarme» de nuevo.

Cerebro: Nuestras glándulas pituitaria, pineal y el conducto que las une, si estuvieran al cien por cien, limpias, sin calcificación, toxinas, programas limitantes en su contrapartida etérica, implantes, etc., nos permitirían usar un potencial también mucho más allá de lo que nos podemos imaginar, pero como todos nos cepillamos los dientes con pasta con flúor, bebemos agua tratada, comemos cosas que mi bisabuela posiblemente no identificaría como comida, y nos ponemos todo tipo de cremas con químicos nocivos que se absorben por la piel, pues son dos glándulas que andan ciertamente algo limitadillas en todos nosotros.

ADN: Una gran cantidad de razas dieron su ADN para crear nuestro cuerpo físico, hace milenios, y nos reconfiguraron (varias veces, como hemos visto en capítulos anteriores) para quitarnos el potencial del 90% del mismo. Si realmente activáramos el cien por cien de las capacidades del ADN que tenemos dormido o desactivado, otro ser humano estaría presente en el planeta, e, imagino, ya habríamos echado del mismo al elenco que pulula por aquí controlando a la granja humana.

Chakras: En el cuerpo etérico. Transmutan las energías externas, metabolizan fuerzas etéricas externas, mantienen el buen funcionamiento del cuerpo físico, pero están muchas veces medio cerrados, bloqueados, con energías densas incrustadas. Estamos que no podemos funcionar nunca a pleno gas, con la de energía potencial que hay disponible y podríamos sintonizar para nuestro beneficio y el de toda la humanidad.

Cuerpo emocional: En general, lo tenemos lleno de miedos, de emociones y sentimientos reprimidos, de bloqueos energéticos sin procesar. Tiene tanta carga de baja densidad en la mayoría de personas, que nos mantiene en una frecuencia de vibración tan baja como negativa para una gran parte de la raza humana. Cada vez que pones la televisión, por la forma en la que están preparadas las noticias, te están atacando con emociones de impotencia, preocupación, miedo, etc., donde la mayoría se procesan por el centro emocional y terminan hundiéndonos más en la vibración que interesa a aquellos que gestionan el sistema. La tele es lo primero a quitarse del medio si uno quiere empezar a no acumular más carga emocional inconsciente y dejar de emitir la comida que otros necesitan.

Cuerpo mental: Contiene, junto con el cuerpo emocional, a nuestra «sombra», un término psicológico para designar la parte oculta, oscura y negativa de cada uno de nosotros. Está lleno también de miedos, de traumas, de fobias, de creencias limitadoras, de información basura, de programas y arquetipos instalados por el sistema bajo el que vivimos, etc. Incluye todo lo que almacenamos en nuestro subconsciente y otras capas del mismo, lo que arrastramos de vidas pasadas/encarnaciones simultáneas, etc.

Bueno. Cuando se me pasó el divertimento por el email recibido con la fórmula mágica para activar nuestros súper poderes, realmente me quedé un rato dando vueltas a la idea de que la receta para corregir todo esto es algo que todos sabemos, pero que por la misma programación que llevamos a cuestas y por el arduo trabajo interior que necesitamos hacer para ello, pocas personas terminan poniéndose manos a la obra.

Habría que empezar cuidando nuestro cuerpo físico tanto como se pueda, limpiar profundamente los chakras y mantenerlos limpios constantemente, liberar todas nuestras emociones negativas y miedos. Romper los viejos sistemas de creencias y liberar el cuerpo mental de miedos, traumas y fobias. Habría que barrer el almacén de nuestro subconsciente, usar el poder de todas las esferas mentales, que ya que las tenemos, no hay que dejar que se llenen de programas y arquetipos que no nos convienen, por otro lado, no hay que dejar nunca de aprender cosas (el conocimiento protege), pero hay que integrarlas y convertirlas en sabiduría, cristalizar nuestro espíritu en nuestro interior y unificar todas las facetas de nuestro carácter para que exista un solo «Yo». Hay que desconectarse de la «Matrix», hacer el esfuerzo necesario para «despertar», cortar el enlace de la mente predadora con la misma, dejar que la energía del amor viva en nosotros, conectar con nuestro Yo Superior, manifestar a tu SER... y ... listo.

Cuando lo vi todo junto en un solo diagrama, se me hizo un mundo. Vaya choque para la psique. Y es que, en el fondo, no hay producto, curso o técnica ahí fuera que nos pueda ayudar a hacer todo esto de un plumazo si no hay un compromiso de trabajo propio, profundo, titánico y personal en todas y cada una de estas facetas y componentes. La combinación de múltiples herramientas, el conocimiento de uno mismo, la lucha contra las propias limitaciones, barreras y miedos, es lo que hace crecer tu potencial como ser humano en todos los aspectos anteriores y en paralelo. Afortunadamente, al respecto, recordé lo que nos dijo una vez uno de aquellos que nos asisten en otra sesión de trabajo:

Guía: En este planeta es diferente que en otros, es un poco... es como decir, bueno, consigo parte de mis experiencias en otro lugar y luego vengo aquí y me doctoro... ¿Me explico? Hago aquí mis estudios superiores... porque aquí es donde está la oportunidad de hacerlo.

Así que aquí venimos todos a doctorarnos con honores, precisamente porque tenemos todas las limitaciones que os he puesto antes. Todos nosotros tenemos un enorme potencial que solo depende de nuestro esfuerzo para despertarlo, ya que somos una raza impresionante con unas capacidades poco vistas por estos lares de la galaxia. Pero eso no es tan importante como el hecho de que hemos venido aquí a jugar la partida más difícil, porque es donde más se aprende, y, si superas este nivel del juego, que todos lo hacemos tarde o temprano, ya hay pocas cosas que uno no pueda luego hacer por cualquier otra parte del universo. Quizá va siendo hora de que entendamos mejor qué significa eso de evolucionar, y hacia dónde estamos evolucionando.

La necesidad humana de crecer

En el libro *Fragmentos de una enseñanza desconocida*, Gurdjieff le explica a Ouspensky, alumno, y autor de esa obra recopilando enseñanzas de este místico ruso del siglo pasado, su punto de vista sobre la evolución de la humanidad y del hombre en relación a la Tierra. Decía así:

Alguien preguntó durante una reunión: ¿Cómo debe comprenderse la evolución de la humanidad?

—La evolución del hombre —respondió Gurdjieff—, se puede comprender como el desarrollo en él de aquellas facultades y poderes que jamás se desarrollan de por sí, es decir, mecánicamente. Solo este tipo de desarrollo o de crecimiento marca la evolución real del hombre. No hay, y no puede haber, ninguna otra clase de evolución. Consideremos al hombre en el grado actual de su desarrollo. La naturaleza lo ha hecho tal cual es y, tomado colectivamente, hasta donde podemos ver, así permanecerá. Los cambios que podrían ir en contra de las exigencias generales de la naturaleza solo se pueden producir en unidades separadas.

Para comprender la ley de la evolución del hombre, es indispensable captar que esta evolución, más allá de cierto grado, no es en absoluto necesaria, es decir: de ningún modo necesaria para el desarrollo propio de la naturaleza en un momento dado.

La humanidad no progresa, ni evoluciona. Lo que nos parece ser progreso o evolución es una modificación parcial que puede ser inmediatamente contrabalanceada por una modificación correspondiente en la dirección opuesta. La humanidad, así como el resto de la vida orgánica, existe sobre la Tierra para los fines propios de la Tierra. Y es exactamente lo que debe ser para responder a las necesidades actuales de la Tierra.

Solo un pensamiento tan teórico y tan alejado de los hechos como el pensamiento europeo moderno, podría concebir la posibilidad de la evolución del hombre independientemente de la naturaleza circundante, o considerar la evolución del hombre como una gradual conquista de la naturaleza. Esto es completamente imposible. Ya sea que viva, muera, evolucione o degenere, igualmente el hombre sirve a los fines de la naturaleza, o más bien, la naturaleza se sirve igualmente —aunque quizá por motivos diferentes— de los resultados tanto de la evolución como de la degeneración. La humanidad considerada como un todo jamás puede escapar a la naturaleza, ya que aún en su lucha contra ella, el hombre actúa de conformidad con los fines de la misma.

La evolución de grandes masas humanas está en oposición a los fines de la naturaleza [nota: en la tercera parte del libro veremos el porqué de esto]. La evolución de un pequeño porcentaje de hombres puede estar de acuerdo con estos fines. El hombre contiene en sí mismo la posibilidad de su evolución. Pero la evolución de la humanidad en su conjunto, es decir, el desarrollo de esta posibilidad en todos los hombres, o en la mayoría de ellos, o aún en un gran número, no es necesaria a los designios de la Tierra o del mundo planetario en general, y de hecho, esto podría serle perjudicial o aún fatal. Hay, por consiguiente, fuerzas especiales (de carácter planetario) que se oponen a la evolución de las grandes masas humanas y que las mantienen al nivel en que deben quedar.

Por ejemplo, la evolución de la humanidad más allá de cierto grado, o más exactamente, más allá de cierto porcentaje, sería fatal para la luna [nota: la luna es la simbología que Gurdjieff usaba para explicar el sistema de control hiperdimensional sobre el planeta, es decir, entidades de orden evolutivo superior nutriéndose de entidades inferiores (nosotros)] *Actualmente la luna se nutre de la vida orgánica, se nutre de la humanidad. La humanidad es una parte de la vida orgánica; esto significa que la humanidad es un alimento para la luna.*

Si todos los hombres llegaran a ser demasiados inteligentes, ya no querrían ser comidos por la luna. Pero las posibilidades de evolución existen y se pueden desarrollar en individuos aislados, con la ayuda de los conocimientos y de los métodos apropiados. Tal desarrollo puede efectuarse solo en interés del hombre, en oposición a las fuerzas y, se podría decir, a los intereses del mundo planetario. Un hombre tiene que comprender esto: que su evolución no interesa sino a él. A ningún otro le interesa. Y no debe contar con la ayuda de nadie. Porque nadie está obligado a ayudarle, y nadie tiene la intención de hacerlo.

Por el contrario, las fuerzas que se oponen a la evolución de las grandes masas humanas también se oponen a la evolución de cada hombre. Toca a cada uno el chasquearlas. Más si un hombre puede chasquearlas, la humanidad no puede hacerlo. Ustedes comprenderán más tarde que todos estos obstáculos son muy útiles; si no existieran, sería necesario crearlos intencionalmente, porque solo al vencer los obstáculos un hombre puede desarrollar en sí mismo las cualidades que necesita.

Tales son las bases de un concepto correcto de la evolución del hombre. No hay evolución obligatoria, mecánica. La evolución es el resultado de una lucha consciente. La naturaleza no necesita esta evolución; no la quiere y la combate. La evolución no puede ser necesaria sino al hombre mismo, al darse cuenta de su situación y de la posibilidad de cambiarla, cuando se da cuenta de que tiene poderes que nunca emplea, y riquezas que no ve. Y es en el sentido de lograr la posesión de estos poderes y de estas riquezas que la evolución es posible. Pero si todos los hombres, o la mayoría de ellos, comprendieran esto y desearan obtener lo que les pertenece por derecho de nacimiento, la evolución llegaría a ser otra vez imposible. Lo que es posible para cada hombre es imposible para las masas.

El individuo tiene el privilegio de ser muy pequeño, y por lo tanto de no contar en la economía general de la naturaleza, donde no cambia nada el que haya un hombre mecánico de más o de menos. Podemos darnos una idea de la correlación de magnitudes comparándola a la que existe entre una célula microscópica y nuestro cuerpo entero. La presencia o la ausencia de una célula no cambian nada en la vida del cuerpo. No podemos ser conscientes de ello, y esto no puede tener influencia sobre la vida y las funciones del organismo. Exactamente de la misma manera, un individuo como tal es demasiado pequeño para influir en la vida del organismo cósmico, con el cual está en la misma relación (en lo que se refiere al tamaño) que la de una célula con todo nuestro organismo. He aquí precisamente lo que le puede permitir «evolucionar», he aquí en qué se basan sus «posibilidades».

He aquí entonces por qué podemos y tenemos la oportunidad de evolucionar como seres humanos, de forma individual por lo menos, y veremos, como decía Gurdjieff, las diferentes dinámicas, energías y fuerzas que se oponen al crecimiento y desarrollo de ese mismo crecimiento un poco más adelante, en la tercera parte del libro, porque las hay y existen, aunque, por otro lado, sean precisamente esas mismas fuerzas las que nos puedan servir como detonantes para salir de nuestro estado actual y dar un paso hacia delante en la escalera de crecimiento, a nivel individual, por la que todos y cada uno de nosotros transitamos continuamente.

Los siete tipos de hombres

Según Gurdjieff, a partir del conocimiento sobre los cuerpos sutiles y los centros de control del ser humano que hemos visto, la humanidad se puede dividir básicamente en siete tipos de personas. Ahora, conociendo todo lo que ya hemos explicado anteriormente, veremos estos siete tipos de personas que forman el colectivo humano, y que, según de qué categoría sea el mayor número que domine ese colectivo, así será la masa crítica necesaria para que el inconsciente colectivo de la humanidad pueda subir algunos grados.

Como inciso, solo decir que aunque esto de hacer clasificaciones para entendernos entre nosotros está bien y es útil, puede tender en las personas a vernos separados unos de otros y a proyectar nuestra fascinación por aquellos que creemos que están más avanzados en la senda del camino espiritual. Nada más lejos de la realidad. Todos estamos juntos, como raza y especie, en un proceso de cambio evolutivo, y el libre albedrío y deseo de trabajo personal de cada uno es lo que hace que vayamos a diferentes ritmos en este camino de crecimiento. Así que no importa en qué categoría de estas nos consideremos ahora, lo que importa es que tomemos las riendas de nuestro destino y decidamos subir por la escalera por el simple hecho del placer que produce la evolución personal y las metas alcanzadas en ella.

Con esto en mente, cada persona en esta clasificación está catalogada entre el número 1 y el 7, y pertenece a una u a otra categoría según el centro de control que sea dominante y el cuerpo sutil principal que use, o, mejor explicado, según el cuerpo sutil que esté más desarrollado en la persona y tenga el papel dominante sobre el conjunto del sistema energético que nos compone. Veamos una descripción de cada uno de ellos:

- **El hombre número 1:** Es el hombre meramente instintivo, mecanicista; en él predominan el centro del instinto y el mecánico, o motor. Vive según la ley de la causalidad, es decir, todo le sucede por el efecto de causas que él mismo ha puesto en marcha sin ser consciente, y, además, dejándose arrastrar por los efectos de las causas puestas en marcha por otras personas, grupos o por la misma sociedad sin saber por qué la vida le mueve de un lado a otro, como una cometa va a merced del viento. Su complejo-R o cerebro instintivo es el predominante en su toma de decisiones, como hemos visto en capítulos anteriores.

- **El hombre número 2:** Es el individuo emocional, un individuo que se mueve en el mundo de las emociones inferiores, de las pasiones, de los deseos mundanos. Vive según la emotividad que marca su cuerpo emocional, y su cerebro límbico, la parte del cerebro triuno que gestiona las emociones, que es la que prevalece en casi todos los aspectos de su vida. Toda decisión y acción está determinada por las reacciones químicas generadas en su cuerpo por sus emociones, creyendo que, siempre, lo que siente es lo correcto, cuando muchas veces no es más que el impulso energético de sus pasiones y deseos más bajos los que nublan su forma de gestionar la realidad en la que vive.

- **El hombre número 3:** Es el hombre meramente intelectual, el hombre que está razonando todo el día, toda su vida; que fundamenta todas sus actividades exclusivamente en el centro intelectual. Vive según la razonabilidad. Su neocórtex, normalmente activado únicamente en modo de funcionamiento de hemisferio izquierdo, es el que prevalece en la gestión de su realidad, no dejando lugar a que funcione en armonía con el resto del conjunto cerebral, obviando la parte intuitiva y emocional, que necesita estar presente, en equilibrio y armonía, como todo, para funcionar correctamente. Es algo así como el Dr. Spock de la serie Star Trek o el personaje de Sheldon Cooper de la serie Big Bang.

Los hombres número 1, 2 y 3, forman el cúmulo de personas que en nuestro planeta forman una terrible «torre de Babel», un mundo en el que nadie se entiende con nadie, ya que el hombre intelectual no entiende al hombre emocional; el instintivo, no entiende al emocional; el emocional no entiende al intelectual; el emocional tampoco entiende al instintivo ni el instintivo al emocional. Esto se debe, como ya hemos explicado, por la forma de decodificar y gestionar los parámetros de la realidad según el centro de control dominante en cada persona.

Si un hombre número 3, predominantemente intelectual, dice o explica cualquier cosa, alguien que no esté usando el mismo centro de control o tenga más o menos la misma configuración psicoenergética lo entenderá todo de otra manera. Una persona predominantemente emocional no entenderá a una persona principalmente mental, pues esta primera interpretará las palabras del intelectual de acuerdo con sus decodificadores emocionales y les dará una traducción completamente diferente, según la composición de su cuerpo emocional, su centro de control emocional y el funcionamiento de su sistema límbico. A su vez el hombre instintivo, cuando dice algo, el intelectual lo escucha a su modo, lo interpreta de la manera que le parece es correcta gracias a sus decodificadores intelectuales, a los programas que lleva en sus esferas mentales y al conjunto global de su psique puesta en marcha por el lado izquierdo del neocórtex.

En general, la mayoría de la población humana, a lo largo de su vida, se comporta predominantemente como uno de los tres tipos inferiores de «hombres» descritos por Gurdjieff, aunque no son compartimentos estancos. El instintivo puede fluctuar en comportamientos emocionales, el emocional puede fluctuar con comportamientos instintivos o intelectuales, el intelectual puede entrar en comportamientos instintivos y emocionales, pero regularmente, y de forma global, una persona será la mayor parte del tiempo, simplemente por su nivel evolutivo y su composición energética, hombre (como humanidad, no como género) número 1, 2 o 3.

¿Puede uno salir entonces de este batiburrillo babélico? Sí. A medida que una persona consigue avanzar en su camino de crecimiento personal, y equilibrar sus centros de control, sanando y equilibrando sus cuerpos sutiles a la vez, entra en la siguiente categoría de personas, que en este caso, se inicia con el hombre número 4:

- **El hombre número 4:** Una vez una persona ha hecho el suficiente trabajo interior y los desequilibrios en su personalidad instintiva, emocional y mental han sido corregidos hasta cierto punto, Gurdjieff explica que el ser humano avanza por la escalera evolutiva hasta llegar a convertirse en hombre número 4, que es el hombre que ha equilibrado los centros de su máquina orgánica, y que ya ha creado un centro de gravedad consciente en el interior de su esfera de consciencia. Esto quiere decir que ha empezado a ordenar aquellos Yos presentes en su psique, y ha comenzado a desarrollar la conexión con ese centro de su consciencia, como hemos visto anteriormente, desde la cual se accede a nuestro Yo Superior. Su yo «único» empieza a manifestarse, y se comienza a solidificar una personalidad indivisible. Por primera vez, el conocimiento real de uno mismo se hace presente, se empieza percibir la realidad con un alto grado de objetividad (con menos filtros subjetivos) y el trabajo sobre nuestro propósito real para esta vida es posible por primera vez de forma consciente. Así, el hombre número 4 es ecuánime, responsable con el mismo y los demás, tiene atisbos de una realidad superior a través de la conexión consciente, y más o menos permanente, con esa otra parte más elevada de sí misma, es coherente entre lo que piensa, lo que siente y lo que hace, pues su parte intelectual, su parte emocional y su parte instintiva están en equilibrio, en armonía y por lo tanto, puede trabajar de forma equilibrada en todos los aspectos de su realidad.

- **El hombre número 5:** Si una persona sigue trabajando en ella misma, es posible llegar a ser un hombre número 5, en el que se logre plenamente la unidad de los centros de control, y lo que se conoce es experimentado por igual en todos ellos. Si el nivel evolutivo anterior de hombre número 4 es una etapa de transición, la categoría de hombre número 5 es la que se obtiene cuando la transición se ha completado. En esta etapa, no hay vuelta atrás a los niveles inferiores anteriores de deformaciones y desequilibrios. Una «cristalización» radical de los centros energéticos de control se produce en el hombre número 5, y se inicia el desarrollo de un cuerpo emocional superior, y su centro de control correspondiente está activo permanentemente. Cuando ello se completa, puede utilizarlo a voluntad, y tiene acceso a su consciencia genética, que no es otra cosa que el repositorio de información que todos poseemos del resto de encarnaciones que hemos tenido y experimentado, información almacenada tanto en los átomos simiente de los diferentes cuerpos sutiles, en nuestra consciencia genética como en nuestro Yo Superior. En resumen, es un nivel evolutivo en el que la persona tiene total consciencia real de sí misma, un Yo permanente e indivisible y todo su conocimiento pertenece a este Yo único, teniendo la posibilidad de desarrollar funciones y poderes adicionales, latentes en el ser humano, pero normalmente nunca activos.

- **El hombre número 6:** Si avanza el trabajo interno, y una persona decide seguir evolucionando, entonces uno puede convertirse en hombre número 6, que es una etapa de transición al hombre número 7. En el primer caso, los elementos egóicos restantes se queman, la personalidad virtual casi desaparece, causando posiblemente un inmenso cambio (no exento de sufrimiento y purga interior), por ser simplemente una disolución de la consciencia artificial. Una especie de «noche oscura del alma», como la que se hace referencia en los escritos místicos, y de la que hablaremos luego, tiene lugar a niveles mucho más profundos que los vividos hasta ahora para salir del estadio de hombre 1, 2 o 3 y llegar al 4, pues en este nivel implica la disolución de la identificación con los elementos del yo individual, como el cuerpo, los sentimientos personales, y las construcciones de la mente separada. Dejamos de ser individualidades y empezamos a ver la conexión de todos con todos. Este tipo de hombre ha desarrollado un cuerpo mental superior y puede utilizarlo a consciencia, y tiene acceso al total del potencial de los planos mentales para adquirir información y conocimiento de forma consciente. El hombre número 6 tiene todas las cualidades del hombre número 5 con la adición de este centro intelectual superior que le proporciona consciencia objetiva de la realidad (se conoce automáticamente que es cierto o falso, que es verdadero o que no lo es), y se tiene el potencial y acceso a muchas más facultades y habilidades, casi sobrehumanas, desde el punto de vista de los hombres inferiores.

- **El hombre número 7:** Al fin, si el trabajo interior continúa, se puede alcanzar el estado de hombre número 7 en el que las facultades esenciales de uno son permanentes del todo, equilibradas y completamente funcionales. La identidad de la persona ha cambiado por completo de las estructuras del ego a la presencia en vida de la consciencia de su Yo Superior, de su ser, que ahora se asoman al mundo tomando el lugar que antes ocupaba la personalidad virtual a través de la consciencia artificial. En resumen, el hombre número 7 es el ser humano completo en toda su plenitud, alguien que ya está listo y capaz de encarnar la voluntad de su propio SER. Tal persona es lo suficientemente perfecta como para que puede ser considerada un avatar, o boddhisattva, o la persona que manifiesta una consciencia de jerarquías superiores. Al no existir una personalidad virtual que lo dirija, sino únicamente la consciencia del Yo Superior manifestándose en el plano físico, esto le proporciona continuidad de consciencia en las existencias, es decir, no se percibe pérdida de consciencia entre una encarnación y otra, pues la vida es una continuidad de existencias y el Yo Superior es el gestor de sus cuerpos de forma directa.

Huelga decir que, según parece ser, la práctica totalidad de la humanidad somos hombres 1, 2 o 3, siendo solo una pequeña parte de aquellos los que se encuentran en el estadio de ser hombres número 4, menos de esa parte los que han llegado al estadio de hombre número 5, y contados por casi inexistentes los que son hombres número 6 y número 7 en este momento actual. Nuestro trabajo pasa por salir inicialmente de la torre de Babel, y empezar a equilibrar todos nuestros cuerpos y nuestros centros de control, para saltar a la segunda escala de la evolución humana y empezar el camino de desarrollo hacia los niveles superiores en esta clasificación «mística» de los estadios evolutivos de nuestra raza que vamos a ver ahora un poco más en detalle.

Estadios del desarrollo del ser humano

Tal y como hemos visto, a medida que nuestra evolución personal progresa, nuestra esfera de consciencia se expande en todas direcciones. Estos niveles de consciencia están determinados por la posición, o más bien, focalización de la consciencia del Yo Superior en el trabajo con un determinado cuerpo sutil y su correspondiente estado evolutivo. Es decir, en los primeros pasos del nacimiento del ser humano, el Yo Superior tiene su concentración (o su aspecto consciencia está más focalizado) en las experiencias recogidas por el átomo simiente físico, siendo el desarrollo de la consciencia del aspecto material de la vida el primer escalón del paso por el reino humano. Durante la evolución del mismo, el Yo Superior, pasa a estar más focalizados en las experiencias recogidas a través del átomo simiente del cuerpo emocional, y el desarrollo de la consciencia emocional es su principal trabajo, habiendo ya completado el proceso de asimilación de las experiencias físico-etéricas. Con el consiguiente desarrollo de la raza humana, puede mover su aspecto consciencia principalmente a las experiencias recogidas por el átomo simiente del cuerpo mental, abarcando ya por completo las experiencias de los planos inferiores (físico, etérico y emocional), y dando prioridad al desarrollo en el vehículo evolutivo que usamos para nuestro desarrollo cognitivo y psíquico. En el siguiente estadio de desarrollo, en el que nos encontramos ahora mismo la mayoría de la raza humana, trata de focalizar su consciencia en el cuerpo causal, procurando su desarrollo y refinamiento, y el desarrollo de la capacidad de pensamiento abstracto empieza a verse más manifestada en más seres humanos.

¿Significa esto que todos somos conscientes de lo que se mueve en los cinco planos no físicos en los que nuestro Yo Superior tiene un vehículo para experimentar y moverse por los mismos? No. Literalmente, la mayoría de personas, en vigilia, somos solo conscientes del plano físico, por ende, una cosa es la consciencia artificial y aquello que esta abarca (como hemos visto en capítulos anteriores) y otra cosa es lo que, separadamente, la consciencia de nuestro Yo Superior puede llegar a abarcar por sí misma desde su punto de gestión en el centro de la esfera de consciencia.

Cada nuevo nivel que el alma alcanza, se produce mediante lo que se podría llamar una «iniciación», en el que este debe probar que su encarnación es capaz de entrar en un nuevo nivel de evolución para con sus propios guías o aquellos que supervisan su camino evolutivo, por ejemplo, nuestro SER, del que hemos hablado anteriormente. Pero repito, hay que diferenciar el nivel de consciencia que nuestra alma es capaz de alcanzar, que es el nivel que se imbuye de nuestro Yo Superior, respecto al nivel y focalización de la consciencia artificial del cuerpo humano, que normalmente no abarca más allá del plano físico por su propia configuración y estructura. Otra cosa será cuando consigamos que nuestro Yo Superior tome el control del vehículo que somos para él, y entonces se asome por completo al plano físico, a través de su propia consciencia, lo que sucede en el estadio de hombre número 7. Esto le da al ser humano una guía y perspectiva en todos aquellos planos en los que este se encuentra activo e iniciado con sus cuerpos inferiores. Es un trabajo alquímico de crecimiento interior revertir la consciencia artificial, el programa Ego y la personalidad que tenemos, para convertirnos en nuestro ser, y que este sea quién dirija todo el proceso del día a día, algo nada fácil de conseguir sino con persistencia y trabajo interno.

Mientras que hemos visto antes una escala de siete tipos de hombres, otras enseñanzas esotéricas dividen en cinco grandes saltos los estadios por los que la consciencia de nuestro ser pasa mientras se encuentra transitando por el reino humano, y aunque quisiera dar estimaciones, se nos hace tremendamente difícil calcular o pensar en porcentajes respecto a cuántas personas se encuentran en tal o cual estadio o nivel evolutivo según la expansión de su esfera de consciencia y la focalización del Yo Superior en desarrollar uno u otro cuerpo sutil. Aun así, posiblemente es seguro afirmar que al menos el 95% de la humanidad se encuentra aún en el primero de esos pasos, que corresponde al nivel básico de consciencia que uno puede tener cuando empieza a encarnar en la raza humana. Existen billones de Yo Superiores que tienen relación o están efectuando su camino evolutivo en estos momentos en nuestro planeta, aunque, a priori, solo somos unos 7.500 millones de personas en vida, y esto significa que muchos otros millones de seres no se encuentran en estos momentos enlazados y encarnados con un cuerpo físico actualmente, lo cual no significa que no lo hayan estado anteriormente o no lo vayan a estar en el futuro.

En general, diferentes grupos de seres tienden a encarnar juntos cuando las condiciones para su evolución en nuestro planeta son las adecuadas según el nivel que tenga la consciencia de la raza humana en su conjunto. Cuando seres con menos experiencia en el reino humano encarnan en masa, el nivel global desciende o se forman zonas donde la «mente grupal» o el inconsciente colectivo de esas personas es más básico (por ejemplo, en épocas iniciales de la Edad Media, y los años oscuros de la humanidad). En épocas de nuestra historia donde grandes grupos de almas con alto nivel evolutivo han encarnado en masa, el nivel global tiende a subir y elevarse, produciendo grandes periodos de esplendor y desarrollo de la consciencia a nivel global para toda la raza humana (por ejemplo, durante la época del Renacimiento).

Así, de los cinco grandes niveles en los que intentamos dividir algo indivisible, como es el desarrollo de la consciencia, el primero es el más denso y básico de todos.

Digo que es algo imposible de dividir porque estamos midiendo algo que es pura energía consciente, como un arcoíris tiene diferentes colores pero no hay forma de trazar una línea exacta en el lugar donde empieza uno y termina el otro, todos están interpenetrados y fundiéndose entre sí en los extremos. De igual forma pasa, pues, con los niveles de consciencia por los que atraviesa el ser humano en su camino de crecimiento personal, no hay forma de saber en qué momento empieza un nivel y termina otro, pero sí podemos determinar las características principales de cada uno de ellos tal y como podemos describir claramente los diferentes colores que forman ese arcoíris.

Primer estadio

Caracterizado por la focalización y énfasis en el cuerpo físico, en el plano material y en la parte más densa de la existencia que llevamos. El Yo Superior tiene su punto de mira puesto principalmente en las experiencias recogidas por el átomo simiente del cuerpo orgánico, y todos los intereses de la personalidad virtual del ser humano se encuentran focalizados en este plano. Algunos comportamientos son muy bastos, rudos y básicos en algunas personas, dando la impresión que son recién llegados a este reino evolutivo. La parte emocional de este estadio de consciencia está también marcada por emociones y pasiones bajas y densas, en muchos casos siendo fácilmente sustituidas por aquellas cuyo sustrato es el miedo, pues es un nivel de consciencia ligado a la parte instintiva de la vida, a la supervivencia y al mundo material. La parte mental de la persona también suele estar limitada en sus capacidades cognitivas, no siendo capaz de entender, o simplemente aceptar, conceptos más allá de la pura realidad material en la que se desenvuelve. Aquí nos encontramos la categoría de hombre número 1 de Gurdjieff, que hemos visto anteriormente.

Segundo estadio

Aparentemente otra gran porción de la humanidad podría oscilar entre los valores que marcan el nivel de consciencia de este segundo estadio evolutivo, en el cual, la consciencia de nuestro ser se concentra en el desarrollo de la parte emocional, focalizada en el átomo simiente de este cuerpo sutil. Esto repercute en que la persona recorre su vida principalmente a través de sus emociones y, de todos los cuerpos sutiles, este es el que tiene mayor potencialidad y desarrollo en esta etapa. Es obvio que el desarrollo mental y cognitivo del ser humano tiene un nivel más alto que en el primer estadio que hemos comentado antes, pero aquí todos los razonamientos suelen estar coloreados e influenciados por la parte emocional, ya que el cuerpo mental usa al cuerpo emocional como catapulta para su desarrollo y ambos inevitablemente terminan mutuamente influenciándose. Esta interacción puede obnubilar del todo los límites entre la razón y la emoción ante un evento, cosa, situación o persona, haciendo muy difícil que alguien pueda tomar una decisión o ejecutar una acción que no esté coloreada e influenciada por el estado anímico y emocional del momento.

En todo caso, el cuerpo emocional aquí se ha desarrollado más que en el primer estadio, y aunque persisten las energías de baja densidad como parte principal de los componentes del mismo, empieza a darse la aparición de formas emocionales energéticas de mayor calidad y vibración, lo que es lo mismo que decir que la persona es capaz de desarrollar sentimientos más elevados que aquellos que se encuentran en un nivel de consciencia inferior. Este nivel evolutivo de la consciencia estaría relacionado con la categoría de hombre número 2 de Gurdjieff.

Tercer estadio

A medida que vamos alcanzando estadios de consciencia más elevados, el número de personas que estimamos se encuentran en ellos disminuye radicalmente. Este tercer nivel evolutivo, por definirlo de alguna forma, ha sido alcanzado por una minoría de los seres humanos en estos momentos, y ya veremos cómo los siguientes dos son casi inexistentes en el conjunto de la sociedad. Así, el tercer estadio genérico en el cual podemos evaluar el desarrollo de nuestra consciencia, es aquel que está caracterizado ya por un alto desarrollo emocional y un intelecto y funciones cognitivas avanzadas. El Yo Superior, en este caso, sigue estando focalizado principalmente en el conjunto de experiencias del átomo simiente del cuerpo emocional, pero en vez de «mirar hacia abajo», hacia el desarrollo de este cuerpo, «mira hacia arriba», hacia el refinamiento, crecimiento, y desarrollo del cuerpo mental. De esta forma, el intelecto y los procesos cognitivos ganan fuerza respecto a los procesos emocionales, que no desaparecen, simplemente se independizan unos de otros, y la psique, la mente, el intelecto, puede tomar las riendas del conjunto sin ver sus decisiones o razonamientos coloreados por la entrada en contacto con las formas emocionales presentes y activas en la persona. Así, incluso las emociones más mundanas empiezan a verse reemplazadas por otras más acordes con un sustrato de amor, en vez de miedo y supervivencia, como en el primer estadio evolutivo. Esto viene a manifestar una personalidad más abierta, empática, desarrollada de cara a los demás, al servicio, ayuda y trabajo para con otros seres humanos. Altos ideales de todo tipo, humanitarios, humanísticos y sociales, son fácilmente reconocibles en estos estadios de consciencia ya que la psique se desarrolla hacia el plano mental, en sus niveles más elevados, y las emociones hacia los niveles más elevados del plano emocional. Es en este estadio donde también se empiezan a notar las influencias en la consciencia de una persona desde los planos más elevados, como el causal. Estas influencias son las que terminan por ayudar a la persona a refinar la materia de su cuerpo emocional para que esté compuesta por energía de mayor vibración y pureza, y también de su cuerpo mental. El cuerpo etérico, siendo el primero de ellos, también se ve beneficiado por el refinamiento y desarrollo a niveles más altos de los cuerpos superiores que lo interpenetran.

El interés por el misticismo y la espiritualidad, el desarrollo y crecimiento personal, la expansión de la consciencia de forma activa, pertenecen sobre todo a este estadio de crecimiento de la persona, y posiblemente los primeros pasos en el estudio de lo que está más allá de los sentidos físicos y del mundo material empiezan a darse en este nivel, detonados y catalizados por las energías de esos planos superiores que comienzan a colarse en los tres cuerpos inferiores del ser humano. Aquí empezamos a encontrar las categorías de hombres número 3 en su primer estadio, y hombres número 4 en su segundo estadio o tramo superior de este nivel de consciencia.

Cuarto estadio

Afirman algunos místicos y filósofos, como Henry T. Laurency, que menos de una persona por cada mil humanos se encuentra en este estadio o nivel evolutivo, que se caracteriza por un alto nivel intelectual, cognitivo y una enorme compasión por los demás (no emocional). La razón es que la consciencia del Yo Superior se ha movido y focalizado en las experiencias y aprendizajes recogidos por el átomo simiente del cuerpo mental, desde donde supervisa, dirige y recoge las experiencias vividas por el conjunto del ser humano que maneja como vehículo evolutivo. La consciencia de la parte mental domina este estadio y todas las emociones están bajo el control de la mente y en equilibrio con ellas, de forma que son procesadas en armonía, sin que se vean desbocadas y fuera de control. Es en este nivel de consciencia que literalmente uno puede empezar a deshacerse de dogmas, creencias aprendidas, insertadas por otros y forjarse su propio conocimiento de causa de cómo funcionan las cosas, por la conexión de la consciencia de su mónada con los niveles más elevados del plano mental, traspasando las ilusiones vendidas a la humanidad por el sistema bajo el que vivimos en los niveles físicos y emocionales más básicos de existencia. Los procesos racionales e imparciales, los velos de la mente, empiezan a caer, ya que el cuerpo mental en este estadio se encuentra completamente libre de las influencias del cuerpo emocional, y se empieza a asociar y fundir mucho más con el cuerpo causal, lo que incrementa su receptividad, y conexión con planos superiores para el conjunto de la persona.

Se desarrolla aquí también la facultad del trabajo con la mente abstracta, la comprensión de arquetipos, conceptos e ideas de ese plano causal donde todo no es más que pura consciencia y puro concepto, y se es capaz de bajarlo hasta la mente concreta, para poder expresarlo, entenderlo y darle coherencia para que pueda ser comprendido y asimilado de forma cognitiva por la mente concreta del ser humano.

La necesidad de explorar los conceptos filosóficos de la vida y de la Creación, entender el desarrollo y funcionamiento de las leyes que rigen la naturaleza, el mundo, el universo, se convierten en el foco principal de personas que transitan por este estadio en algún momento del mismo. Normalmente, en este nivel, uno ya se ha dado cuenta de los límites que tiene la ciencia y de las falacias y mentiras que representan los movimientos religiosos dogmáticos, de forma que uno tiende a desarrollar su propio sistema de creencias y entendimiento de cómo funciona el mundo mirándose hacia dentro, en vez de hacia fuera.

Aparece así el apetito insaciable por adquirir conocimiento, y la incursión y exploración de enseñanzas filosóficas, metafísicas y esotéricas son parte de alguno de los momentos de transición por este nivel evolutivo. Una vez este apetito se ve saciado, en una o varias decenas de encarnaciones, se pone en marcha la necesidad de compartir lo aprendido, aplicar el conocimiento adquirido y alcanzar así un nivel de consciencia todavía más elevado, el quinto y último del que, a priori, tenemos constancia de su existencia en nuestra raza, y en nuestro planeta como especie humana. Hombres número 4 y hombres número 5 aparecen en este nivel evolutivo de consciencia.

Quinto estadio

Una vez más, según el mismo Henry T. Laurency, menos de una persona por cada millón ha alcanzado este nivel evolutivo y de consciencia, caracterizado por una sensación interna y constante de paz, alegría, sabiduría y unidad con todo lo existente que no puede ser entendido si no es experimentado, y mucho menos explicado. Este nivel se alcanza cuando la mónada ha superado la brecha existente entre los tres cuerpos inferiores del ser humano y se mueve principalmente al cuerpo causal, produciendo la sensación de conexión universal y amplitud de consciencia que abarca todo lo existente y donde la ilusión de la separación entre unos y otros desaparece por completo. El ego y la personalidad artificial se ven prácticamente anuladas en este estadio, y solo la consciencia y personalidad del ser se manifiestan de cara al mundo exterior. La paz que sobrepasa todo entendimiento es emanada desde estas personas hacia fuera, reflejo de la realidad interior que han llegado a alcanzar. Como podéis ver, hay muchas similitudes entre las explicaciones de Gurdjieff cuando veíamos los diferentes tipos de hombre, y las explicaciones más metafísicas y esotéricas que estamos consultando y viendo ahora.

En este estadio, la consciencia causal es radicalmente diferente a la consciencia mental, de los estadios anteriores, y aquí es cuando la identificación con cualquier cosa como individuo desaparece. El «yo soy fulanito» se convierte en algo insignificante, pues no eres el cuerpo que usas, y así lo percibes, no eres el trabajo que haces o el título que tienes, sino eres el ser que eres, y como tal, toda etiqueta de identificación social está de más y sobra. Finalmente, hombres número 6 y hombres número 7, en sus expresiones iniciales y/o más elevadas corresponde a este siguiente y último estadio.

Los cuatro elementos de la naturaleza en el desarrollo interno

Las etapas del desarrollo espiritual anteriores son, en general, muy complejas de explicar, y por eso, a lo largo de la historia, culturas y tradiciones de todos los tiempos las han ido alegorizando, convirtiéndolas en historias, en cuentos y en parábolas, de diferentes maneras, como marco para su enseñanza a todos aquellos que estuvieran en el sendero de la transformación interior. Es normal, pues, que apareciera esta clasificación en la forma de los cuatro elementos de la naturaleza (tierra, agua, aire y fuego), como una manera simple de transmitir los pasos del crecimiento que un ser humano ha de dar si quiere avanzar. Como es de suponer, el orden de los elementos representa grados crecientes de refinamiento en los cuerpos sutiles del hombre, y niveles decrecientes de la densidad y la materialidad en los mismos.

Así, la etapa inicial es la que corresponde a la «**tierra**» (como elemento, no como planeta). Es el grado más denso de la materia y denota la pasividad y la fijación por el mundo material en una persona. En este punto, las personas todavía están condicionadas por los niveles burdos de la manifestación, ya sea la sensación, emoción, pensamiento o acción, de manera que no cabe una comprensión real de lo que acontece en niveles superiores de la Creación. Es la etapa del hombre y la mujer común y corriente en nuestra sociedad, carente de flexibilidad, dado el comportamiento terrenal y también fijado por las costumbres y la formación de un rígido sistema de creencias. De ahí su símbolo, TIERRA: una condición estática. Además, tal y como habíamos visto en la descripción del hombre número 1 de Gurdjieff, cuando os decía que se rige principalmente por la ley de la causalidad, a esta etapa, en las tradiciones que usan los elementos para explicar nuestro sendero evolutivo, también se la conoce como la «etapa de sumisión a la Ley», en la que las personas actúan de acuerdo a las dinámicas energéticas casi ineludibles en sus vidas sobre las que perciben no tener ningún control. Esta es la etapa de una gran mayoría de las personas en nuestro planeta, que se caracteriza por su inmovilidad relativa, lo que la lleva a estar asociada al estado mineral. Corresponde a los hombres 1 y 2, y al primer y segundo estadio evolutivo de nuestra clasificación anterior.

La siguiente es la del «**agua**». Simboliza la etapa del despertar inicial del potencial de una persona, cuando esta entra en el camino espiritual y es capaz de ejercer algunas capacidades hacia la autorealización. Dado que una cierta cantidad de crecimiento y movimiento se lleva a cabo en esta etapa, se la llama la etapa vegetal, y corresponde al hombre número 3 de Gurdjieff principalmente. La etapa del agua, a diferencia de la etapa de la tierra, marca un periodo muy significativo en el desarrollo de la consciencia, porque mientras que la tierra no se puede combinar con tierra, excepto como una mezcla física más gruesa, el agua (como parte más sutil y más elevada del ser humano) se puede mezclar con otra agua (elementos más sutiles y más puros de otras consciencias y energías más altas). Esto significa que el «agua», la parte más sutil del postulante, puede ser llevada en una verdadera mezcla o relación con sustancias más altas del mundo espiritual, cambiando la naturaleza de sus cuerpos energéticos que son transmutados y refinados por aplicación de energías de mayor vibración sobre ellos. En definitiva, es la limpieza y transmutación a nivel físico, etérico, emocional y mental, de energías de baja densidad y vibración.

El tercer elemento, el «**aire**», corresponde a la etapa en la que la penetración y comprensión real de leyes universales, de la vida, de la naturaleza, se desarrolla. Corresponde al nivel de hombres número 4 y 5 de Gurdjieff, y el cuarto estadio de consciencia. Puesto que la capacidad real de desarrollo es dependiente del movimiento y expansión de la consciencia de la persona, su símbolo esotérico es animal, ya que un animal es diferente de un vegetal por su misma capacidad de movimiento y desplazamiento, entre otras cosas. Aquí la consciencia individual se eleva a la percepción de la verdadera realidad, a un nivel más alto que en la etapa del agua. Este nivel de comprensión complementa y sustituye experiencias previas de etapas anteriores en el contenido de los cuerpos sutiles del ser humano.

Finalmente, la cuarta y última etapa de esta forma de explicar el desarrollo espiritual es la etapa del «**fuego**», en el que la esencia humana se transmuta en su máxima potencialidad. El fuego representa el más alto nivel de consciencia o gnosis y refleja el contacto con lo Divino. En algunas tradiciones esta etapa también se conoce como la «muerte antes de la muerte», y está relacionada con los niveles 6 y 7 de Gurdjieff, y quinto estadio de consciencia de la última clasificación que hemos hecho anteriormente.

Alquimia de metales, alquimia interior

Ahora que ya hemos visto por dónde van los tiros respecto a los diferentes escalones que tenemos por delante en nuestro camino evolutivo, no nos queda otra que empezar a subir la escalera. No tiene sentido no hacerlo. No hay otro objetivo en la vida, no hay otro objetivo para el ser que somos, y no hay otra meta para este libro, que tiene que servir de detonante y catalizador para que podamos ponernos con ello.

Toca dar pasos, toca avanzar, toca crecer. Sobre todo, toca transformarse, y eso es algo que se hace de una única forma: con los procesos de alquimia interior que nos van a hacer convertirnos en hombres número 4, si pertenecemos a una de las categorías inferiores, y de ahí iniciar el camino hacia los estadios más avanzados de la consciencia humana.

Es posible que muchos hayáis oído hablar de la alquimia, una milenaria ciencia que, Hermes Trimegistos, padre de muchas de las tradiciones y enseñanzas esotéricas que llegan a nuestros tiempos con el nombre de *herméticas*, parece haber sacado a la luz bajo la forma de alegorías y metáforas, dando claves a aquellos iniciados en los misterios de la vida, la naturaleza y el universo, para conseguir cambios en su interior, en su psique, en su alma, a través de la transformación de metales (cualidades) inherentes al ser humano.

Para aquellos que buscaban realmente la piedra filosofal y la transmutación literal de metales como el plomo en oro, los libros de Ramón Llul, de Flamel, de Fulcanelli o de otros alquimistas medievales eran un sinfín de laberintos inescrutables, imposibles de descifrar, pues, de hecho, aunque quizá existiera y tuvieran la fórmula para ello, la verdadera alquimia, enseñada y transmitida por escuelas herméticas, esotéricas, iniciáticas, no es otra que la de la transformación del hombre para convertirse en algo superior, más elevado, más avanzado, siguiendo todos los pasos que hemos visto en las páginas precedentes, fuera cual fuese la escala o forma de tratar estos pasos que se tuviera o se siguiera para ello.

La alquimia proviene de Egipto, y así su nombre lo indica. *Al-Khem* significa «desde Khem» (el prefijo *al–* es, en castellano, un *desde* o *relacionado con*) y a su vez *fuera de la oscuridad*, siendo «Khem» un término que significa *negro* en egipcio antiguo, y que era a su vez el nombre usado para el mismo país, Egipto, llamado «oscuro» u «oculto». De ahí que todo lo que salía o provenía de las tradiciones o conocimientos ocultos egipcios provenía de Khem, y entre ellos, el más importante o uno de los más importantes, la *alquimia*.

Las enseñanzas alquimistas se han hecho siempre mediante alegorías, como os decía, siendo una alegoría una información críptica, en forma de poema, de cuento, de metáfora, que tenía que ser interpretada y decodificada correctamente para poderla llevar a la práctica y extraer sus lecciones y conocimientos, impidiendo así que fueran revelados y, quizá, mal usados, por aquellos no instruidos y preparados para ello a lo largo de los tiempos.

En la tradición alquímica, se da por sentado que todos los componentes que forman al ser humano, que son llamados *metales base*, pueden ser transformados de un estado a otro. La transformación y transmutación de metales, así, corresponde a la transformación de cualidades en el ser humano, mediante profundos e internos procesos. Cada metal de cada libro de alquimia corresponde a una modalidad o nivel de la consciencia humana y, el oro, como metal a obtener, corresponde a la consciencia sublime, máxima, pura. La clasificación de los metales según los alquimistas iba desde los más bastos e imperfectos (más alejados de la consciencia esencial y pura de la Creación) con los más refinados y cercanos a ese oro espiritual y evolutivo que se pretendía alcanzar. Así, el alquimista pretende eliminar de sí mismo esos metales bajos (cualidades) de sus pensamientos (cuerpo mental, consciencia, esferas mentales), de sus emociones (cuerpo emocional), y de sus acciones (etérico, físico), transmutando todas esas imperfecciones para llevarlas hacia un alineamiento con las leyes naturales de funcionamiento de la Creación.

Cuando esto se conseguía, se había obtenido oro, el estado deseado, se había conseguido transmutar el plomo en la sustancia perfecta. Como podéis ver, el método de funcionamiento es, en base, igual a muchas técnicas de sanación modernas, eliminar lo negativo del ser humano, transmutar lo denso y pesado, para convertirlo en positivo y elevado, si hablamos de forma simple, pero bastante acertada, referidos a la programación que llevamos a cuestas en las esferas mentales, a miedos no procesados, a sistemas de creencias limitantes o dogmáticos, etc.

Algunos de los símbolos y fuerzas usadas en alquimia son conocidos por todos: la tierra, que representa, para el proceso alquímico, los talentos y recursos naturales en una persona; el aire, que simboliza su intelecto, su consciencia, su mente; el agua, que representa sus emociones, intuición y creatividad; el fuego, símbolo para la acción, el poder de voluntad y coraje para el cambio de esa persona, y para que esa persona pueda producir cambios en el mundo; y el éter, Akasha o quinto elemento, como la esencia divina en todos nosotros que nos asiste en el cambio y transformación. Aquí los elementos no significan exactamente lo mismo que en la escala evolutiva que hemos visto anteriormente.

Un término usado en los libros de alquimia es el de la *Prima Materia*, la materia inicial, la sustancia base desde la cual se parte en el proceso de transformación. Una de esas sustancias iniciales, entre otras, era la plata, cuya contrapartida esotérica es el aspecto femenino e intuitivo de la psique (y la Luna en su aspecto astrológico), incluyendo los atributos de la intuición, la sabiduría interna, la compasión, la apertura de miras. El hecho de querer transmutar la plata en oro era el proceso de despertar en el alquimista estas cualidades, básicas y necesarias, para conseguir la consciencia pura o iluminada. Una persona que no desea abrirse a su intuición, a su conocimiento interno, a aprender de sí mismo, no podrá llegar nunca a ese estado de iluminación y conexión con la Fuente.

¿Y cómo se produce esta transmutación? La alquimia habla de un potente agente, elemento catalizador, que ha sido llamado o explicado alegóricamente como el *elixir de la vida*, la *piedra filosofal*, o la *quintaesencia*. Y esta piedra filosofal no es otra cosa que la chispa divina en cada uno, nuestro ser, nuestro Yo Superior, presente en todos y en todo, y detonante, como ya habréis podido ver, de todo cambio profundo en el crecimiento del ser humano, pues no hay cambio ni transformación si no hay una energía pura, cuántica, de la propia Fuente, que lo dirija.

Lo mejor de todo es que todos llevamos una piedra filosofal y un elixir de la vida alegórico en nosotros mismos, pero nunca han querido que lo sepamos y lo encontremos. Quizá va siendo hora de traer desde Khem los procesos para ello, y saquemos a la luz cómo convertir todos nuestros metales pesados en oro, algo que veremos cómo lo hacían los alquimistas por fases a continuación.

Las fases de la transformación interior

El trabajo o proceso alquímico se hace en tres fases principales, que, como ya hemos comentado, se explican y enseñan de forma alegórica y metafórica a aquellos que desean aprender «la gran obra», como la alquimia ha sido siempre llamada.

Ennegrecimiento: el trabajo con la sombra

La primera de esas fases del proceso alquímico, por la que todo aspirante a conseguir oro (una consciencia pura e iluminada) tenía que empezar, es llamada *Nigredo* (en latín), que viene a traducirse algo así como «ennegrecimiento». Se trata del estado inicial del proceso, en el que aquello a ser transformado (el ser humano) se considera en un estado de corrupción, disolución, individualización e incluso putrefacción. Representa la entrada en el proceso que llamamos *la noche oscura del alma*, el descenso a las profundidades de cada uno de nosotros, el trabajo con aquello que, en psicología, se llama «la sombra».

El elemento que caracteriza el estado de la persona en esta primera fase de la alquimia interior es la *sal*, porque es un componente que refleja perfectamente las características de cristalización, fijación, y dureza, resistente al cambio, que posee todo hombre cuando no ha iniciado ningún trabajo sobre sí mismo. Una vez más, este es el estado en el que se encuentra una gran parte de la humanidad en estos momentos, hablando a nivel macro y generalizado.

Decía Carl Jung que uno no se ilumina imaginando figuras de luz, sino haciéndose consciente de su oscuridad, un procedimiento, decía, trabajoso y, por tanto, impopular. Y no es para menos, hacerte cargo de tu sombra de forma consciente y colaborar con ella puede ser toda una experiencia de crecimiento personal.

Pero ¿qué es la sombra y dónde está? La «sombra» es un personaje, un componente de tu personalidad, un álter ego, que conforma y aglutina la parte más olvidada, reprimida y negativa de nosotros mismos. Nadie quiere verla y ninguno queremos admitir en público que la tenemos, pero no hay ningún ser humano que no posea una.

Se empieza a formar desde bien temprana edad, desde niños, cuando aprendemos a reprimir los comportamientos que no son socialmente aceptados, que no les gustan a nuestros padres o a nuestro entorno, o que vemos que, si los dejamos salir libremente al mundo exterior, nos traen más problemas que otra cosa. Son las emociones que llamamos negativas, en su conjunto, y los patrones de comportamiento que debemos esconder de nosotros mismos para ser aceptados en el mundo, porque poseemos rasgos y características que tienen la etiqueta de malos y que no encajan con la imagen que todos esperan de nosotros. Así funciona el programa Ego que hemos visto anteriormente.

De alguna forma, tampoco tenemos la culpa, pues no podemos evitarlos, ya que provienen de una configuración psíquica, mental y energética que nos fue impuesta cuando se nos creó, y que muchos llamamos la *mente predadora,* quizá influenciados por las enseñanzas de Carlos Castaneda. Las características barrocas y oscuras de la mente predadora, a imagen y semejanza del molde del que estamos hechos, posee una percepción de la Creación distorsionada, en cuanto a que la percibe como hostil y negativa, mientras que la percepción de la Creación desde el punto de vista del Yo Superior, que encarna en el cuerpo que usamos, percibe la Creación como luminosa, radiante y llena de amor.

La sombra se crea por la dualidad de los componentes que nos forman: mientras que el ser es pura luz, la mente posee un componente que percibe esa luz de forma tan distorsionada que, incluso, le tiene miedo, pues así es como perciben inconscientemente al «Todo» los que nos crearon, y así hay una parte de nosotros que lo percibe igual, pues no puede hacerlo de otra forma.

Por eso, cuando nacemos, y vamos forjando nuestra personalidad, aparece también la parte más negativa, pero natural, en el ser humano, por la existencia de una dualidad rampante y patente en el sistema ser-alma-mente, y decidimos que debemos desterrar todo aquello que no encaja en el mundo ideal que todos soñamos, o que puede poner en peligro el concepto básico de la supervivencia, algo que los niños, especialmente, tienen muy latente desde el primer sollozo, pues dependen de sus padres y de su entorno social para todo.

Así, aprendemos qué es lo que debemos mostrar al mundo, pues es lo que nos provee de lo que necesitamos para sobrevivir (física, psíquica, mental y emocionalmente), y qué es lo que debemos guardarnos. Aprendemos qué debemos esconder, enterrar y dejar bien oculto, y qué facetas deben relucir y salir a la superficie, aunque no sean las que, naturalmente, desearíamos que salieran en diferentes momentos y situaciones, sino que sean simplemente máscaras y la fachada pública de nuestra personalidad, porque es lo correcto. Todo esto ya lo hemos visto en los capítulos anteriores cuando explicamos la creación de la personalidad virtual, la esfera de consciencia y el programa Ego.

Así, al ir reprimiendo lo que sentimos, decimos y pensamos de verdad (porque creemos que si no en este planeta nadie nos querría), vamos forjando un *álter*, la sombra, que se mantiene latente, y que actúa cuando no nos damos cuenta, haciendo salir parte de sí misma, en situaciones y momentos en los cuales estamos lo suficientemente despistados y/o inconscientes para no dar la respuesta y poner la cara bonita y aceptable que tenemos, sino sacar como un estallido la respuesta que verdaderamente la sombra quisiera dar en ese momento, en esa situación.

Cuando llegamos a adultos, la sombra ha crecido tanto y suele estar tan escondida que podemos pasar de puntillas por la vida casi sin verla, aunque los demás puedan tener atisbos de ella en nosotros cuando nos empiezan a conocer bien («la confianza da asco», dice el refrán, porque con confianza te relajas ante los demás, y entonces no te preocupas tanto por mantener el control de tu personalidad y de lo que eres, y, la sombra, y el resto de facetas menos agradables de uno mismo, suelen salir a la luz más fácilmente).

Un adulto normal se pasa los primeros años de su vida tratando de ver qué personalidad debe construir de cara al mundo, y echando el resto al saco de su álter ego, y luego, si uno se da cuenta, tratamos de pasar el resto de nuestra vida desmontando y transmutando todo lo que hemos construido para volver a ser personas sanas y coherentes con nosotros mismos.

Evidentemente a la sombra no se la mata con una espada, no se la llena de luz en una meditación y adiós muy buenas, sino que se trabaja componente a componente, emoción a emoción, patrón mental a patrón mental, y se va disolviendo a medida que te vas haciendo amigo de tu lado oscuro, pues vas entendiendo las situaciones, emociones y pensamientos que lo forman, y los aceptas, integras, liberas y transmutas.

Para poder hacer todo esto, toca pasar por esa etapa expuesta por el concepto conocido como «la noche oscura del alma», frase atribuida a San Juan de la Cruz, título de una serie de poemas que escribió aproximadamente por el año 1570. Este concepto, se asocia al proceso interno que vive una persona cuando empieza a desmontar aquella parte «oscura» de su alma y de su psique, eso que hemos llamado «la sombra». P. D. Ouspenky decía:

Cuando un hombre comienza a conocerse a sí mismo, poco a poco podrá ver en sí mismo muchas cosas que le causarán horror. Mientras un hombre no se horrorice de sí mismo aún no sabe nada sobre sí mismo.

En sus poemas, San Juan de la Cruz hace referencia al viaje arquetípico que realizó cuando fue en busca de su comunión con lo divino, purgando su alma, para deshacerse de todo aquello que no era parte de su esencia, sino construcción artificial por la programación del mundo material. Evidentemente, la forma en la que los místicos religiosos de la época harían esta limpieza de la sombra no tiene nada que ver, imagino, a como la hacemos nosotros ahora, que no es más que a base de mucha introspección personal en lo más recóndito y oscuro de uno mismo, con sanación energética, con meditación, diálogo interior, etc., para sacar a la luz, aceptar, comprender y transmutar, aquello que nos impide rasgar por completo nuestros velos, romper las estructuras artificiales de la personalidad y los límites a la expansión de la consciencia. En este aspecto, algunos de esos mismos místicos del pasado también dejaron escrito que el trabajo y el proceso de la noche oscura del alma es algo que acompaña a todo aquel que se adentra en el proceso de conectar con su esencia, a lo largo de toda la vida, de forma perpetua, e imposible de completar jamás del todo.

El proceso de trabajo con la sombra se puede dividir en dos mitades, o en dos ciclos. El primero es el descenso al inframundo interior de cada uno, donde la personalidad egóica en sus facetas negativas es rota en pedazos, mediante tremendos esfuerzos y choques externos que dejan hecha añicos una parte de las oscuras y rígidas estructuras mentales establecidas a lo largo de la vida. Yo he recibido muchos choques de este estilo, y, si no lo has vivido, no se puede explicar lo que se siente. Un martillo rompiéndote por dentro sería una buena descripción, y un dolor y un sufrimiento intenso lo acompañan, pero tampoco se acerca realmente a la sensación que produce sentir cómo se desmonta una parte de ti. Estas partes, luego, se tienen que transmutar, y las piezas rotas deben recomponerse para mantener el conjunto de tu psique estable y funcional, pero sin la carga negativa asociada que poseían antes. Aquello que se ha liberado y deja hueco, debe volver a llenarse, esta vez con las partes positivas de uno mismo.

Este proceso de sacar la sombra, y romper sus estructuras energéticas, puede producir sensaciones extrañas de pérdida (pues te han arrancado una parte de ti que siempre ha estado ahí y notas que te falta), de desespero, tristeza, de dolor, etc. Es cuando uno se da cuenta de que realmente se ha iniciado el primer ciclo de esa noche oscura, que, cuando se ha completado, por otro lado, da paso a emociones que son todo lo contrario: alegría, felicidad, ligereza, limpieza interior, paz...

Y es que, como dicen los masones, V.I.T.R.I.O.L. «VISITA INTERIORA TERRA RECTIFICANDO INVENIES OCCULTUM LAPIDEM» – «visite el interior de la tierra y rectificando encontrará la piedra oculta», que viene a ser lo mismo que cava en tu propia alma para encontrar la sabiduría que uno lleva dentro. Tal cual.

Blanqueamiento

Una vez hemos conseguido traspasar la primera fase de ennegrecimiento, la segunda etapa se llama el *Albedo*, o «blanqueamiento». Representa el proceso de la purificación espiritual, el quemado de las impurezas de la sal, como analogía de la personalidad (etérico, emocional, mental, causal) y alma sin trabajar, y cuyo resultado produce un ser humano fluido, representado en los libros de alquimia por el mercurio, un metal líquido, asociado al alma de la persona, en quién se están dando cambios rápidos a nivel mental, emocional, etérico y físico (incluso llegando de cambios energéticos a nivel de ADN).

En esta fase, se potencia la parte intuitiva y femenina, la imaginación, la creatividad, siendo el primer paso hacia la creación (o despertar) del elixir de la vida y de la piedra filosofal (la energía del Yo Superior). Es el proceso que, a nivel de toda la humanidad, cuando se produzca de forma masiva, llevará a la apertura de mentes, a la masa crítica necesaria para el cambio, a aceptar y comprender la realidad del mundo en el que se vive, a mirar hacia dentro para buscar todas las respuestas, y no más hacia el exterior. La intuición, la confianza en el poder y potencial de cada uno, se va abriendo paso, y se van viendo chispas de la conexión con la piedra filosofal, que pugna por ser encontrada en el interior de cada persona.

Es el proceso de despertar, cuando reconocemos que las cosas no son como nos las han contado, y cuando nace el deseo de aprender de verdad y dejar ir todos los antiguos y rígidos sistemas de creencias milenarios con los que nos han programado. Es por eso que el *blanqueamiento* representa la quema, el llevar a la hoguera todo lo que no está alineado con una consciencia superior que viene dictada por la conexión y enseñanzas de nuestro ser.

El problema es que el inicio de un nuevo ciclo de transformación y resurrección es de todo menos simple de realizar. No se pueden dejar de la noche a la mañana los modos de funcionamiento y la percepción de las cosas que has tenido siempre de la realidad, pero sin embargo, tienes que hacerlo, porque ya no te sirven para entender lo que hay fuera, ni mucho menos para entenderte a ti mismo. Así que tienes que reorientar todo y dejar que caiga lo que tenga que caer, y aceptar que si por alguna razón tienes que empezar a funcionar y trabajar de otra manera es así como debe ser. Todo cambia en tu realidad exterior a medida que cambias en tu interior, porque cuando toma el mando la consciencia del ser, aunque sea un ratito corto cada día, y luego vuelvas a la consciencia artificial y egóica de siempre, las reestructuraciones energéticas son inevitables y los periodos de confusión y de no entender qué te pasa, empiezan a dar lugar a una nueva visión de lo que eres y tienes que hacer.

El proceso de ruptura de la sombra tiene efectos muy negativos al principio, no en vano es la parte que nos ha sostenido y defendido a lo largo de centenares de encarnaciones a través del día a día, pero también es verdad que, una vez rota, rápidamente, aunque sea de forma momentánea, dure solo unas horas o unos días, se experimenta una sensación de felicidad y alegría sin par, pues, estando también presentes en ti, esas emociones, tienen menos barreras para expresarse con mucha más libertad.

Enrojecimiento

La tercera y última fase es llamada *Rubedo* o «enrojecimiento», y consiste finalmente en la transmutación en oro de la sal, la piedra, el plomo inicial (diferentes facetas del hombre rudo, basto, sin trabajar ni pulir), que han pasado a ser otros metales intermedios, y ahora son finalmente oro, representando la pureza de la consciencia, del alma y del ser, y el hallazgo del elixir de la vida, la piedra filosofal, muchas veces representada en color rojo, que simboliza la unificación del hombre (lo limitado y finito, el microcosmos) con la Fuente (lo ilimitado e infinito, el macrocosmos). Es la fase del ser que entra a tomar posesión de su vehículo físico y de la consciencia que lo dirige.

Y es que cuando uno ha terminado la primera parte del ciclo, que puede durar una eternidad, en la fase de ennegrecimiento y ha pasado luego por el blanqueamiento, se inicia la segunda parte en el proceso que es volver a sacar a la superficie, dejando atrás el inframundo interior ya más o menos descompuesto y parcialmente liberado, limpio y transmutado, la esencia pura de cada uno, despertando la conexión total con el ser del que venimos, y la manifestación de su consciencia en la nuestra, pues uno ya no tiene una personalidad artificial y egóica con tanto poder, sino que, entonces, es nuestro Yo Superior quién dirige y el ego, simplemente, obedece. La diferencia es que, ahora, la visión que teníamos del mundo anterior al proceso está muerta, ha desaparecido, porque se ha desfragmentado la consciencia artificial, y uno inicia la nueva etapa con una perspectiva completamente diferente, evidentemente, si todo el proceso que se ha hecho durante el primer ciclo ha tenido éxito.

Los velos se rompen muy poco a poco, se van traspasando con cada minuto que pasas con la consciencia de tu ser al mando del cuerpo que ocupas. Se instala la conexión con el momento del ahora de forma mucho más vívida y duradera, y te empiezas a anclar a esa eternidad que supone cada instante en el que estás vivo y despierto. Luego vuelves a desconectar, pues la personalidad no ceja en ceder el control, y cuando te vuelves a dar cuenta, sigues estando como siempre hemos estado y sigues trabajando como si nada hubiera pasado, pero, sin embargo, persiste una sensación de que ese modo de estar no es el más adecuado ni correcto, y entonces vuelves a recordar que tienes que volver a conectar con tu esencia y volver a darle el mando. De péndulo total.

Tras varios ciclos pasando por estas tres fases, en cada uno de ellos yendo a buscar y transmutar «metales» más pesados en «oro» más refinado, cuando uno se ha adentrado ya lejos en el sendero que conduce a través de la noche oscura del alma, el ciclo entero de la transformación, y su propósito final, se produce entonces la total reintegración del iniciado con su esencia primordial, y le proporciona una nueva y renovada autoimagen, hacia sí mismo y hacia los demás, integrando espíritu y materia. Se ha llegado, simbólicamente, al final del camino, el número 7, el último estadio del crecimiento personal como ser humano en este nivel evolutivo.

Los símbolos de la alquimia

A nivel práctico, y como guía, la alquimia tiene un proceso que es descrito globalmente por el siguiente diagrama, y que sirve de manual al alquimista para saber que tiene que mezclar con qué, y que produce que, primero, en los trabajos de «laboratorio», luego, a nivel alegórico, en el camino de transformación humana, objetivo final de nuestro proceso:

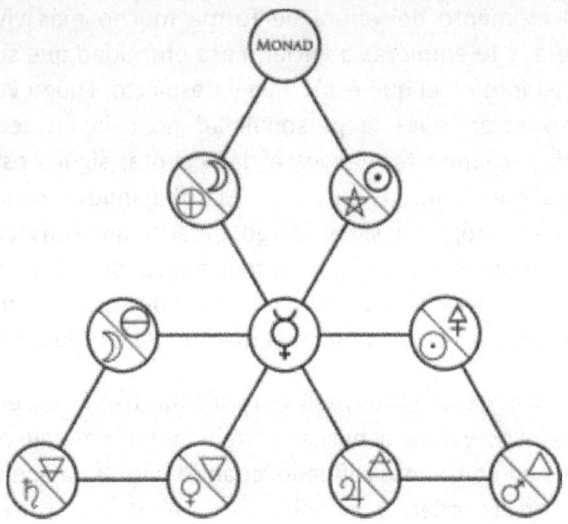

Posiblemente, así visto, no tiene ningún sentido para la mayoría de nosotros, excepto quizás para entender que llegar a alcanzar y despertar el potencial de nuestra esencia o mónada, es el objetivo final, como veis en la parte superior.

Puesto que la terminología hermética emplea palabras y expresiones que no tienen relación directa con sus equivalencias en el idioma «común», se hace indispensable definir lo que se entiende aquí por los nombres de los elementos constitutivos de la *Materia prima*, y de su evolución hacia el estado último: el oro, símbolo de la perfección humana, a partir de la transformación realizada por la piedra filosofal, la mónada, que puede transmutar «todo lo que toca» (puede sanar, cambiar, purificar, todo aquello que se desea eliminar a nivel etérico, emocional, mental, causal, etc.).

Para entender el diagrama y los pasos de la alquimia en el ser humano, hemos de comprender primero por separado sus componentes, empezando por las cualidades básicas de todos aquellos elementos, metales y materias que queremos transmutar. Se llama «cualidades básicas» a los conceptos y principios genéricos que, de forma arquetípica, y por su combinación, darán lugar a los diferentes tipos de energías que, luego, darán lugar a los elementos y materiales con los que ya podremos empezar a trabajar en la «gran obra», y que son:

- **«Frío»:** es la cualidad que da origen a la condensación del elemento sobre el que se aplica, esto es, cualquier cosa que se enfríe, se condensa y endurece, y se manifiesta por la ausencia total o parcial de vibración en ese elemento, cuyo efecto es el de coagular o de cristalizar aquello que está siendo trabajado.

- **«Húmedo»:** es la cualidad que genera en el elemento a transmutar una vibración de naturaleza atractiva, mutable, inestable, que, entonces, se flexibiliza, ablanda, relaja, humedece, etc., permitiendo que se pueda empezar a manifestar los cambios en ella (por ejemplo, cuando una energía negativa condensada en el cuerpo emocional empieza a ablandarse). Es la cualidad que queremos aplicar en algo para que este «algo» pueda ser más maleable. Cuando el efecto de la humedad (como cualidad o estado) penetra en los átomos de la materia a transformar, permite su disgregación y separación.

- **«Seco»:** es la cualidad que inicia la reacción y el cambio en un elemento o materia a transformar, se manifiesta por una vibración de naturaleza retenedora, exaltante, irritante, que contraría (genera un cambio de naturaleza opuesta al estado presente). Al «secar» algo que ha pasado anteriormente por el estado de «húmedo» se produce un cambio vibracional y energético en aquello sobre lo que es aplicado.

- **«Caliente»:** finalmente, es la cualidad y el estado que se traduce por una vibración de naturaleza expansiva, dilatante, enrarecedora, que provoca la evolución de los átomos y las cargas energéticas de aquello sobre lo que se está trabajando. Su acción sobre la materia prima es vitalizante, estimulante y dinámica. Es la cualidad del cambio, de la transformación y de la expansión de aquello sobre lo que se está trabajando.

En el ser humano, cuando energías de estas cuatro cualidades se combinan entre sí, especialmente a nivel emocional, dan como resultado una amalgama de formas emocionales y mentales, parte de la materia prima a ir transformando en nosotros para limpiar nuestros cuerpos sutiles y energéticos, tales como:

- **Frío:** genera las formas emocionales y mentales de impasibilidad, escepticismo, egoísmo, deseo pasivo de sumisión, etc.
- **Húmedo:** genera las formas emocionales y mentales de pasividad, variación, asimilación, deseo activo de sumisión, etc.
- **Seco:** genera reacción, oposición, retención, deseo pasivo de dominación, etc.
- **Caliente:** genera expansión, entusiasmo, acción, deseo activo de dominación, etc.

Una vez vistas estas cuatro cualidades fundamentales, vamos a ver cómo, a partir de ellas, nacen las energías de los cuatro elementos sobre los que se basa la naturaleza de todo lo que existe, que todos ya conocéis, que hemos visto en los apartados anteriores sobre los estadios evolutivos del ser humano, y que sientan las bases sobre la cual el proceso alquímico de transformación humana tiene lugar.

Aunque hablemos de estos elementos como algo que todos asociamos a «cosas físicas», se trata de energías arquetípicas, estados vibracionales, que, luego, evidentemente, tienen su contrapartida en el elemento físico que representan. El elemento Fuego, no es el fuego físico de una cerilla o una hoguera, aunque este último nace de la energía del elemento Fuego. Las energías y principios de estos elementos son producto de la combinación de las cuatro cualidades fundamentales que hemos visto antes, que los producen de esta forma:

- **Elemento Tierra:** La acción reactiva que posee la cualidad «seca» de cualquier energía o materia, al ser aplicada sobre la cualidad «frío» divide a este último, evitando su total fijación y transformación, de lo que nace el elemento Tierra, como principio condensador y receptor de otras formas de materia.

- **Elemento Agua:** La acción refrigerante, coaguladora, atónica y fijadora de la cualidad «frío» sobre la cualidad «húmedo» le da espesor a este último, lo aposenta y lo transforma en Agua, principio de circulación y movimiento de la energía y la materia.

- **Elemento Aire:** La acción expansiva, dilatante y rarificativa de la cualidad «caliente» aplicada sobre la cualidad «húmedo», lo transforma a este último en Aire, principio de la atracción molecular.

- **Elemento Fuego:** La acción reactiva, retenedora, exaltante e irritante de la cualidad «seca» sobre la cualidad «caliente» lo transforma a este último en Fuego, principio de dinamización violento y activo de la energía y la materia.

Una vez más, en el ser humano, estos cuatro elementos combinados, por su acción sobre las partículas energéticas que conforman nuestros cuerpos sutiles, son los que subyacen y producen el tipo de formas mentales y emocionales que generan en nosotros cosas tales como:

- **Elemento Tierra:** elemento principal de las formas de inquietud, taciturnidad, reserva, prudencia, ternura contenida o egoísmo, espíritu concentrado o pretencioso, desconfiado, reflexivo, ingenioso, estudioso, solitario, etc.
- **Elemento Agua:** responsable de las formas de pasividad, indolencia, asco, lasitud, sumisión, inconsistencia, versatilidad, pereza, inconsciencia, incertidumbre, timidez, miedo, etc.
- **Elemento Aire:** responsable de las formas de amabilidad, cortesía, generosidad, destreza, sutileza, iniciativa, prontitud, asimilación, ingeniosidad, armonía, etc.
- **Elemento Fuego:** responsable de las formas de violencia, autoridad, ambición, entusiasmo, presunción, orgullo, irascibilidad, ardor, fervor, valentía, generosidad, pasión, prodigalidad, fogosidad, vanidad, etc.

Como veis, vamos subiendo en el diagrama anterior, desde lo más genérico y abstracto, hacia lo más tangible, combinando elementos y energías de diferentes formas para comprender de donde salen los «metales» que la alquimia debe transformar en oro. Así, podemos ir refinando ese diagrama y obtener otro tal que:

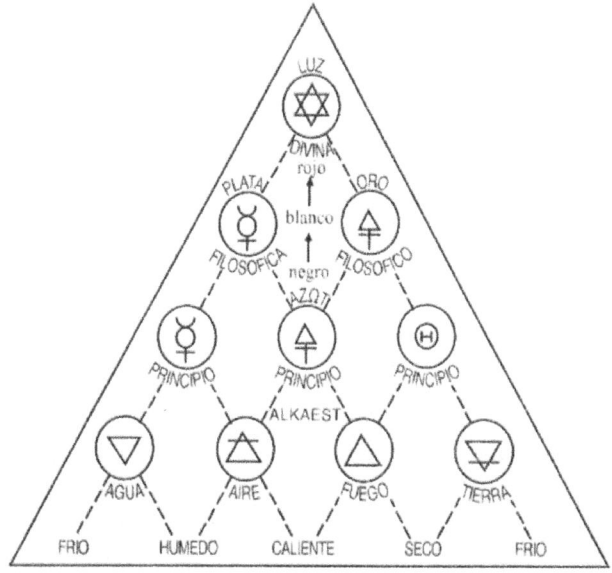

Y si combinando cualidades básicas obtenemos los elementos primarios, combinando elementos primarios nos encontramos con que, siempre siguiendo la tradición de la alquimia, obtenemos tres principios muy importantes para el alquimista, que son:

- **El Azufre:** La cualidad de un elemento «caliente» contenida en las energías mezcladas del Fuego y del Aire, engendra y crea un principio de naturaleza caliente, fecundante, fermentativa, que en la alquimia recibe el nombre de «Azufre». Es el principio masculino y activo, y su color fundamental es el rojo. En el ser humano, cuando se habla del azufre, nos estamos refiriendo al Espíritu, un cuerpo superior de nuestra composición multidimensional. El Azufre corresponde al despertar en la persona de la fe (no asociado a conceptos religiosos) por la naturaleza divina de todas las cosas.

- **El Mercurio:** La cualidad «húmeda», contenida en las energías combinadas del Aire y del Agua, engendra y da lugar a un principio de naturaleza vaporosa, sutil, mutante, generadora, que recibe el nombre alquímico de Mercurio. Es el principio femenino y pasivo, y su color es el azul. En el ser humano, el mercurio es la metáfora para hablar del Alma de una persona.

- **La Sal:** La cualidad «seca», contenida en las energías combinadas del Fuego y de la Tierra, engendra un principio de naturaleza seca cohesiva, coaguladora, que recibe el nombre de Sal. Es el principio de unificación de la energía activa con la pasiva, el principio masculino con el femenino, y el resultado de su unión. Se asocia al color amarillo y, en el ser humano, se refiere al cuerpo físico y su sistema energético asociado (cuerpos etéricos, emocionales, mentales).

Vemos así como, cuando se habla de transmutar la «sal», estamos hablando de purificar la triada inferior física y energética de una persona, cuando se habla de trabajar el «mercurio», estamos hablando de limpiar y purificar sus facetas del alma, cuando hablamos del «azufre», estamos trabajando con los componentes y cuerpos superiores del ser humano.

Los dos metales de los sabios

Todo el trabajo alquímico de transformación personal se inicia con la purificación de la sal y los metales rudos asociados, luego del mercurio y luego del azufre, mediante fórmulas y procedimientos de purificación de cada uno de esos metales para que dejen atrás su parte «impura» y puedan ir dando lugar a elementos de mayor calidad. Al ir limpiando, sanando, liberando y transmutando todo aquello pendiente a nivel de cuerpo físico, etérico, emocional, mental, causal, álmico, espiritual, etc., los alquimistas vieron que se generaban otros dos estados «vibracionales», energéticos, que fueron llamados los «metales de los sabios». Y que eran:

- **Plata filosófica de los Sabios:** Estado de un ser humano que resulta de la absorción de cierta cantidad de «azufre» por una determinada cantidad de «mercurio». Se trata del estado en el que el espíritu humano es cristalizado y manifestado por la acción expansiva, transmutadora y potenciadora del alma de esa persona, que hace catalizador y detonante para que el espíritu se desarrolle. Corresponde al despertar de la sabiduría en una persona (centro de consciencia universal, noveno chakra).
- **Oro filosófico de los Sabios:** Estado en un ser humano que resulta de la absorción de cierta cantidad de «sal» por una cantidad determinada de «azufre». Se trata del estado en el que el espíritu ha sido desarrollado y potenciado por la expansión, limpieza, transmutación y transformación del cuerpo físico y sus componentes etéricos, emocionales y mentales. Corresponde también al desarrollo de la inteligencia superior en una persona (centro intelectual superior, octavo chakra).

Ceremonias iniciáticas alquímicas

Desde tiempos remotos, siguiendo este proceso alquímico que hemos visto, existían en muchas escuelas iniciáticas, ya desde el antiguo Egipto, ceremonias que estaban destinadas a simbolizar el paso del hombre por las diferentes fases de la transmutación interior y provocar estos cambios de forma mucho más directa.

A aquel que iba a ser iniciado, se le reconocía como la piedra o el plomo, la materia prima sobre la que había que trabajar. Primero, en la fase de Nigredo, el aspirante empezaba la ceremonia en un cuarto oscuro, el cuarto de reflexión, representación del plano terrenal y material. En esta habitación podía ver o intuir los símbolos asociados a esta fase: el azufre, las piedras, la sal, las siglas V.I.T.R.I.O.L, y donde el aspirante escribía su testamento filosófico, pues si la ceremonia resultaba exitosa, se iba a despedir para siempre de esa parte de sí mismo mundana, limitada, negra. Realmente esta primera fase simbolizaba la muerte física de la persona, pues como decía Hazrat Inayat Khan, fundador del sufismo universal: «no puede haber renacimiento sin una noche oscura del alma, una aniquilación total de todo lo que creías y pensabas que eras».

La segunda fase era la llamada prueba del agua, pues era la prueba de la parte emocional, asimilada al paso por el plano astral, y la prueba asociada al *blanqueamiento* del alma, del iniciado. Aquí se confrontaba al neófito a todos sus sentimientos oscuros y crueles, a sus pasiones animales involutivas, a sus vicios, a todas las tendencias inferiores que se habían cristalizado en su naturaleza, a sus miedos y temores, y este los debía ver cara a cara, y purificarlos, debía transmutarlos, dominarlos, y expulsarlos de sí mismo.

Luego, superada esta etapa, si se conseguía, venía una intermedia antes de llegar al *enrojecimiento* final, y era el paso por la etapa asociada al plano mental, llamada *citrinitas*, pues el iniciado que inició su camino *negro*, y luego fue *blanqueado*, ahora empezaba a tomar simbólicamente un tono amarillento (su alma y su personalidad). Así, el profano, una vez purificado en sus sentimientos y deseos, debía ahora hacer pleno uso de sus poderes mentales, aprendiendo la dura labor de pensar por sí mismo, y dejar de buscar fuera lo que ya sabe que tiene dentro.

Y cuando el cuerpo físico había muerto y renacido, el cuerpo emocional y de deseos había sido limpiado de miedos, bajas pasiones, emociones negativas, y el cuerpo mental había sido renovado y toda la programación, creencias, ideas falsas y basura mental había sido limpiada, llegaba entonces la última parte, cuando la «piedra» o el «plomo», el ser humano, adquiría el legendario tono rojizo que denotaba que había encontrado la piedra filosofal, el *lapis philosophorum*.

Se decía entonces que el hombre encontró a su ser, a su Yo Superior, y con el manifestado todos los *metales viles* se convierten en oro, todas las imperfecciones energéticas que llevan a la enfermedad se pueden curar, toda disfunción energética y mental se puede armonizar. Aquí es cuando nos damos cuenta de que podemos hacer sanaciones con la energía del Yo Superior, tal cual, pues no hay bloqueo energético que esta toque y que no sea eliminado de inmediato.

Esta última etapa es la que corresponde al *Rubedo*, dominando sobre ella el Sol, el logos solar, máxima representación de la Fuente en el sistema en el que vivimos. Horus es su deidad y el color es el rojo. El ser humano ha despertado, su consciencia es la consciencia de su ser, y su camino es el de servicio a la humanidad.

Obteniendo la piedra filosofal

Finalmente, ¿cómo se obtenía la manifestación total de la piedra filosofal? ¿Cómo se accede en alquimia al despertar de la esencia o del ser de cada uno? Como ya podéis ver en el diagrama, era la combinación de la plata y el oro filosófico los que permitían al alquimista obtener la crisopeya, la luz divina, el acceso a la partícula primordial de su interior, su piedra filosofal. Para ello, había de pasar por un largo proceso en el que su cuerpo, su alma y su espíritu habían sido refinados, purificados y sucesivamente pasados por los procesos de ennegrecimiento, blanqueamiento y enrojecimiento que ya vimos anteriormente. Solo así, entonces, la luz del Yo Superior aparecía de forma sublime por la combinación y mezcla del estado vibracional de todos los componentes que hemos descrito, al tener vía libre para poder acceder al vehículo orgánico al cual está enlazado en esta encarnación.

Creo que ninguno de nosotros somos alquimistas de libros antiguos, pero sí que todos tenemos formas de auto sanar y limpiar nuestro sistema energético. El despertar de nuestro ser es la culminación de la mezcla del estado energético que asole el alma, con el estado energético y de desarrollo de los cuerpos físico, etérico, emocional y mental, con el estado asolido al cristalizar el espíritu. De esta forma, el Yo Superior tiene vía libre para salir al exterior y hacerse presente y patente como herramienta de transmutación y transformación interior. La alquimia antigua lo expresa de una forma que nos resulta extremadamente oscura y complicada, pero no lo es tanto, al menos no cuando usas un lenguaje más adaptado a nuestros tiempos y tienes herramientas de transformación personal como lo son las decenas de técnicas energéticas combinadas que pululan por el mundo.

La cuestión es si uno está dispuesto a tomar las riendas de este proceso de transformación, pues eso es lo complicado del tema. Habéis visto en el libro muchas de las fases por las que uno va pasando, especialmente con la transmutación de la sal (el cuerpo y sistema energético asociado), las noches oscuras del alma, el descenso al inframundo de cada uno, las luchas internas de las que nadie se da cuenta más que uno mismo en su propio fuero al trabajarse interiormente, etc.

La Gran Obra es el proceso sublime en el que el ser humano busca lo mejor que tiene dentro, y, de hecho, lo único que lo hace eterno, grande, cósmico, y lo lleva del estado de un simple metal vulgar, al reluciente estado de ser puro, como el oro. Esa alquimia, tan mitificada y escondida en libros y tratados ininteligibles, se convierte así en algo tan simple como pasar por una renovación física, emocional, mental y espiritual, pero a niveles tan profundos que, cuando se realiza, el elixir de la vida aparece por sí solo, y uno se da cuenta de que siempre tuvo la facultad de transformar en oro todo lo que tocaba, porque siempre había sido portador inconsciente de su propia piedra filosofal.

Ábrete corazón

Hace más de un año que tuve esta experiencia que os pongo a continuación, donde mi Yo Superior y mi esencia o mónada, tomó temporalmente el control del vehículo evolutivo que mi cuerpo y mi personalidad es para ella, y aprendí a hacer sanaciones usando su aspecto energía. Esto es lo que sucedió:

Estirado en el saco de dormir me puse cómodo, habían de pasar unas cuantas horas en aquella cabaña en la montaña, y el trabajo interior que había que hacer requería que todo fuera lo más armónico y confortable posible. La estufa de leña mantendría la temperatura adecuada, pero las sensaciones térmicas nunca son lo que parecen cuando uno está viajando con la consciencia.

Al principio no pasó nada, las dos primeras horas solo rememoraban recuerdos lejanos al son del tambor y la flauta que, por otro lado, recuperaban memorias de tiempos ya vividos, pero enterrados en lo profundo del alma, quizás de muchas vidas anteriores. Yo conozco esas canciones, yo también las cantaba...en aquella ceremonia, en aquella tribu...

Luego, poco a poco, vinieron a buscarme, la consciencia se empezó a expandir y conceptos que a la pura personalidad le parecían complejos y dificultosos, a la luz de la energía que notaba en mi cuerpo supusieron revelaciones sencillas que comprendí sin esfuerzo. Supe quién era, como personaje, supe quien había debajo del personaje, y supe qué había en lo más profundo de lo que había debajo de todos los personajes que era y siempre había sido.

Ahí fue directo la oleada de energía que envolvió mi esencia, mi ser, mi chispa divina, y lo potenció a un nivel que jamás, la personalidad que gestionaba el cuerpo que esa esencia o chispa divina habitaba, había conocido.

Y empezó el viaje. La esencia, proyectada desde la parte de atrás del ombligo, desde el interior del cuerpo, tomó el mando, relegó a la personalidad virtual a un lado con mucha delicadeza, explicándole su función y su papel, relegó a un lado también a los cuerpos superiores que pertenecían al errante que también era parte de esta encarnación, por debajo de la personalidad humana, y la luz interior se hizo con el control absoluto de la existencia terrenal que seguía yaciendo dentro del saco de dormir.

Y así comenzó la verdadera odisea. El Yo Superior fue instruido sobre cómo hacer para liberar a otros hermanos y hermanas. Lo curioso es que la personalidad que tengo jamás se dirigió a otras personalidades de otras personas en esos términos, pero cuando la esencia tomó el mando, no veía a las otras personalidades, sino que solo veía a las otras esencias en el interior de cada una de esas personalidades, y todas eran hermanos e iguales. Y la esencia recibió instrucciones. Una voz de otra conciencia externa le explicó lo que debía hacer. Sanar a otros, le dijo, pero no como lo has hecho hasta ahora, sino desde el ser que eres, despertando a los otros seres que moran en el interior de cada una de las personas y dirigiendo el trabajo de la propia luz de cada uno para que ellos se sanen a ellos mismos.

¡Era tan sencillo! Había tanta felicidad en la luz que se mantenía expandida a un nivel tan alto, que para la personalidad virtual del cuerpo, que solo podía observar desde un segundo plano, le parecía tener una central nuclear en el interior del vehículo físico que siempre había dirigido, funcionando a plena potencia.

La voz de esa otra conciencia que guiaba el trabajo de instrucción mostró entonces a la esencia como se debían hacer las sanaciones. Extiende tu mano, pidió. El cuerpo físico levantó la mano derecha. Ahora, proyecta tu energía por tu mano hacia las personas que tienes alrededor. Tienes que conectar con la esencia de cada uno como primer paso.

La energía salía por la mano como si siempre hubiera estado ahí con esa misma potencia, y un fino hilo de luz se proyectó hacia una persona.

– Está muy bloqueada, no tiene demasiados huecos por donde entrar- dije.

– Busca un chakra que esté más abierto, o usa los orificios de la boca o la nariz – respondió aquello que me guiaba.

Mi esencia entró en el interior del cuerpo de aquella otra persona, ajena a todo esto, que posiblemente yacía en cualquier otro sitio a muchos kilómetros de distancia.

-Ahora, instruyó la voz, tienes que liberar a la mónada de esa persona, atrapada en ese cuerpo, presionado por la personalidad virtual sin saber cómo escapar. Baja a lo que llamas el núcleo, el Hara, y transmuta todos los bloqueos que encuentres ahí.
– Oh dios, ¡cuántos barrotes, miedos, muros y capas bloquean la expansión de la esencia de esta persona!
– Si, respondió la voz, todos están así. Tus hermanas llevan mucho tiempo deseando salir, pero no pueden hacerlo sin ayuda. Ahora, libérala.

El cuerpo físico, dentro del saco, levantó las manos, mientras la esencia proyectaba más energía y, en la pantalla mental, la personalidad pudo ver cómo, con un solo movimiento, podía concentrar todos esos bloqueos en una sola bola energética, y, con un soplido, con la intención de que aquello desapareciera, la cárcel que mantenía a la esencia aprisionada de aquella otra persona se desvaneció.

– Hola hermana- dijo mi esencia al ser que acababa de liberar- perdona que haya tardado tanto tiempo en venir, no estuve listo hasta este momento...

– Hola hermana- respondió la luz que brillaba ahora enorme en aquella otra persona – es una gran alegría verte, no hubo tiempo de espera, todo fue siempre un juego, y llegaste correctamente cuando realmente el juego se está terminando y es hora de salir de aquí ya.

– Si, y ahora tienes mucho que hacer, pues mi cometido solo es liberarte, para que tú puedas sanar tu propio vehículo y el cuerpo que usas con su personalidad.

– Instrúyeme, por favor, no sé cómo hacerlo. Nunca salí de esa prisión que quitaste.

– Sígueme entonces. Mi esencia subía por el canal central del cuerpo etérico hacia la cabeza – tienes que liberar a tu vehículo físico de la conexión con el sistema que controla a los humanos. Yo te abriré un hueco en la esfera mental que tienes que desmontar, pero luego yo no puedo hacer nada más, tu misma tendrás que empezar a desprogramar la *conexión. Solo introdúcete en la esfera de la parte de atrás de la cabeza, y evalúa cuanto de preparada está tu personalidad para ser sanada. A partir de ahí, es tu decisión cómo y cuándo limpiar, sanar y desconectar tu vehículo hasta que llegues a tomar el mando del mismo. Ahora, debo retirarme, pues no puedo tomar decisiones sobre lo que debes hacer con tu vehículo orgánico ni la personalidad que tiene.*

Las manos del cuerpo volvieron a meterse dentro del saco de dormir. Que fácil había sido liberar a esa persona, ¿cómo no había sido capaz de hacerlo antes? La voz que me guiaba dijo que antes no había estado preparado para ello, pues el trabajo que había tenido que hacer sobre mi cuerpo físico y emocional, y la personalidad que lo habitaba era largo, y aún tenía mucho por delante, pero hoy ya estaba lo suficientemente listo para poder hacer esta prueba y recibir este aprendizaje.

– Enséñame a sanar a más personas simultáneamente – dijo mi esencia – aprovechemos esta noche que estás conmigo para instruirme y que no llegue la luz del día sin haber comprendido todo lo que debo comprender.

– Entonces proyecta tu esencia hacia todas aquellas personas que desees sanar.

Dicho y hecho, unas 20 personas aparecieron en la pantalla mental de la personalidad virtual que seguía registrando todo desde un segundo plano mientras dejaba actuar a la esencia. Levantando ambas manos, unos flujos de energía de una luz y pureza enorme fueron atravesando el tiempo y el espacio hacia esas personas.

– Entra en ellas, busca la forma de entrar en ellas, por un chakra, o por un orificio natural del cuerpo, entra en ellas y vete a su núcleo.

Así lo hice, simultáneamente, mi esencia conectó con el núcleo del ser de cada una de ellas.

– Ahora, transmuta todos sus bloqueos, barreras y miedos.

– Buf, ¿de 20 personas a la vez? – se oyó decir a la personalidad. Sí, yo sé cómo hacerlo. Mi energía se concentró simultáneamente y rodeo cada bloqueo y limitación que la mónada de esas personas poseía. Ahora, ¡transmútalos! – la orden llegó y la orden se ejecutó. 20 mónadas se liberaron de golpe.

– Hola hermanas – que felicidad siento al veros libres. Qué alegría más profunda al ser parte de este juego y veros por fin listas para terminar con el mismo. Ahora, seguidme.

Mi esencia con autoridad sabía lo que tenía que hacer. Muchas de esas personas jamás habían conectado ni sentido al ser de pura luz que moraba en su interior, y ahora ese ser estaba libre, no importaba que la personalidad lo notara o no, eso ya llegaría con el tiempo si tenía que llegarles como entendimiento o solo como sensación.

– Debéis sanar vuestros cuerpos físicos y vuestras personalidades virtuales – dije. Empezamos por la esfera mental más importante. Venid. Con un movimiento de las manos, mi esencia guio a las esencias de las personas hacia la cabeza de sus cuerpos físicos. Yo os abro el paso, les dije, vosotras decidís que se desconecta, que se sana y que se desprograma, según pueda aguantar cada uno de los vehículos que ocupáis. Ahora, tenéis la entrada libre, y yo me retiro, hermanas.

De vuelta a la sala, la estufa de leña mantenía el calor y mi cuerpo físico se mantenía cómodo. – Ahora ya comprendes como debes empezar a hacer las sanaciones – dijo la voz que guiaba la experiencia.

Durante las tres horas siguientes, a pesar de que perdí toda noción del tiempo físico, repetí el mismo proceso, por intervalos, por oleadas, a decenas de personas. Luego, poco a poco, vi disminuir la potencia de mi Yo Superior, de mi ser, de mi esencia.

– Llega el momento de que me retire yo también – dijo la voz de la conciencia que había guiado todo el proceso de instrucción- ahora ya sabes a dónde tienes que llegar. Lo *conseguirás cuando, terminando tu trabajo personal, desmontes por completo tus propias barreras mentales, tu programación y los miedos que te quedan aún enterrados, y tu esencia tome el control de este cuerpo el 100% del tiempo, con el 100% de su potencial. La instrucción ha sido completada, lo que has hecho hoy no lo olvidarás jamás.*

Poco a poco mi esencia perdió energía, y la personalidad virtual notó como volvía a controlar el vehículo físico, con la diferencia que ya comprendía que ella solo era una mera herramienta para qué, algo más profundo, en el momento en el que estuviera preparada, tomara definitivamente las riendas de esta existencia.

De fondo, y como había sucedido toda la noche… el tambor seguía sonando, y la canción que ya conocía de antaño resumía con gran sabiduría lo que acababa de suceder… una canción que tampoco olvidaría nunca, pues sus palabras no iban destinadas a la mente, sino a la esencia de quien la escuchaba… unas palabras que solo pedían una cosa: ¡ábrete corazón!

Efectivamente, fue una experiencia y un conocimiento que no olvidaré nunca.

Mónadas, todos para una, una para todos

Ya hemos hablado largamente de que la existencia de nuestra realidad está basada en una trinidad de aspectos equivalentes y relacionados entre sí: la materia, la energía y la consciencia, y ninguno de esos tres aspectos puede existir sin los otros dos. La Creación, todo aquello que existe, está compuesto por un número infinito de puntos de materia-energía-consciencia en movimiento.

Cada mónada posee conciencia individualizada, que es además parte de la vasta conciencia colectiva de esa Creación. Así, desde el inicio, la conciencia de estos átomos primordiales, mónadas o unidades primarias, existen como los bloques fundamentales de construcción de la realidad, los ladrillos que forman todo lo que vemos y conocemos. La cuestión es que es complicado definir la individualidad de cada una de estas mónadas, o partículas primordiales cuando además hay que explicar que están todas unidas, y que no hay separación entre ellas, que es lo que permite que experiencias como la que os acabo de contar puedan suceder. ¿Paradoja? No, simplemente, todo depende del punto de vista que adoptemos.

La metafísica establece que lo que llamamos «la Creación», el TODO, el Absoluto, etc., es asimilable a un organismo viviente, y que cada consciencia individual dentro de ese conjunto está ligada a la consciencia total y global del mismo, ya que, en realidad, es una parte inseparable de él. Cuando habló de «mi» esencia, o del trabajo con las mónadas que dan lugar a mi Yo Superior parece que estemos hablando de algo desligado y completamente independiente, pero, realmente, esta forma de percibirlo, esta aparente independencia solo existe para la forma física, vehículo o cuerpo material en el cual la mónada está enlazada por el tiempo que dure la encarnación. Por detrás de esta forma externa física, que usa el Yo Superior para su evolución, existe una completa unión de unas con otras sin poder definir dónde empieza aquella partícula energética y consciente que yo digo que es mi esencia divina y dónde empieza la esencia de la persona que tengo al lado. Es algo parecido a un grupo de islas que parecen existir independientemente, cuando en realidad son afloraciones de la misma tierra conectadas por debajo del agua en una forma aparentemente escondida, o la misma analogía que podríamos hacer con los dedos de las manos, los cuales aparentemente están libres hasta cierto punto, cuando en realidad están unidos en la misma mano; o con las hojas de un árbol, quienes parecieran vivir existencias individuales, pero que también forman parte de una unidad mayor, en este caso, el árbol.

Esto es lo que sucede con cada mónada individual, la cual forma parte del océano de consciencia que es «todo lo que existe» y que nos permite entender por qué mi Yo Superior puede efectuar trabajos de sanación terapéutica en la persona que tengo enfrente, o porqué mi Yo Superior, puede dar una orden de sanación al campo de consciencia "universal" al que se conecta el paciente, para que elimine un problema de forma instantánea.

Dicen los filósofos

Gottfried Wilhelm Freiherr von LEIBNITZ, uno de los grandes pensadores de los siglos XVII y XVIII, y al que se le conoce como «el último genio universal», realizó profundas e importantes contribuciones en el área de la metafísica y decía que el fondo último de la realidad es inespacial, inextenso y, por tanto, simple, indivisible e inmaterial; energía capaz de auto desarrollar sus potencialidades. Tomando el mismo nombre que los pitagóricos y otros filósofos precedentes, también llamó mónadas a estos infinitos centros de energía, diciendo que son las únicas substancias verdaderas en las que se basan y sobre las que se crean todo lo demás que existe.

En este caso, y como os comenté antes, Leibnitz no sólo habla de la mónada en cuanto átomo o elemento indivisible y último, sino también en cuanto a totalidad. Cada mónada es un espejo de la totalidad, tiene en sí la representación de todo lo Creado. Además, hay mónadas que dominan a grupos de mónadas inferiores, como es el caso de las que forman el orbe autoconsciente que es nuestro Yo Superior en los seres humanos, algo que ya explicamos cuando hablábamos de los diferentes tipos de mónadas, según su nivel de consciencia y tipo de materia, en los capítulos anteriores. Estas mónadas dan unidad al conjunto, y puesto que son absolutamente simples, no pueden descomponerse en partes y, por tanto, no pueden perecer. «La Fuente» las crea directamente y sólo el concepto de «la Fuente» las puede aniquilar, y por ello, cada mónada representa al universo entero, por lo que cuando cada mónada obra espontáneamente lo hace en armonía total con las demás.

Tarde o temprano todos tendremos que aprender a despertar y conectar conscientemente con aquello que somos, esa partícula primordial que nos hace ser parte del «Todo», mientras tanto, no nos olvidemos que, a ese nivel, todos estamos conectados, y por tanto, no hay nada que no podamos hacer, con el potencial del universo en nuestras manos.

Tercera parte

Obstáculos al crecimiento en el camino evolutivo

Tercera parte

Obstáculos al crecimiento en el sistema evolutivo

El afán por crecer

¿Qué es lo que nos empuja a querer pasar de un nivel de crecimiento a otro? ¿Qué es lo que puede hacer que nunca nos movamos del nivel en el que estamos? Como habíamos mencionado antes, un sinfín de dinámicas, fuerzas, y, sobre todo miedos pueden llegar a paralizar el camino evolutivo de cada uno de nosotros, con obstáculos que pueden parecernos externos y puestos por la vida para que no avancemos, pero que, en casi todos los casos, nacen de nuestro propio interior, y que vamos a ir viendo ahora.

La Pirámide de Maslow es una teoría psicológica propuesta por Abraham Maslow en 1943 que dice que hay una jerarquía por niveles de las necesidades humanas, y que a medida que se satisfacen las necesidades más básicas que todos tenemos, los seres humanos desarrollamos necesidades y deseos más elevados, más evolutivos, más espirituales, etc.

Los que hayáis visto en algún diagrama esta teoría, sabéis que se representa como una pirámide que consta de cinco niveles, cuya idea principal es que las necesidades más altas ocupan nuestra atención solo cuando se han satisfecho nuestras necesidades inferiores.

Es decir, solo nos preocupamos de temas relacionados con la autorrealización o el crecimiento personal si estamos seguros de que tenemos por ejemplo un trabajo estable, un techo bajo el que vivir, comida asegurada y un entorno social que nos acepta, por citar algunos de los componentes primarios de la base de la pirámide.

Para los que no la hayáis oído mencionar nunca, os resumo brevemente estos niveles de la Pirámide de Maslow, que no tienen por qué ser iguales para todos ni es la única teoría desarrollada, pero para lo que os quiero explicar en esta parte del libro, nos vale como introducción:

El primer nivel trata de las necesidades fisiológicas de una persona tales como beber, comer, dormir, etc. Son nuestros instintos y necesidades más básicas y la mayoría de personas, en nuestra sociedad occidental, tiene cubierto este nivel. Evidentemente hay muchas excepciones y muchas situaciones para comentar. A nivel general, en la mayoría de los casos, solo hay que ir a la nevera o echarse una siesta para que nuestras necesidades primarias estén cubiertas tal y como las definió Maslow en este primer escalón de su pirámide.

El segundo nivel representa a las sensaciones de seguridad. Responde a una necesidad que tenemos todos de orden en el mundo, de tener una oportunidad para ofrecer algo a los demás, de tener recursos mínimos que nos sustenten, de encajar en la sociedad, etc. Una persona que se ha quedado sin trabajo o ingresos de repente, o que no se siente partícipe en su entorno y eso le genere estrés, oscilará psicológicamente, muy a menudo, en este nivel, hasta que vuelva a sentir la seguridad de unos ingresos estables, de un orden y adaptación alrededor, etc.

El tercer nivel de la escala es el de las necesidades sociales que se traducen en las ganas de estar en contacto con otra gente. El recibir amor, tener amistades, todo el tema familiar, etc., pertenecen a este grado. Si tenemos amigos que nos cuidan, una familia que nos arropa, un entorno laboral respetuoso y agradable, tenemos nuestras necesidades de afiliación cubiertas, y, probablemente, las damos por sentadas de forma inconsciente, con lo que, en este aspecto, se considera que el tercer peldaño de esta pirámide estaría ya bien cubierto.

En el cuarto nivel se encuentra la necesidad de ser apreciado, respetado y de ser alguien importante. Aquí entramos ya en niveles de desarrollo personal más avanzados, en el cual buscamos algo más que el simple hecho de tener nuestras necesidades materiales cubiertas. Todos aquellos que tienen bien asentados los tres primeros niveles pondrán toda su energía y esfuerzo por desarrollar y cubrir este tipo de necesidades de reconocimiento social, sea a través de su profesión, de su actividad, de su contribución a los demás, etc.

Por último, nos dice Maslow, en **el nivel más alto** de su pirámide se encuentra la autorealización y el desarrollo de las necesidades internas, el desarrollo espiritual, moral, la búsqueda de una misión en la vida, el trabajo y la ayuda desinteresada hacia los demás, el querer desarrollarse y crecer, expandir la consciencia, elevar la vibración, etc. Posiblemente aquí es donde estáis muchos de vosotros, en la búsqueda de algo que os haga ser mejores cada día como seres humanos, y posiblemente por eso estáis leyendo este libro y otros parecidos.

Evidentemente, esto es solo un esquema. Ascender un escalafón o bajar otro del mismo no es un proceso irreversible o fulminante. Todos nosotros estamos durante toda nuestra vida, o la mayor parte de ella, moviéndonos entre varios niveles según sea nuestra realidad exterior (por ejemplo, si hemos tenido una vida muy estable y dedicada al crecimiento personal durante años, porque teníamos todo lo que necesitábamos a nivel material para ello, y de repente nos quedamos sin trabajo o sin ingresos, probablemente nuestra energía y esfuerzo se vayan del nivel cinco directamente al nivel dos, hasta que restauremos la seguridad que nos da un trabajo o una pertenencia social determinada).

Asumamos que, por el hecho de estar interesado en un libro como este, de metafísica, de energías, de cómo funciona la psique del ser humano, estamos todos centrados en ese punto de querer avanzar y crecer, así que ahora toca ver por qué todo lo que hemos explicado en las páginas anteriores, desde que empezamos a desarrollar el camino evolutivo del ser humano, tiene sus trabas, escollos y obstáculos para que podamos recorrerlo.

¿Cuál es el primero de esos obstáculos que parece que todos nos encontramos nada más poner un pie en la idea de crecer como personas? Literalmente uno que la mayoría ya conocemos, pero que siempre obviamos: la dificultad de salir de nuestra *zona de confort*.

Primer obstáculo a nuestro crecimiento personal: la zona de confort

Y es que el concepto de la zona de confort es aquel que dice que mientras hacemos cosas o estamos en sitios que nos resultan familiares nos sentimos cómodos. La zona de confort es todo aquello que nos rodea y a lo cual nos hemos acostumbrado, tenemos dominado y forma parte de nuestra rutina.

Precisamente por querer estar siempre dentro de la zona de confort, nos cuesta generalmente hacer algo nuevo, ya que las cosas nuevas son desconocidas, puede que peligrosas o simplemente desconcertantes.

Pero, por otro lado, lo que hace a una persona ser capaz de alcanzar cada vez más y mejores metas, superarse y crecer, es hacer cada vez más y más cosas que expandan su zona de confort. Si hago deporte y corro cada día dos kilómetros, mi zona de confort se planta en ese límite y me resulta cómodo correr dos kilómetros sin estresarme ni cansarme mucho. Sin embargo, si un día decido correr diez y me esfuerzo para ello y lo sigo haciendo, mi zona de confort se ha expandido enormemente con los consecuentes beneficios para mi cuerpo. Y ahora me siento cómodo corriendo diez kilómetros en vez de dos.

Es un ejemplo sencillo, pero creo que se entiende. La zona de confort es un concepto abstracto que se aplica a cualquier situación: nuestro trabajo y nuestras tareas, nuestros amigos, nuestro entorno. Si queremos mejorar y llegar más lejos como personas, tenemos siempre que ampliar nuestra zona de confort. En ningún momento estamos compitiendo o comparándonos con nadie más, somos nosotros, creciendo y saliendo cada vez más de nuestros propios límites.

Piensa, ¿qué puedes hacer hoy para incorporar algo nuevo a tu entorno? Se trata de sentirnos seguros y a gusto haciendo cosas cada vez más complicadas, que pueden parecer más laboriosas, difíciles o grandes desafíos. Aunque todo siempre es relativo a cada persona.

Para una persona hacer algo puede ser un desafío total, y para otra que lo ha hecho mil veces puede ser simplemente cuestión de rutina. Correr un poco más lejos, visitar un sitio nuevo, aprender un nuevo idioma, apuntarte a un nuevo curso para aprender una nueva habilidad, etc. Cuanto más grande sea tu zona de confort, más seguro estarás de ti mismo en todo aquello que te propongas.

Ahora bien, cuando aplicamos el concepto de la zona de confort al trabajo sobre uno mismo, a aquello que hay que hacer para crecer sin parar como persona, uno parece darse cuenta de que es más difícil de lo que parece. En muchos casos, requiere de un arduo proceso de entrenamiento de la voluntad, para poder hacer y deshacer a nuestro antojo, las circunstancias de nuestra vida, sin apalancarnos en aquello que, por comodidad, y porque somos seres de costumbres, nos hace sentirnos seguros y estables.

Mientras que podemos encontrar muchas explicaciones psicológicas que nos dan perfectas razones válidas al porqué de la existencia de la zona de confort en la vida del ser humano, veamos también el porqué de la misma desde un punto de vista mucho más amplio. El punto de vista de las leyes metafísicas que rigen, desde siempre, todo lo que se mueve en la Creación para que nada altere el equilibrio y estabilidad del conjunto de la misma.

Veamos una analogía. Como todos sabéis, cada célula del cuerpo humano tiene una función determinada. Y hay fuerzas, patrones, y restricciones para que cada una de esas células cumpla su papel y con eso beneficie al conjunto del cuerpo, ¿correcto? ¿Qué pasaría si hipotéticamente una célula del hígado se negara a ser parte del hígado y se fuera al pulmón, por ejemplo?

Evidentemente no estaría cumpliendo su función adecuada en el macro conjunto al que pertenece, y habría impedimentos y fuerzas contrarias para que eso ocurriera. Mecanismos tales como la memoria genética, la consciencia, los procesos subconscientes, los centros motores e instintivos del cerebro, etc., hacen que el cuerpo funcione como un reloj y que toda parte del mismo no se salga de los parámetros que le toca por su composición y características.

Así, tenemos una máquina biológica y química que, en la mayoría de los casos, funciona perfectamente porque todos sus componentes están donde tienen que estar y se mantienen en su lugar y posición, por unas normas y leyes internas que los rigen y de las que no escapan.

Y es que cada célula, tejido, bacteria o microorganismo que reside en nuestro vehículo físico está sujeto a una serie de leyes que mantiene el conjunto funcionando en armonía, o, al menos, lo intenta. De forma que, para que una célula del riñón se quisiera, hipotéticamente, ir a formar parte de la cabeza, tendría que luchar contra todos los sistemas de regulación del cuerpo que hemos mencionado, para que, en pos del bien común y mayor, esto no suceda.

Si habéis entendido esto, subamos un par de niveles. El ser humano ahora es la célula, y como célula que es, tiene su función en el conjunto de la vida planetaria. Aún más, tiene su función en la composición que rige la vida del Sistema Solar y tiene su función en la que rige la vida de nuestra galaxia, por pequeña e insignificante que esta parezca o sea.

Como componente de un entramado cósmico al que pertenecemos, el ser humano está sujeto a una serie de influencias terrenales, planetarias, solares y cósmicas que le mantienen en su lugar, en un papel determinado dentro del conjunto al que pertenece. Como un microorganismo que somos dentro de una estructura evolutiva mucho más compleja, no se nos puede permitir, por las buenas, que abandonemos nuestra posición y función. Hay unas fuerzas que lo impiden, leyes, que tratan de que nada se mueva de su sitio, con un estrecho margen de libertad, que es el margen apropiado para que la función que ocupa cada célula, organismo o ser humano, en el macro conjunto al que pertenece, pueda llevarse a cabo con cierta flexibilidad.

La zona de confort del ser humano está delimitada energéticamente por su papel dentro del macro conjunto social, regional, planetario, solar y cósmico al que pertenece, así que, siempre, hay fuerzas de extrema potencia que impiden que te muevas de donde estás, sean fuerzas locales, planetarias o cósmicas.

Las tradiciones esotéricas suelen llamar «influencias de tipo A» a aquellas fuerzas que nos mantienen en nuestro lugar, en nuestro estado evolutivo, en nuestra posición, en nuestro nivel.

Estas fuerzas o influencias son las que nos llevan por la vida empujándonos de un sitio a otro, como el caudal de un río arrastra la arena, ramitas y hojas que lleva en su lecho inexorablemente en el sentido de la corriente.

¿Qué significa esto? El ser humano se rige principalmente por la ley de causa y efecto, mientras no sea altamente consciente de todos sus actos y movimientos, habiendo fuerzas que nos empujan hacia un lado y luego hacia el otro, que nos mueven sin saber cómo a hacer esto, estar aquí o allá, o tomar una dirección u otra en nuestra vida. Todo esto debido a esas influencias y dinámicas que constantemente nos manejan dentro de la «Ley del equilibrio» para el macro conjunto al que pertenecemos.

Así, parece que nos movemos y avanzamos por la vida, con la sensación de que nuestro libre albedrío nos permite hacerlo, pero no nos damos cuenta de que siempre estamos dentro del mismo margen de seguridad que permite al conjunto planetario, solar y cósmico, mantener a la célula del hígado en el hígado y no en la cabeza.

Por otro lado, siempre hay una posibilidad de salirse de la ley general para tener más libertad de movimiento, y romper la zona de confort que nos empuja a mantenernos en el papel que se nos ha asignado dentro del gran esquema al que pertenecemos.

Esa posibilidad pasa por dejar de estar sujetos a la ley general que regula el equilibrio, y pasar a vivir bajo las fuerzas que vamos a llamar, por ponerles algún nombre, las leyes que regulan el crecimiento y la evolución. Es decir, que si nunca ninguna célula o microorganismo se pusiera las pilas para convertirse en algo mejor o más evolucionado, una versión más avanzada de sí misma, tampoco el conjunto del vehículo humano, de la raza a la que pertenecemos, del planeta, del Sistema Solar, o del cosmos evolucionarían nunca.

Y eso tampoco tendría sentido. Pero este avance y crecimiento pasa por huir y doblegar a las fuerzas y leyes que tratan de que nada se mueva de su sitio (por el bien común y mayor) para formar parte de las fuerzas que rigen todo lo contrario, el cambio, el crecimiento, la evolución, etc.

Este conjunto de fuerzas que metafísicamente llamamos «fuerzas B», en este caso, ya no están regidas por el sostenimiento del equilibrio para el bien común, sino por la motivación del crecimiento y la evolución que también forma parte del deseo de todo ser consciente y partícula divina de la Creación. Toda energía consciente tiende a querer avanzar hacia un nivel mayor, en una espiral evolutiva ascendente, y puesto que energía pura cuántica es la que forma al ser, esencia o mónada, y energía es lo que forma todo lo que nos rodea, siempre hay un deseo de crecer y mejorar.

¿Qué sucede?, que no todas las células del hígado se pueden convertir de repente en neuronas cerebrales, o en versiones avanzadas de células de hígado, así que la ley general evita y fuerza a que todo el mundo se quede en su sitio sin moverse, con un cierto margen para ello, por la tendencia a mantener la estabilidad, pero la ley del crecimiento motiva a aquellas células con la suficiente voluntad para que, poco a poco, algunas sí que lo hagan, creando, por ejemplo, un nuevo tipo de célula (por decir algo) que tiene un potencial y beneficio para el conjunto mayor que no tenía antes.

De la misma forma, las fuerzas que tienden al equilibrio impiden que se tenga fácil acceso a un crecimiento personal y evolutivo sin ningún esfuerzo, pues eso desestabiliza el sistema, así que solo aquellos que desarrollan la voluntad y trabajan sin tesón en sí mismos pueden acceder a niveles mayores de consciencia y expansión de su potencial innato.

Todos queremos crecer, trabajar en nosotros, avanzar personal y espiritualmente, pero la zona de confort creada por las influencias del día a día (las naturales y las impuestas por el sistema bajo el que vivimos, que son también muy importantes) y la ley general que intenta que nada se mueva de su sitio lo impide. Solo haciendo ese sobreesfuerzo, a veces sobrehumano, para salir del margen que se nos da, y se nos permite, para que vivamos nuestra vida con más o menos comodidad, se puede participar del proceso de crecimiento y cambio regido también por las otras leyes del cosmos.

Si comprendemos este aspecto, habremos conseguido saltar ya el primer obstáculo en nuestro crecimiento personal: el no salir de la zona de confort creada en torno a cada uno de nosotros.

Segundo obstáculo: miedos que no nos dejan avanzar por nuestro camino

Bien. Supongamos que hemos superado el primer gran obstáculo, movernos y expandir nuestra zona de confort de forma natural, siendo capaces cada día de abarcar más y superar nuestros propios límites, que, como digo, no admite ninguna comparación con nadie más, es simplemente un crecimiento personal y una expansión de todo nuestro potencial. Entonces, ¿qué viene ahora? Por mi propia experiencia, si tuviera que elegir el segundo desafío más importante con el que me he encontrado, diría que todo lo que te encuentras cuando sales de tu zona de confort y tratas de subir algunos peldaños en tu escalera personal, son obstáculos internos asociados a los diferentes miedos que todos poseemos, y una de las barreras más importantes a superar.

Cuando era pequeño me aterraba dormirme y que mi mano, por descuido o relajación, estuviera caída hacia fuera de la cama y rozando el suelo. La razón era, que, según recuerdo, cuando tenía pocos años veía monstruos y bichos de esos que los niños vemos siempre, y que yo creía que venían a comerse mi mano (o vete a saber qué, la cuestión es que se colaba por debajo de la puerta de la habitación y se abalanzaba sobre mí). A raíz de esto durante cierto tiempo tuve que dormir estando seguro de que ninguna parte de mi cuerpo sobresaldría fuera de mi cama.

Cuando tuve ya algo más de razón empecé a pensar que la única forma de comprobar si el monstruo aún seguía esperando para atacarme en mis sueños era ponerle un cebo. Si quería superar el miedo a ataques nocturnos tenía que plantarle cara, así que empecé a dormir de nuevo dejando un brazo colgando a propósito que casi rozaba el suelo. Ni a la primera noche, ni la segunda, ni ninguna de las siguientes, el monstruo de mis primeros años apareció en mis noches de descanso, por lo que deduje que ya no vendría más porque le había demostrado que no le tenía miedo. El hecho de poder dormirme dejando el brazo colgando hizo que a partir de entonces me diera cuenta de que, efectivamente, ya no tenía ese miedo a que pudiera aparecer algo por la puerta, porque solo había que plantarle cara para que se fuera.

Fue, creo, el primer recuerdo consciente que tengo de que uno tiene que superar sus miedos antes de que se conviertan en nuestro obstáculo más grande, y terminen paralizándonos.

Todos tenemos miedos, fobias y aprensiones: miedo a hablar en público, miedo a relacionarnos con la gente, miedo a tener éxito (de los más comunes y del que hablaremos luego), miedo a que las cosas nos vayan bien, miedo a que nos vayan mal, miedo a que nos quieran, miedo a querer, miedo a que nos hagan daño, y así podría seguir. Estos miedos están ocultos en nuestro subconsciente y en nuestro cuerpo emocional, y nos bloquean hasta que alguien o algo nos lo saca a la superficie y nos lo hace patente.

¿Cómo lidiar con esta fase? El primer paso para superar algo es identificarlo. No es cuestión de remover de golpe todo lo que tenemos enterrado en nuestro interior, por lo que la idea es seleccionar aquello que en estos momentos más perjuicio nos está creando por no permitirnos mejorar o avanzar en una o más áreas de nuestra vida. Quizá te aterra salir a conocer gente nueva y eso te está convirtiendo en un solitario, quizá el tener miedo a hablar en público está bloqueando tus posibilidades de carrera, quizá tu miedo a salir herido está haciendo que tu relación no esté al cien por cien.

Identifica aquello que ahora mismo más te bloquea y ponlo por escrito. La idea es traer a la mente consciente aquello que queremos afrontar y, por supuesto, eliminar. Una vez ha salido de las tinieblas de nuestro inconsciente, ya tenemos la primera batalla de nuestra guerra ganada.

¿Qué nos induce a comportarnos así o tener ese miedo? Si realmente se trata de algo muy arraigado, una fobia, un trauma profundo, el trabajo interno que deberemos hacer será mucho más largo y serio que si se trata de algo medianamente pasajero de lo cual tenemos identificado claramente su causa. Si no somos capaces de trabajarlo por nosotros mismos, podemos buscar ayuda en algún tipo de terapia. Conocer la raíz del problema es más que ganar una batalla, es casi como darle la estocada final al jefe del ejército contrario.

Finalmente, el siguiente paso es recrear una situación en la cual antes nos sentíamos paralizados o con miedo a actuar: haz esa conferencia, vete a un bar y ponte a hablar con desconocidos, expresa tus sentimientos más profundos a quién quieres que los conozca, ábrete a la prosperidad y a la abundancia, etc. Hace falta cierta dosis de coraje y valor, pero es tu única alternativa si realmente quieres superarlo. El tiempo que tardes en llegar a sentirte cómodo cuando antes te sentías aterrado no es importante, lo que es primordial son dos cosas: el método que habrás asumido sobre cómo ir eliminando barreras interiores, y la confianza de saber que no importa lo que tienes en tu interior que te pudiera estar bloqueando, siempre podrás superarlo.

El trabajo en este segundo paso puede ser largo, porque la lista de miedos a trabajar puede tener muchos elementos, así que es cuestión de echarle paciencia y coraje. Y, en todo caso, empezar a trabajar en el siguiente punto, que ahora os comento, mientras hacemos los dos anteriores en paralelo.

Tercer obstáculo: no saber obtener el aprendizaje que traen imbuido nuestras experiencias

El tercer obstáculo que descubrí bloqueando mi camino de crecimiento fue el no saber entender que, básicamente, los desafíos y problemas en nuestra vida aparecen para ayudarnos a aprender valiosas lecciones que nos hacen a largo plazo más fuertes y más preparados.

Todas esas situaciones que en este momento nos están molestando, o se han convertido en un problema, no son más que una alarma sobre un tema que tenemos que resolver para poder seguir avanzando en nuestro camino personal.

Yo concibo este planeta y la vida como una escuela, nos ayuda a crecer y a evolucionar poniéndonos por delante situaciones y experiencias para que aprendamos de ellas, y al principio lo hace de forma sutil, suave, sin demasiadas complicaciones.

Cuando somos capaces de darnos cuenta de que atravesamos por una nueva etapa y que hay algo que tenemos que aprender de ella, el camino de aprendizaje puede ser tan jovial y tan divertido como dispuestos estemos a averiguar cuál es la enseñanza de la situación en la que nos encontremos, y trabajar para adquirir la experiencia que trae asociada.

El problema, sin embargo, es que a la mayoría de nosotros nos cuesta entender que tras cada vivencia que tachamos de negativa, se oculta una pequeña (o gran lección) y no podemos avanzar, en muchos casos, hasta que estas pequeñas o grandes lecciones, imbuidas en decenas de experiencias cotidianas, no son adquiridas e integradas por completo. A mí me da la impresión de que básicamente funciona como la alarma del despertador, que cada vez suena más fuerte hasta que te decides a levantarte de la cama y apagarla.

Al principio, podemos encontrarnos esos obstáculos, problemas o situaciones molestas en nuestra vida, que, aunque nos están diciendo que tenemos que enfrentarlas para poder dejarlas atrás, parece que no suenan lo bastante alto como para que no podamos ignorarlos y meterlas temporalmente bajo la alfombra. Es entonces cuando nos vemos inmersos en una vida de pequeños problemas por todos lados, que pueden ser más o menos llevaderos, pero que, por no enfrentarlos y solucionarlos, se acumulan uno detrás de otro hasta que un buen día no podemos más.

Cuando lo que la vida nos presenta es una de esas grandes lecciones que debemos aprender mientras nosotros miramos para otro lado, el ruido de la alarma se hará cada vez más insistente hasta que llegue a bloquearnos por completo. Es cuando nos encontramos en una situación en la que, o bien plantamos cara al obstáculo o problema que tenemos delante, o bien estaremos realmente fastidiados hasta que nos decidamos a hacerlo. Es como el examen final de curso, si no quisimos estudiar en los exámenes parciales y hacer los trabajos que nos iban poniendo a lo largo de todo el año, ahora toca plantarse delante del macro examen y no movernos de ahí hasta que lo aprobemos.

Aquí, la analogía con los aparatos eléctricos es muy apropiada. ¿Cuántos de nosotros hemos tenido la sensación de estar muchas veces en *stand-by*? Estamos «encendidos», pero no avanzamos. Estamos estancados y solo tiramos de rutina para superar el día a día, de manera que nuestra vida se convierte en un agobio, en la cual nada se mueve, porque nada se soluciona que permita darnos el pase al siguiente nivel de juego, donde nuevas y excitantes aventuras nos esperan.

¿Buscas un cambio de trabajo y no llega? Mira a ver qué está pasando en tu puesto actual que no te deja avanzar. ¿Estás negándote a aprender algo nuevo que quizá sea lo que te hace falta para una posible nueva posición? ¿Estás perdiéndote alguna lección con algún jefe/compañero que tengas que solucionar para poder dejarla atrás? ¿Tienes problemas familiares/de pareja/sociales? ¿Estás envuelto en situaciones repetitivas? ¿Te ves obligado a tratar con alguien que aparece una y otra vez en tu vida y te molesta? Fíjate en lo que esa persona/situación pueda estar tratando de enseñarte con su comportamiento o reacciones, pregúntate por qué tienes que verte envuelto en ello, ¿qué hay que aprender de aquí? Solo tú puedes encontrar la respuesta, pero hacer la pregunta ya es un paso de gigante hacia la misma.

Principios ocultos en el análisis de problemas físicos

¿Y cómo podemos hacer este análisis de la situación para entender qué está pasando? Cuando lo anterior sucede, es decir, cuando aparecen obstáculos y problemas en nuestra vida en el proceso de crecimiento personal, todos tenemos tendencia a buscar rápidamente soluciones y explicaciones físicas para problemas o dificultades físicas.

Es lo más racional e intuitivo, y es así como percibimos que debe hacerse, ya que nos parece la forma natural de contrarrestar o navegar por las vicisitudes de la vida. Sin embargo, no siempre tiene porque ser la correcta, y, en la mayoría de los casos, no lo es. La vida del ser humano se rige por diferentes capas o niveles sutiles, planos y dimensiones de existencia, que ya hemos visto, donde la parte física solo es la más densa de todas ellas, y es solo el plano de manifestación de los efectos de otras cosas.

Raramente el plano físico es el plano de las causas, del origen de algo, es decir, que difícilmente algo que se manifiesta en nuestra realidad como un evento físico, ha tenido un detonante o raíz física, de ahí que muchas de las cosas que la vida nos pone para aprender de ella provienen de niveles mucho más sutiles. Todo aquel que intente entender cómo su vida se rige por las leyes naturales que mueven la manifestación de aquello que vemos en nuestro día a día, debe ahondar en otros niveles más allá del físico a la hora de analizar, y buscar las raíces, de cualquier cosa que le suceda, sea a nivel de salud, material, social, profesional, etc.

El plano sólido, tal y como lo percibimos, es tan solo el resultado final de una larga cadena de procesos energéticos y evolutivos que tienen su inicio y lugar en los llamados planos no físicos: procesos que nacen desde los planos superiores espirituales, luego cayendo al plano causal y mental, luego al emocional o astral, luego al etérico y, finalmente al plano sólido y denso.

En consecuencia, cada problema que encontramos en el plano físico tiene una causa que puede ser una amalgama de factores de esos diferentes niveles, y de ahí la importancia de analizarlos, para ver o intuir la solución. Es inútil tratar un problema en el plano físico cuando tiene una causa profundamente espiritual, o intensamente emocional. Estaríamos tratando de poner parches sin quitar el clavo que causó el pinchazo.

Por otro lado, hemos de tener en cuenta que cada plano tiene sus propias leyes particulares, que no pueden ser obviadas ni eliminadas, en todo caso, solo dirigidas y usadas tras su comprensión. Puesto que cada plano actúa en forma pasiva respecto al plano superior y de forma activa respecto al inferior (es decir, un plano o energía de un cierto nivel es modificable por energías superiores, y, este a su vez, puede manipular energías de niveles inferiores). Dirigiendo y usando correctamente estas energías encontramos la forma de erradicar de raíz cualquier situación a nivel físico. Esto no significa que vayamos a hacer milagros y borrar de un plumazo según qué cosas, pero su solución, que en muchos casos depende de fuerzas mentales y emocionales en marcha, puede aparecer de la nada, y cancelar el efecto final en el plano de nuestra realidad cotidiana, que es lo que estamos buscando desde el principio.

Todo tiene sus límites y sus tiempos, sus procesos y sus canales, la combinación y la comprensión de todo ello es lo que nos permite solucionar en el plano del efecto, el nuestro, el resultado de las causas, que no nos están gustando o nos están causando aquello que tildamos como problema.

Una persona que ha sufrido un accidente, o coge una pulmonía, por ejemplo, podría suponer que todo el problema radica exclusivamente en el plano físico, en la mala suerte, porque otro conductor se saltó el semáforo o porque el aire acondicionado estaba demasiado fuerte y cogió frío, cuando es todo lo contrario.

Ambos eventos tienen sus causas en planos más sutiles de nuestra realidad, y su manifestación está condicionada al descenso de los procesos iniciados a nivel causal, mental o emocional, hasta el plano físico, que dan como resultado un evento u otro. Además, otras leyes están en juego, como la ley de causa y efecto, que no es otra cosa que los procesos energéticos que nosotros mismos hemos puesto en marcha en algún otro momento, y que ahora vuelven de forma natural e inequívoca a su origen, con su efecto visible en la realidad física.

Así, todo evento, situación y problema que nos podamos encontrar es cuádruple: tiene aspectos espirituales, aspectos mentales, aspectos emocionales y aspectos etérico-físicos que lo componen, y así deben ser analizados. Para ello, hay que partir de la base, en este caso del efecto, y usando un razonamiento deductivo debemos ir hacia la causa parándonos en todos los planos. ¿Cómo se hace esto?: introspección, intuición, meditación, deducción, etc. En el caso de enfermedades y problemas de salud, los terapeutas sabéis que es de lo más común hacerlo así, pues casi siempre encuentras la causa a nivel mental o emocional, cuando no en niveles más altos, manifestados a nivel etérico y luego físico.

Por ejemplo, un dolor muscular en un hombro. En terapia, siguiendo este razonamiento, se buscaría primero su contrapartida energética a nivel de la matriz etérea del hombro, luego su condensación a nivel emocional para detectar que se trata de, por ejemplo, estrés, luego buscaríamos la causa del estrés en el cuerpo mental, y al limpiarlo de aquí finalmente poder sanar el dolor muscular. Es un ejemplo sencillo que muchos entenderéis, ya que es la base de la sanación de miles de situaciones partiendo de un efecto físico, y subiendo hacia planos superiores para indagar en su raíz.

Cuando estamos hablando de otros temas que no son tan obvios como la salud y las enfermedades, hay que hacer un proceso deductivo parecido, aunque quizá resulte, a priori, algo más complicado. Me acaba de pasar esto, lo otro, lo de más allá. Bien, esa es la manifestación física. ¿De dónde viene? Yo cierro los ojos y pido intuitivamente la información. Un ataque o trabas de alguien que está tratando de frenar tu trabajo puede venir muy bien de un miedo tuyo a tomar ciertas nuevas responsabilidades a nivel espiritual. Una discusión repentina con alguien muy querido que nace de la nada puede venir de una emoción ignorada por ambos desde hace años. Un proceso donde sufres las consecuencias de una acción negativa de otra persona puede venir de una propia acción nuestra ejecutando el mismo daño sobre un tercero hace dos décadas, una bomba de agua que de repente deja de funcionar en casa es perfectamente plausible que sea el resultado de una parada y estancamiento en el flujo de las emociones entre los miembros de un hogar.

Hasta que no llegamos al conocimiento de la causa, es difícil actuar sobre ella. De ahí que la intuición, meditación, deducción, etc., son las herramientas para llegar a ello. Cuando sientes el «ah, ya entiendo de dónde viene esto», la solución es inmediata. ¿Por qué no deseo o no quiero aceptar esa nueva responsabilidad «espiritual» que se ha manifestado en un obstáculo laboral a nivel físico? ¿Por qué no sano ya esa emoción con esa persona que sigue latente a nivel emocional? ¿Por qué no emprendo una acción física para eliminar el estrés mental de mi vida?

El manual de acción y de instrucciones está en el interior de cada uno de nosotros, y no suele fallar. Sobre todo, es vital entender que nada, o, para no ser dogmáticos, prácticamente nada, tiene su raíz en el plano físico. Este es solo el plano de los efectos, el plano más denso y el más interior de todos los que componen nuestra realidad, individual y común, así que para cambiar algo en nuestra vida física, hay que cambiarlo en nuestra vida espiritual, en nuestra vida mental y en nuestra vida emocional. Y luego, lo demás, aparece de la nada y como por arte de magia. Y es correcto, porque magia es cuando se comprenden los principios energéticos que la rigen, y los ponemos en práctica.

Cuarto obstáculo: miedo al éxito

Ahora que hemos superado la inercia y expandido nuestra zona de confort, hemos buscado los miedos principales que nos impiden crecer, hemos tratado de captar las lecciones y enseñanzas que la vida nos pone para ayudarnos a ello, y comprendemos cómo funcionan los procesos energéticos en los planos no físicos para que esto suceda, uno diría que ya tiene todos los ingredientes para poder alcanzar un profundo dominio de sí mismo, y dar grandes zancadas hacia el glorioso futuro de cada uno.

Y, sin embargo, cuando yo llegué a este punto, me encontré otro enorme bloqueo: el miedo al éxito. Cuando queremos alcanzar grandes objetivos o dar grandes saltos cualitativos en nuestra vida, que implican cambios sustanciales, no solo el hecho de que estos objetivos sean difíciles de por sí influye en que los consigamos o no. A veces, uno de los mayores obstáculos que nos encontramos para dar el salto a otro nivel, es el miedo a triunfar. Es el síndrome de: «¿y si realmente tengo éxito tal y como deseo?»

Situaciones de este tipo vienen cuando nos proponemos (o nos proponen) grandes ascensos, grandes cambios, una nueva propuesta que puede alterar nuestra vida y zona de confort, un salto hacia ese otro tipo de actividad que siempre hemos querido hacer, una oportunidad que llega de repente, etc. En los momentos en los cuales aún no hemos abandonado nuestra situación actual pero ya tenemos a la vista la nueva realidad futura es cuando, a muchos, nos sobreviene, sin quererlo, el miedo al éxito.

Inconscientemente la pregunta que subyace en la mente es: ¿y si todo sale tan bien como me lo imagino? Esta idea viene muchas veces provocada por el entorno y la nueva realidad que comporta el cambio al cual estamos intentando llegar. ¿Podré con mi nueva vida? ¿Con mi nueva profesión? ¿Qué pasaría si mañana ya pudiera dejar todo lo que ahora no me gusta y dedicarme a lo que quiero hacer de verdad?

Cuando uno cambia cosas importantes en la vida, cambia la realidad en la que se mueve. Los amigos, los colegas de trabajo, los horarios, las responsabilidades, el entorno, por decir algunas de las cosas más obvias. Aparecerán nuevas experiencias, personas, oportunidades, obligaciones y demás en tu vida. Que estés dispuesto a aceptarlas forma parte del nuevo nivel de juego.

Raramente subir a este nuevo nivel es simplemente arrastrar con nosotros lo que uno tiene a su alrededor. Aparecen nuevos retos, nuevas lecciones en la vida, nuevas enseñanzas. Hay que aprender nuevas cosas, estudiar, practicar, desprenderse de algunas cosas y quizá también de algunas personas, que van desapareciendo de nuestra vida cuando ya no resuenan con ella.

Una de las cosas más importantes que tenemos para conscientemente ser capaces de realizar los cambios que deberemos hacer es aceptar los inconvenientes que puedan aparecer en el camino mientras nos dirigimos a la nueva realidad y hacemos o aceptamos el cambio que hemos decidido hacer, no importa cuál sea.

Contrariamente a lo que podamos considerar como el miedo al fracaso, el miedo al éxito es mucho más difícil de controlar, porque es mucho más inconsciente y no solemos darnos cuenta de él. No es que nos asuste tanto el cambio por sí mismo, sino los efectos colaterales que puede traer.

El miedo al éxito viene porque pensamos que, por fin, quizá, podamos encontrarnos ya con todo aquello que podríamos soñar, una vida como quisiéramos, un entorno como siempre deseamos, una felicidad como no habíamos tenido nunca o cualquier cosa que realmente nos asuste por lo buena que puede llegar a ser. Y es que todo eso nos asusta inconscientemente, porque, ¿sabré manejar mi nueva situación? ¿Sabré asimilar todo lo que me va a pasar? ¿No es mejor quedarme en la seguridad de lo que tengo ahora que ya tengo todo bajo control?

A todos nos ha pasado alguna vez inconscientemente, la mayoría de nosotros postergamos esos cambios o los mantenemos bajo mínimos. Y es que a todos nos asusta que las cosas vayan extremadamente bien. Nuestra vida cambiará y claro: ¿cómo nos verán nuestros amigos, familia, colegas, ahora que estamos en otro ambiente, en otros círculos, haciendo otras cosas en un entorno al cual nuestra familia y allegados quizás no van a poder entrar? Si queremos dejar de tener miedo al éxito tenemos que ser conscientes de que quizá tengamos que dejar cosas por el camino, amigos o gente que ya no vibran en la misma frecuencia que nosotros, y que hay cosas de nuestra vida que no vamos a poder arrastrar con nosotros.

En realidad, todo lo que tenemos que hacer para solucionar estos miedos es preguntarnos, ¿qué pasaría si tengo éxito haciendo lo que quiero y trabajando en lo que realmente quiero (o aceptando esta nueva propuesta, o lanzando este nuevo negocio)? Al focalizar nuestra atención en estos temores podemos sacarlos a la luz. Los miedos internos son como los vampiros, no soportan la luz del sol, y desaparecen y se desvanecen bajo un escrutinio directo.

Extrayendo de nuestro subconsciente aquello que puede condicionar nuestro éxito y trayéndolo al nivel consciente de nuestra mente ya hacemos que pierdan mucho del poder que pueden tener sobre nosotros.

No tengáis miedo a triunfar, en realidad, el éxito te está esperando en ese lugar en el que siempre has querido ir. Sopesa lo que necesitas hacer para dar el salto y ve a por él.

Desaparecido el miedo a cambiar a mejor, y que todo vaya como una seda, desaparecido uno de los obstáculos más difíciles de identificar y superar, cuando no somos conscientes del mismo.

Quinto obstáculo: miedo a la libertad

Bueno, ¿qué nos queda? ¿Qué otras cosas me he ido encontrando en mi propio camino? Pues un efecto colateral que viene con el miedo al éxito, y con el que me encontré cuando este estaba al menos controlado, que resultó ser el miedo a la libertad.

Hay una cita de Eduardo Galeano que me gusta mucho, y dice:

Una mañana, nos regalaron un conejo de Indias. Llego a casa enjaulado. Al mediodía, le abrí la puerta de la jaula. Volví a casa al anochecer y lo encontré tal como lo había dejado: jaula adentro, pegado a los barrotes, temblando del susto de la libertad.

Y otra anónima que dice:

Hay personas que sueñan con la libertad, pero están enamoradas de sus cadenas.

Qué raro que tengamos miedo a ser libres del todo, libres de verdad. Es curioso cómo no nos damos cuenta muchas veces de lo cómodo que se vive en nuestras jaulas de oro, y solo gracias a profundos procesos alquímicos internos por los que tuve que pasar, me di de bruces con esos barrotes que, invisibles a veces, me frenaban de salir a conquistar el mundo y a perseguir mis sueños. El miedo a ser libre es como el miedo al éxito, es inconsciente, y por eso es tan difícil de destapar.

Vivir en nuestra sociedad actual implica, sin lugar a dudas, vivir atrapado por múltiples presiones sociales, y mediáticas, para llevar un cierto estilo de vida, poseer un cierto número de cosas y comportarnos de una cierta manera. Estamos literalmente programados para ello, y somos esclavos de un sistema muy complicado del cual entendemos bastante poco.

Es complicado escapar de esta válvula a presión que es el mundo en que vivimos, y es difícil salir del sistema y vivir sin restricciones de ningún tipo. Los barrotes de nuestra jaula se construyen desde nuestra infancia, y durante toda nuestra vida, con cosas que cada vez más nos atan a mil puntos distintos: el trabajo, las relaciones sociales, las posesiones materiales, el consumismo, la seguridad que nos da el vivir bajo ciertas normas y leyes, el orden que nos garantiza la estructura de control que tenemos, etc.

Es prácticamente imposible romper esos cientos de minicadenas invisibles, y es por eso, muchas veces, que llevamos un ritmo que no podemos soportar, o no queremos aguantar, pero del cual nos es imposible escapar. Soñamos con irnos a otro lado, a cambiar de vida y hacer algo que nos haga sentir más libres, soñamos con tener la libertad que anhelamos sin ataduras. En muchos casos, no nos damos cuenta de que cambiando de lugar, solo cambiamos el idioma de las cadenas, que cambiando de trabajo, solo cambiamos el tipo de anclaje que nos sigue atando, acumulando más dinero, solo nos ata a más miedo por perderlo. Entonces, ¿es que no se puede ser libre?

Personalmente me ha costado entender que la libertad es una elección. Para alguien que tiene como valor principal en la vida ser libre y que cada día se pelea por encontrar la forma de librarse de restricciones, horarios y ataduras geográficas para llevar a cabo lo que de verdad le interesa, demostrar que la libertad es una elección es ardua tarea.

Pero al fin y al cabo eso es lo que la libertad es. Para entender y aceptar el sentimiento de libertad debemos entender y aceptar su contrario: la dependencia. Depender de otros es lo que hacemos todos los días. Dependemos de que alguien traiga la comida al supermercado donde hacemos la compra, dependemos de que alguien nos pague la nómina a final de mes, dependemos de que alguien haga esto o aquello. Y así mismo, otros dependen de nosotros y nuestras acciones.

Es decir, nos quejamos de eventos y situaciones que nos rodean, les echamos la culpa de que nos impiden hacer esto o lo otro, cuando en realidad solo son los barrotes de una jaula cuya puerta está abierta, pero que no nos atrevemos a cruzar y nos negamos a ver que existe una salida. Compromisos que no queremos, relaciones que no deseamos, situaciones que no evitamos, todo forma parte del miedo a la libertad, porque, ¿y si cruzo la puerta?

La cuestión es que hay diferentes factores que nos ciegan: el temor a lo desconocido, el desasosiego por salir de nuestra zona de confort, el miedo a enfrentarnos a nosotros mismos y a nuestros temores, pero, sobre todo, el miedo a ser libres, a hacer lo que queremos y cuando queremos, en un mundo lleno de reglas que nos impone absolutamente todo lo que puede llegar a imponerse. Lo peor de todo es que no nos damos cuenta. Nos han metido tanto ruido mental en la cabeza que somos ese conejo que aun sabiendo que tiene la puerta abierta, prefiere irse al rincón del agua y la zanahoria y pretender que eso es todo lo que siempre ha querido de verdad en la vida.

    Así que para superar este obstáculo, uno tiene que volverse muy introspectivo, hacer una lista de las cadenas que tiene, y buscar honestamente la razón de por qué no las rompemos. Hay muchas razones para ello, todas igualmente válidas para la persona que las escoge. Se puede ser libre de muchas formas, porque la libertad es una elección y no tiene por qué implicar un estilo de vida nómada y ermitaño. La libertad es una decisión interna que solo requiere una dosis de valor para vivir en este sistema decidiendo a cada momento cuándo cruzar la reja, cuándo volver a ella, cuándo romper con algo, o cuándo mantenerlo.

    Jean-Paul Sartre escribió una vez al respecto de una situación que había vivido para ilustrar la tendencia humana de negar nuestro poder de ser libres en todo momento. Un camarero, en algún lugar donde había ido a comer, parecía estar completamente imbuido por el hechizo de su papel como sirviente. Se movía demasiado rápido, demasiado eficazmente, demasiado amablemente... demasiado todo. El camarero explicaba los platos del menú con tal entusiasmo que no existía comida en el planeta que mereciera tales elogios. Sus gestos eran tan ridículamente serviciales en extremo que parecía haber perdido la noción de entender que era una persona con libre albedrío, que podía escoger cómo comportarse, ya que todo su comportamiento era un rol excesivamente representado.

Sartre creía que tenemos mucha más libertad de la que realmente nos damos crédito, y de la que no somos conscientes. Normalmente la negamos para protegernos del horror de aceptar la responsabilidad total de nuestras vidas. En cada instante, somos libres de comportarnos como queramos, pero casi siempre actuamos como si las circunstancias de la vida hubieran reducido nuestras opciones a solo una o dos formas de poder hacerlo.

Esto es lo que Sartre decía: nos convencemos a nosotros mismos de que somos menos libres de lo que realmente somos, de forma que así no nos hacemos responsables de lo que, en efecto, decidimos hacer, o terminamos haciendo, pues no había más opción. Verdaderamente parece que todo lo que tenemos que hacer es porque no hay literalmente más remedio, porque así nos lo exige el trabajo, la familia, los amigos, el círculo social, etc., y como si nuestro cuerpo ya no tuviera otra opción que llevarlo a cabo, con o sin resignación.

Pero no es correcto. Uno puede poner la alarma del reloj y cambiar la hora a la que se levanta, uno siempre es libre de escoger qué hacer y cuándo, y somos libres para explorar todas las otras alternativas que nosotros mismos nos hemos convencido de que no están ahí. Nunca tienes que hacer las cosas como las has hecho siempre, y eso es una verdad inamovible, en cada momento en el que estés vivo. Sin embargo, seguimos pensando que estamos en un camino bastante rígido y constreñido la mayor parte del tiempo.

Normalmente pensamos que la libertad es algo que solo puede traer cosas buenas en la vida y hacerla más fácil, pero por lo general es al contrario, puede saturarnos y llegar a ser temible. Piensa en ello, podemos escoger en cada momento múltiples posibilidades y caminos hacia cada uno de nuestros futuros potenciales, y nada menos que el resto de nuestra vida depende de cada una de esas decisiones sobre las que ahora tienes el cien por cien de responsabilidad, y ninguna restricción sobre ellas. Así, que, casi siempre, supone un gran alivio decirnos a nosotros mismos que tenemos pocas opciones, e incluso a veces ninguna, de forma que uno se intenta quitar de encima el hecho de tener la responsabilidad de elegir qué hacer con tu vida constantemente.

En otras palabras, aunque todos nosotros queremos tener la mejor vida posible, si existe la probabilidad de salir decepcionados de nuestras elecciones, nos gusta al menos que sea la culpa de alguna otra persona el hecho de que las cosas hayan salido de esa manera.

Sartre quería que todo el mundo se diera cuenta de su propia libertad, que fuera casi como una sensación física, porque todo es una elección. La hora de ir a dormir no es real, es una elección diaria. Ir a trabajar es una elección. Comer a una hora o no comer a esa hora es una elección. Respetar una fecha para algo es una elección, olvidarte de una fecha para algo también lo es, y darse cuenta de que todo esto no son más que excusas para no dejarnos ver en nosotros mismos que nada de lo que hacemos es inevitable, es otra elección. Es el miedo a la libertad, tan real y tan tangible como cualquiera de los otros obstáculos que hemos visto, y puesto que avanzar en tu vida implica tener que decidir sobre ella, la mayoría de seres humanos prefieren no ser libres, y que otros decidan lo más importante, para luego, si fallamos, no tener que responsabilizarnos de ello. El sistema funciona tan bien, y está tan engrasado, que esta es una de las jugadas magistrales que impide que una gran parte de la raza humana no se vaya a mover nunca del lugar en el que se encuentra, y la zona de confort, las dinámicas del sistema de vida que llevamos y el resto de miedos de nuestros cuerpos energéticos ya hacen el resto.

Sexto obstáculo: cuando los demás nos ponen piedras en el camino

Pongamos que todos los puntos anteriores ya han sido más o menos trabajados. Y ahora creemos y parece que, al menos de nuestra parte, ya no hay tantos escollos para seguir creciendo y haciendo aquello que nos lleve a donde queramos ir. Y ahora resulta que, sin embargo, parece que lo que nos frena son las piedras en el camino que crees notar que otros te lanzan. ¿Qué hay de cierto en eso? ¿Es posible que otras personas nos pongan trabas para que nosotros mismos podamos crecer y avanzar? Indaguemos al respecto, pues no dejan de formar parte de algo que estamos proyectando hacia el exterior, quizá sin saberlo.

Es curioso como hay personas que nos caen muy bien, otras que nos son indiferentes, y otras que nos causan una reacción a veces casi inexplicable de algo que no sabemos bien a qué se debe: les tenemos ojeriza, nos molesta su presencia o lo que hacen, nos fastidia su forma de ser, nos enfadan o nos hacen estallar solo por el hecho de estar cerca, etc. Nada que decir de la primera categoría de personas, aquellas con las cuales hay armonía o en el peor de los casos, indiferencia y neutralidad. Nuestra oportunidad para crecer como personas está en la tercera categoría, los que nos molestan o irritan.

El mundo que nos rodea y se manifiesta en torno a nosotros no es más que una proyección de nuestra forma de ver y sentir la vida, de cómo somos. Todo aquello que puedes en estos momentos ver es un reflejo de ti, devuelve alguna de las cualidades que estás proyectando hacia el exterior como si de un espejo se tratara. Lo malo es que también devuelve aquello de lo que no necesariamente somos conscientes.

Todos nos hemos sentido atacados o bloqueados por los demás en alguna ocasión. Es una de las cosas que cuestan más de asimilar y de integrar, sobre todo cuando no entiendes por qué las personas proyectan contra uno mismo parte de sus frustraciones, enfados o emociones que a veces no vienen a cuento. Esos ataques, por llamarlos de alguna forma, van directamente a herir, en la mayoría de los casos, alguna de las facetas de nuestro carácter. Puede ser que afecte a nuestro deseo de ser reconocidos, aceptados, queridos, escuchados, etc. Puede ser que afecte a nuestro deseo de supervivencia innato (activa mecanismos de defensa automáticos), o puede ser que afecten a arquetipos gestionados por nuestro ego (el ego entendido como el programa que controla la suma de personalidades que somos, a nivel mental, en la esfera de consciencia) de introversión o de darnos la vuelta para no oír más.

Hace tiempo me di cuenta de la necesidad de examinar en nosotros mismos qué tipo de reacción despierta ese ataque y por qué nos afecta. En muchos casos estamos reactivando una parte nuestra que necesita trabajo pendiente de crecimiento personal ya que, si algo nos hace saltar los plomos, los únicos responsables de la reacción somos nosotros, pues esa misma situación a otra persona puede dejarla totalmente indiferente.

Así pues, ¿por qué me genera esas ganas de esconderme, enfadarme, atacar de vuelta, o darle una patada a esa persona, por lo que me ha dicho o hecho? Hace años que aprendí una meditación cuando estudiaba los componentes del ego, en la cual dialogaba mentalmente con esas diferentes facetas de mi carácter. Empezaba diciendo: «A ver, ¿quién está por ahí dentro ofendido por lo que nos han dicho o hecho hoy?». Y salía mi «Yo cobarde, por ejemplo». Pues en la meditación le hacía hablar, en plan terapia de grupo. Y mi Yo Cobarde decía, «pues me he sentido herido por tal y tal». Y de repente salía mi Yo Guerrero, «y yo he salido a defendernos, porque ¿cómo se atreve a hacernos o decirnos tal cosa...?», y luego hablaba el Yo controlador, «pues ahora vamos a pensar una estrategia para devolverle el ataque», etc. Dejaba salir todo lo que las diferentes partes de mi tuvieran que decir. Y luego empezaba el análisis. «Ok, pero si nos hemos (en la meditación, dirigiéndome a todos mis «Yos»), sentido así, ¡será por algo! ¿No será que tenemos por ejemplo una necesidad de ser escuchados que no está siendo atendida?» O «¿no será que nos vemos reflejados en esa persona porque nosotros hemos hecho algo parecido?» Y así seguía con todo lo que me venía a la mente.

Finalmente, la última parte de la meditación era la aparición del Yo Superior, o de la consciencia más profunda y más sabia de nosotros mismos. Aparecía de repente, cuando ya habíamos descargado, analizado y sanado el porqué de las reacciones que habíamos tenido ante tal o cual situación. Y siempre era como un bálsamo de sabiduría.

Las conclusiones siempre eran las mismas; primero, la persona que te ataca muchas veces está proyectando sus propios miedos, frustraciones en la vida, problemas y deseos de ser aceptado, reconocido o querido. Muchas veces esos ataques ni siquiera son personales, sino que te han tocado por estar en el sitio en el que estabas en el momento en el que estabas, o por algo que tú has provocado, ha hecho saltar a esa persona por algo que tiene que resolver en ella misma. Entendiendo eso, entiendes mucho de la naturaleza humana en las relaciones interpersonales. Es posible que hayas hecho de catalizador porque os necesitabais el uno al otro para hacer ese trabajo interno. Recordad lo que hemos hablado anteriormente sobre «los cuatro acuerdos».

Y segundo, tú mismo has detectado en ti también una reacción que no esperabas, consecuencia de un sentimiento que no sabías que tenías, y que necesitaba ser trabajado. Como siempre, nada pasa por casualidad. El universo te pone en bandeja millones de pequeños momentos en la vida para que aprendamos de todos ellos. Todo lo que nos sucede en esta vida es una pequeña lección, y todo lo que hay que hacer es obtener el conocimiento que nos ofrece. Así como las cosas o entorno nos refleja lo que somos y cómo somos, las personas que tenemos a nuestro alrededor son el mejor indicador de aquellas partes de nuestro inconsciente que estamos proyectando hacia fuera. Por ende, la única forma de saber qué se está cociendo dentro de tu ser y que no está saliendo y siendo tratado correctamente, es observar qué comportamientos tienen aquellos que están cerca de ti y que no son más que voces de alarma para que trabajes ese problema en tú mismo.

Cuando alguien te saca de quicio, te molesta, te irrita, es el momento de examinar de cerca qué comportamiento tiene esa persona. Las personas, así como las situaciones, son por naturaleza neutrales. No nos causan ninguna reacción a menos que exista en nuestro interior un algo que haga saltar el impulso. Nada es bueno o malo, o molesta o agrada, si no hay un elemento comparativo en nuestro ser que es capaz de darle al pulsador del elemento correcto. Cuando tienes la sensación de que tu jefe es un manipulador y un controlador excesivo, que uno de tus compañeros se escaquea del trabajo y que un familiar nos hace estallar de rabia cada vez que pronuncia una frase dándoselas de entendido, tienes nada más ni nada menos que tres fantásticas oportunidades de curar en ti mismo tres elementos enterrados en tu inconsciente. Imagínate que realmente en cada una de estas situaciones reaccionas de forma automática sin saber por qué. No puedes tolerar la manipulación, no puedes aguantar más a esa persona hablando solo de sí misma siempre, no puedes aguantar el control. ¿Por qué han saltado esos sentimientos en ti y no en otra persona de tu mismo círculo? La cuestión reside en tus bloqueos y sentimientos internos.

Al no ser capaces de notar directamente en la mayoría de los casos cuándo tenemos un tema que resolver interiormente, nuestro subconsciente se encarga de mapear la realidad exterior para que podamos notar aquello en lo que nos urge que trabajemos. Es casi cien por cien seguro que vamos a tener temas pendientes de manipulación, ego, control y otros en nosotros mismos, si eso es lo que más notamos en los demás.

La única forma de que no nos influyan los comportamientos de los demás es no teniendo temas pendientes con nosotros mismos que hagan saltar la alarma cuando los vemos. Y la única forma de solucionar temas con nosotros mismos es sacándolos a la luz, desenterrándolos de nuestra psique y aceptándolos. Aceptar que en estos momentos tenemos un «yo» que se intenta hacer dueño de todas las conversaciones en las que participa, aceptar que estamos dolidos por algo, o que estamos intentando manipular o controlar a otros, o que esto o lo otro. Darnos cuenta de que existe dentro de nosotros ese mismo sentimiento que no nos gusta ver en otros, es la única manera de desbloquear esa energía y evolucionar.

Si no eres capaz de encontrar en ti ese comportamiento que te molesta debes buscar más hondo. Cuanto más enterrado esté, más alto, más repetitivo y más te va a molestar su reflejo exterior. Negar que la otra persona es así y no es culpa mía es una excusa. La otra persona no es de una forma ni de otra, su forma de ser es completamente neutral hacia ti, como tu forma de ser es completamente neutral hacia ella, excepto en aquellas cosas en las que tu comportamiento sea un reflejo de alguno de los temas que esa otra persona deba solucionar. Cuando no hay temas pendientes, todo el mundo es maravilloso.

Mira en estos momentos todo tu círculo cercano y más directo. Examina qué comportamientos reflejas en los demás y medita sobre ello. Sácalos a la superficie, tráelos a tu mente consciente y acéptalos. Algo que ha sido aceptado e integrado pierde todo su poder, se convierte en una lección aprendida y te deja un hueco libre para que vayas solucionando temas pendientes.

Séptimo obstáculo: querer meternos en el camino evolutivo de los demás

Ya estamos llegando al final, al menos al final de las cosas que he sido capaz de desenterrar en mi propio camino y que he podido comprender para llegar al menos a poder escribir sobre ellas. Como colofón, sin embargo, nos falta hablar de un tema más: el libre albedrío respecto al camino evolutivo de los demás.

Una de las cosas más importantes en la vida es que cada uno tiene una serie de lecciones, aprendizajes y experiencias que obtener que no tienen nada en común con el resto de lecciones, experiencias y aprendizajes de ninguna otra persona. El camino de todos y cada uno de nosotros es único, individual e intransferible, nadie puede ponerse en nuestro lugar ni nosotros podemos ponernos en el lugar de los demás. Por eso es tan importante aprender que no tiene sentido compararnos con nadie, nadie en absoluto, pues no tenemos ni idea de cuál es su camino evolutivo y por qué está pasando por algo (o no está pasando) y cuáles serán sus obstáculos, lecciones o recompensas. El hecho de pensar que ojalá fuéramos como tal, o nos pasara lo que le pasó a tal, es parte del proceso de madurar y darnos cuenta de que, en realidad, jamás nos podrá pasar lo mismo o llegaremos a ser lo mismo que otra persona, por mucho que lo intentemos.

Puesto que nadie puede vivir nuestras lecciones y experiencias por nosotros, tampoco podemos evitar las experiencias y lecciones de los demás. Empecinarnos en ayudar a otras personas porque creemos que es lo mejor para ellos es entrometernos en su camino, tratar de que no pasen por aquí, no hagan esto o lo otro, no se equivoquen, no sufran o no disfruten, etc., es intromisión, puesto que en el momento en que no estemos cerca de esa persona, la vida y su Yo Superior les pondrán por delante las lecciones y experiencias que necesita y que nosotros hemos tratado de evitar, y tendrá que pasar por ellas. Quizá nuestra intención es ayudar, pero, en realidad solo estábamos interviniendo en un camino que no es el nuestro.

Ayudar cuando nos lo piden, de la forma que nos lo piden y según lo que la persona nos pida es diferente. Aceptamos echar un cable con nuestras capacidades, conocimientos o experiencias para proporcionar a esa persona una herramienta, conocimiento o información que le pueda hacer falta en su camino. Ya se encargará el Yo Superior de la persona de encontrar la ayuda que su encarnación necesite en cada momento, lo que no tolerará es que, cuando no desea esa ayuda, se vea impuesta u ofrecida constantemente para evitarle algo por lo que desea y necesita pasar.

Todos necesitamos cometer errores, y a muchos no nos gusta que nos priven de las oportunidades de hacerlo. Equivocarse es aprender, y caerse mucho da una perspectiva y unas enseñanzas enormes que luego nos pueden ser necesarias. Si nunca nos han dejado que nos equivoquemos, que tomemos el camino incorrecto o que metamos la pata hasta el fondo, sean cuales sean las consecuencias, no estamos dejando que se forje el conocimiento interno que es necesario para crecer, que no es otra cosa que obtener experiencias de todo tipo, buenas y malas. No podemos ir por la vida rescatando de sus lecciones y experiencias a todos los que tenemos cerca, en realidad, nos es necesario preocuparnos más por nuestro propio camino y ayudar solo cuando seamos requeridos.

Personalmente cuando empecé en el mundo de las sanaciones energéticas estaba tan entusiasmado por el hecho de que podía ayudar a tantísima gente que empecé a ofrecerlo a mi entorno por activa y por pasiva, quería sanar a todos, desbloquearles todas sus áreas, ayudarles a manifestar abundancia, sanarles el cuerpo energético, limpiar programas, quitarles entidades, etc., y mi sorpresa fue encontrarme con cierto rechazo, algunas veces por parte de la persona, otras veces por parte del Yo Superior de la persona que no deseaba un cierto desbloqueo en una cierta área ya que no era el momento, pues lo que esa persona estuviera viviendo era parte de una lección o experiencia por la que debía atravesar para solucionarla por su cuenta.

No nos metamos donde no nos mandan, si somos requeridos, ofrécete a ayudar, pero si te dicen que no, no insistas. Es la Ley de la Permisividad, cada uno debe permitirse a sí mismo y a los demás recorrer su propio camino de altos y bajos. No estamos en un planeta donde todo el mundo siga la misma ruta, cada uno evoluciona a su ritmo, con sus experiencias, a su manera. Somos alumnos individuales que estudian en la escuela de la vida cada uno a su paso, y tenemos que ayudarnos todos a todos constantemente, eso sí, sin violar nunca el libre albedrío de nadie, y sin creer que podemos actuar sobre la vida de los demás sabiendo lo que es mejor para ellos. Nadie tiene la responsabilidad del camino evolutivo de nadie, más que uno mismo, y todo el mundo tenemos derecho a caminarlo como nos plazca, si nos place. No deja de ser otro obstáculo a nuestro propio camino que tratar de caminar el de los demás.

Por un cambio personal

El «no puedo», que decimos constantemente cuando nos enfrentamos a alguno de estos obstáculos que hemos visto en las páginas precedentes, es una de las frases más usadas por todos nosotros para cualquier cosa. No puedo permitirme esto, no puedo hacer lo otro, no puedo ir allá, no puedo cambiar aquí, no puedo superar esto... no puedo.

Pero «no puedo» es una frase tremendamente descorazonadora, debilitadora y contraproducente, pues manda una poderosa señal de nosotros mismos, hacia nosotros mismos, que termina por provocar un sentimiento inconsciente de impotencia del cual no solemos darnos cuenta.

«No puedo» es una afirmación rotunda. Como toda afirmación tiene un poder energético en nosotros que manifiesta precisamente aquello que estamos pregonando. No puedo «ahora» tampoco es mejor, pues «ahora» denota cada momento que vivimos, y mantiene el mismo poder debilitador, solo que además aplicado a cada instante de nuestra vida.

Una de las cosas que tenemos que aprender es a cambiar el vocabulario. El «no puedo» se ha de transformar en frases que resulten menos dañinas. Por ejemplo: «no puedo permitirme esto», en realidad no es cierto, seguramente existe una fórmula y un plan de acción, que bien aplicado, puede hacer que llegues a permitírtelo si es algo que realmente necesitas, aunque requiera un cambio de estrategia, de forma de ver el mundo o incluso de la forma en la que orientas tu vida. Pero sí que se puede. Siempre se puede. En todo caso, hay momentos en que nos irá mejor hacerlo o no, será más conveniente o menos conveniente, será más difícil, requerirá más tiempo o más esfuerzo, pero hay una diferencia abismal entre la conveniencia o dificultad para conseguir algo y la negación rotunda de no poder hacerlo.

Afortunadamente, el «no puedo» disminuye mucho su poder sobre nosotros y nuestro inconsciente cuando uno vuelve el foco de su atención hacia adquirir aquellas herramientas y recursos personales que pueden convertir todo en un «si puedo». Y eso se hace mirando de invertir en uno mismo.

Invertir en ti es la única forma de no perder nunca, pues eres el único valor seguro que tienes. Invierte en aprender algo que necesitas, invierte en sanar lo que tengas que sanar en ti mismo, invierte en conocimiento, invierte en habilidades, invierte en crecimiento personal, invierte en ponerte en forma y mejorar tu estado físico y anímico, invierte en tus relaciones y en tu amor propio, invierte en quererte, etc. Haz todo aquello que te beneficie, por qué al igual que la frase «no puedo», la sentencia «invierto y cuido de mí» es otro potente mensaje. Si tú cuidas de ti, significa que te valoras y te respetas. Y proyectar esa imagen de valor y respeto en el mundo no tiene precio. Lo que te viene de vuelta es lo mismo muchas veces amplificado.

Invertir en ti significa también a veces dejarse ayudar, saber y reconocer que el intercambio de valor y de tiempo entre personas es la herramienta más efectiva. Tú tienes unas habilidades y conocimientos, y otros se nutren de ellas (sea pagando por un servicio, por un curso, sea por un intercambio de favores, de tiempo, de bienes necesarios mutuamente, etc.). Yo tengo unas habilidades, un conocimiento y algo que ofrecer, lo uso para servir a otros de la misma forma. Cambia el «no puedo» por «ya encontraré la forma de hacerlo» y el «nunca hago nada por mi» por un «constantemente reinvierto todo lo que puedo en mí mismo». Verás que cambio abismal de filosofía de vida y calidad de la misma obtendrás en poco tiempo.

Por otro lado, el camino evolutivo de cada uno está siempre organizado de forma que se vaya avanzando al ritmo que uno pueda gestionar y asimilar. A nadie se le da más información espiritual de la que puede comprender, o a nadie se le fuerza, por parte de su Yo Superior o de su parte más elevada, a acometer trabajos evolutivos para los cuales no esté preparado. De nada sirve querer forzar la máquina para ir más rápido, pues no hay meta oficial a la cual llegar, sino que el proceso de crecimiento es eso, un proceso, es una espiral evolutiva, de ahí el título de este libro, y como tal no admite atajos o cambios de ritmo forzados, ya que cada paso se construye sobre el paso inmediatamente anterior y, sin este, no puede existir el paso siguiente.

Por eso, para todos los que estáis en vuestro propio camino de crecimiento, hay que tener paciencia y disfrutar de cada fase. No queramos ir demasiado deprisa en nuestra evolución, saltándonos estadios evolutivos, queriendo pasar por todos ellos lo más deprisa posible, etc. En realidad, nadie nos está esperando en la meta, ya que existen tantas metas diferentes como seres humanos encarnados en el planeta y, quién nos quiere ver avanzar de verdad, nuestro Yo Superior, los niveles más altos de nosotros mismos, nos está acompañando en nuestro camino al mismo ritmo que vamos nosotros, y siempre estamos en el momento perfecto de cada etapa en la que debemos estar.

Sin prisa pero sin pausa, porqué llegará un momento en el que estemos en el momento perfecto para que todos demos un gran salto evolutivo, al que nos estamos acercando como humanidad. Y de eso es lo que vamos a hablar ahora, como colofón final a la compresión del momento en el que estamos, y el papel que nos toca jugar.

**Cuarta parte
Entre dos mundos**

¿Hacia dónde vamos?

Creo que todos habéis oído desde hace tiempo que estamos metidos en un cambio de consciencia a nivel planetario, de nivel evolutivo, de paradigma, de realidad. Algo que parece que llevamos eones escuchando y esperando, y qué, por otro lado, parece que no llega nunca, o que no se vieran grandes avances al respecto.

En múltiples ocasiones hemos visto acelerarse y retraerse los cambios, hemos visto modificaciones en las líneas temporales y en los futuros alternativos que tenemos por delante, y hemos visto el tira y afloja constante entre los que desean que llegue ese nuevo salto evolutivo, por la suma de los cambios individuales en todos nosotros, y los que están haciendo todo lo posible por pararlo y frenarlo, sino desactivarlo por completo.

Espero haber logrado explicar, con todo lo expuesto a lo largo del libro, y tal y como lo comprendo y creo entender, por qué no hay que tirar nunca la toalla, y por qué la gente es la clave para conseguir ese salto que queremos. La cuestión es que sigue siendo necesario trabajar por el cambio en el interior de todos y cada uno de nosotros, y ese es el único objetivo que, todos aquellos que queremos desmontar la estructura actual de cómo están las cosas para movernos a otra, de frecuencia, vibración, consciencia y nivel evolutivo diferente, tenemos que seguir teniendo en mente.

Puesto que todo cambio o mejora a lo que tenemos ahora ahí fuera solo puede venir desde dentro de uno mismo, las herramientas que tenemos y de las que hemos hablado se han de aplicar mirando hacia nuestro interior, tras haber comprendido lo que sucede alrededor. Para la mayoría de nosotros, el principal problema a la hora de comprender que está sucediendo es la falta de información y visión de que estamos en un tablero de juego, nuestro planeta, increíblemente complicado, de muchos niveles, y donde muchos jugadores pertenecen a entornos híper dimensionales, de otros planos evolutivos y orígenes, y que llevan aquí tanto tiempo que hacen y harán siempre todo lo posible para que no se les desmonte lo que les ha llevado milenios construir y que no nos movamos de este nivel evolutivo en el que estamos. Por otro lado, vivimos bajo unas estructuras de gestión social tremendamente asentadas con un grupo en control al mando de las mismas que trata, en general, de que nada pase que pudiera desmontarles el chiringuito o de que se les escape la mayor parte de la humanidad.

Y este simple hecho ya nos impide tener una visión clara de que está sucediendo, por no comprender en muchos casos estas estructuras bajo las que vivimos, ni los jugadores que las manejan. Por un lado, la principal forma para evitar que nada cambie es mantener el ser humano y su desarrollo sistemáticamente machacados físicamente, psicológicamente y energéticamente. La mayoría de la raza humana aún sigue sin comprender que fuerzas no visibles a sus ojos están afectando nuestra habilidad para vivir libremente y, en algunos casos, incluso sobrevivir. Estamos siendo usados exactamente tal y como nosotros usamos a otras especies que consideramos inferiores con el pleno consentimiento y aprobación de aquellos humanos que se consideran parte de la élite en control.

Esta «élite», está dirigida y bajo la supervisión directa de aquellas otras razas que desean mantener nuestro planeta bajo sumisión, junto con otros que ya poseen. Sin embargo, por otro lado la consciencia colectiva de la raza humana ha alcanzado un punto en el que está empezando a verse y a oírse a muchas personas que claman como un secreto a voces la situación que se está viviendo, y no pueden ocultarse la cantidad de interacciones que están habiendo, y se están mostrando abiertamente, entre la humanidad y otras razas de fuera, sea a nivel físico o no, pues son muchas las realidades y niveles dimensionales en los que se interactúa, y muchas las formas de hacerlo.

Las evidencias, investigaciones, y experiencias de miles de humanos respecto a los poderes externos y su exposición a la luz pública no pueden ya ser silenciadas, y cuesta mucho mantenerlas ridiculizadas y generando constante desinformación para cubrir los daños que produce el hecho de que, cada vez más y más seres humanos, conozcan y hablemos abiertamente de lo que somos y de cómo estamos siendo usados.

De la misma manera, se están dando contactos, encuentros y recibiendo apoyo de aquellos otros que desean ver al planeta libre de esta manipulación, y tampoco el sistema de control da abasto para tapar todos los agujeros que se le abren en el barco, aunque consiguen tapar y silenciar a muchos que suponen un verdadero torpedo a la línea de flotación. A la pregunta de por qué no llega ayuda más directamente a nivel físico para poder trabajar contra esto, la respuesta que se recibe es que la humanidad no ha aprendido ni siquiera a cooperar entre sí, y a mostrarse de forma no agresiva los unos contra los otros, por lo que tampoco es seguro para aquellos que, hipotéticamente, desearan venir a ayudar, hacerlo libre y abiertamente.

La ayuda que se podría recibir es muy efectiva, pero debe ser solicitada como asistencia, y no como un rescate que exima de todo trabajo y responsabilidad a nuestra especie. Una víctima, sea una persona o sea un colectivo, no ha evolucionado al nivel necesario de responsabilidad personal que permite la asistencia directa, ya que exige que todo le sea hecho, dado y solucionado. Nada de ahí fuera responderá a esa petición si no hay un nivel de responsabilidad aquí dentro, como individuos y como especie, que se haga cargo de revertir la situación y tomar las riendas de la misma. Al fin y al cabo, el libre albedrío es siempre la libertad de escoger, y de escoger continuamente, incluso si se decide no escoger. Siempre habrá fuerzas y otros que estarán dispuestos a escoger por aquellos que no quieran tomar las riendas de sus vidas, y elegir su destino por ellos mismos, tanto a nivel individual como global.

Por mis propias vivencias y las de aquellos a mí alrededor, veo que cada persona llega, en algún momento, a un punto en su camino en el que termina por comprender todo esto, cada uno de forma diferente, y todos mediante una combinación completamente distinta de conocimientos, experiencias y lecciones aprendidas. Cuando esto ocurre se empiezan a dar estos cambios de pasar del estado de no-responsabilidad a responsabilidad consciente a nivel personal o a nivel colectivo, aunque esto no significa que se produzca instantáneamente un cambio radical de negativo a positivo en la vida de uno, sino más bien una evolución en espiral ascendente que permite una comprensión gradual y cada vez mayor del estado de las cosas en nuestra raza.

Se también por experiencia que la comprensión total de la situación en la que vivimos a nivel colectivo y planetario es muchas veces aceptada y rechazada por partes, antes de que se cristalice del todo la visión de lo que realmente está sucediendo en el planeta y a nosotros como especie. Requiere una gran dosis de coraje cruzar al otro lado de los sistemas de creencias actualmente establecidos sobre «cómo son las cosas» pues se hace necesario abandonar toda idea anteriormente aprendida o asimilada por los medios y sistemas educativos y de manipulación existentes. Las mentiras, falsedades y decepciones son tan grandes, a todos los niveles, y en todas las áreas de vida, y la verdad está tan bien escondida, que la aceptación por las masas de otros paradigmas que produzcan saltos cuánticos de consciencia a nivel macro parece que es casi imposible, sin embargo, no lo es, y así debe suceder si la raza humana quiere continuar por un camino libre, en esta pequeña joya que es el planeta que habitamos.

Otro punto importante que necesitamos comprender es que cualquier cambio de realidad por el que estemos trabajando y que estemos buscando para mejorar la experiencia que supone estar encarnados en este planeta, no es ya un salto de la noche a la mañana donde todo lo actual se borra de un plumazo y amanecemos en otro entorno idílico, algo que quizás pudo haber estado presente como opción en un pasado no muy lejano, cuando los procesos energéticos y las líneas temporales por las que estábamos transitando eran diferentes a las actuales[8]. Habiendo dejado atrás esas oportunidades de paso evolutivo, que se cerraron hace algunos años, que no conseguimos aprovechar, ahora nos encontramos más bien con un escenario donde se presenta una evolución hacia adelante, por una línea temporal que nos lleva al cambio de "realidad" y nivel evolutivo, en una espiral de experiencia y crecimiento, que nos permite alcanzar un mayor conocimiento y la habilidad de usar las energías y polaridades duales bajo las que vivimos que

---

[8] En el año 2013, cuando publiqué mi anterior libro *El Yugo de Orión*, todavía estábamos dentro de la ventana de paso evolutivo «instantáneo» gracias a las posibilidades dentro de la línea temporal en la que estábamos. Con el cierre de esa ventana de cambio dimensional, pues es todo cuestión de ciclos, por no haber alcanzado la masa crítica necesaria para ello, otros futuros alternativos se nos presentan actualmente, que dependen ya solo de cuándo y cómo se alcance el nivel evolutivo mínimo requerido a nivel macro en toda la humanidad para que se empiecen a notar esos cambios en nuestra realidad.

resulte en un nuevo estado de realidad común basado en otras reglas y patrones, y libre de influencias externas que lo manipulen al antojo de aquellos que se posicionan como los controladores del planeta. Visto lo anterior, no es difícil darse cuenta de que hay aún trabajo personal que hacer para poder saltar al otro lado de la valla y poder ver las cosas como son.

Debido a la necesidad de este trabajo, y debido a que todavía hay un número enorme de personas que se aferran al sistema simplemente por miedo o porque no conocen otra forma de vivir, es posible que vivamos momentos de caos, o momentos en los que la situación a nivel global parezca que va mucho a peor, que se retrocede grandes pasos, en vez de avanzar.

Así que, en estos momentos, ¿hacia dónde vamos en esta línea temporal macro en la que estamos? ¿Por qué situación estamos pasando a nivel evolutivo?

Estamos transitando un escenario de lento cambio, donde coexisten varias realidades globales a gran escala, sustentadas por principalmente dos líneas temporales que se han denominado la línea temporal 33 y la línea temporal 42, en una, la segunda, todo, poco a poco, parece ir mejorando y todo parece ir avanzando hacia un cambio global de la situación para mejor, y en la otra realidad, en la línea 33, donde el mundo se mantiene igual o va a peor, influenciado tanto por aquellos que resuenan con este tipo de realidad como por aquellos que la gestionan, manejan e intentan imponerla de nuevo como la realidad común para todos.

Para transitar de la conexión de una realidad a otra, de un escenario percibido por muchas personas como negativo, al otro percibido como cada vez más positivo, pues otras muchas personas están construyendo esa otra estructura de la realidad, es necesario un trabajo interior, que nos desenganche de uno y nos ancle al otro.

La gente es la clave

Hace algún tiempo, viendo un reportaje sobre no sé qué historias de desarrollo personal y superación humana, todo el rato me venía intuitivamente el mismo mensaje: «hay que trabajar por la gente, la gente es la clave».

El hecho de que ahora mismo esté medio planeta patas arriba (por otro lado, ¿cuándo no lo ha estado en la historia conocida?), esconde, que, en realidad, hay millones de pequeños gestos y micro cambios que hacen pensar que la gente está cambiando, que estamos poco a poco despertando a otro tipo de ver y hacer las cosas. Esos micro cambios en la gente no se ven si no formas parte del círculo de esas personas, no salen en la tele y no forman parte de los titulares de las noticias. Como tal, el mundo, visto desde esa amalgama de recopilación de hechos de lo que pasa, como la que nos dan las noticias, nos da una imagen falsa de la realidad.

Por qué la realidad, o al menos una de las dos macro realidades, la sustentada por la línea temporal 42, es que el mundo está mejorando a escala micro, y que a pasos muy pequeños, o quizás podríamos decir a un ritmo lento pero que no decae, todo va cambiando para mejor, al menos en una de esas dos macro realidades que conviven en nuestro planeta, y a la que hemos de tratar de anclarnos. Por lo tanto, el trabajo de hormiguita con la gente es la clave para todo el proceso que hemos visto, y el trabajo macro a nivel planetario lo dejamos para los grandes jugadores, y aquellos que les apoyan. La cuestión es que necesitamos seguir trabajando en nosotros y en nuestro entorno. Hay que trabajar en seguir despertando las mismas cualidades que se dicen poseemos como raza única e increíble: la compasión de unos por otros, la ayuda mutua, la empatía, la amistad, el apoyo, el cariño, etc., pues son a su vez detonantes de cambios profundos a nivel personal y colectivo.

Eso es lo único que hay que hacer en nuestro entorno cercano. Hay que ir sanando miedo a miedo, y ayudando a que los demás lo hagan, hay que ir rompiendo la visión global de que todo está yendo mal, por qué solo es la visión que se nos quiere dar para seguir manteniendo el mundo tal y como está. Hay que ir ejecutando micro cambios en nuestra forma de ser, para que a nivel global, le demos la estocada final a esta rocambolesca situación en la que estamos como especie y raza.

Repitiendo lo que decíamos antes, las cosas han cambiado tanto en los últimos años, que cuando hace varios hablábamos de grandes saltos de niveles evolutivos y de consciencia, y los veíamos a la vuelta de la esquina, todos estábamos alentados y esperanzados por ellos, y luego, las líneas temporales cambiaron, los plazos se alargaron, la masa crítica que creíamos tener no llegaba nunca, los actores del bando que no cejan en perder su «Mercadona» particular de este sector del espacio redoblaron su actuación y poder para que nada de eso sucediera. Pero solo consiguen, quizá, ralentizar algo a gran escala, que no hay quien pare. Ahora sí, todo depende de la gente. La gente es la clave, y por eso, no hay que tirar la toalla nunca.

Hay que aprovechar todas las oportunidades que tengamos para crecer, mejorar y cambiar, y ayudar cuando se nos permita al resto de personas, por qué esa es la clave, sin violar el libre albedrío ni el camino evolutivo de nadie, ni evadirle de sus lecciones y aprendizajes pendientes. De hecho, es que no hay otra. Hay tantos abrazos que podemos dar, tanto apoyo y ayuda que podemos prestar, tantas caricias que podemos realizar, tantas palabras de ánimo que podemos decir, tantas risas que podemos soltar. De hecho, hay tanta vida por vivir, que esto no se acaba hasta que la vivamos toda. Este es un gran juego y, de algún modo, por cruel que parezca, está diseñado así en estas últimas etapas para que nos demos cuenta de que la gente corriente y moliente somos la clave, y ya solo depende de nosotros, a nivel individual.

Por eso, esa misma gente que las élites desprecian y las razas de fueran ven como recursos, es todo lo que tenemos y lo que somos. Y esa misma gente es la que vamos a hacer que esto cambie.

La batalla siempre decimos que es contra algo que no vemos, por pertenecer a otro entorno dimensional fuera de nuestra percepción y, como no lo vemos, no lo aceptamos, o no queremos abrirnos a la posibilidad de que sea así. Sin embargo, y aunque es correcto lo anterior, en realidad, la batalla más importante es contra nosotros mismos, y por eso es tan difícil de ganar. Lo que nos impide entender esto es todo el entramado energético y psíquico que hemos visto a lo largo del libro, los varios programas de control en nuestra psique, empezando por el Ego como software de gestión de la personalidad artificial del ser humano, y luego filtros, arquetipos y patrones a patadas que impiden todo acceso a una compresión más amplia de la realidad.

Esto es ya suficiente para que la mayoría de seres humanos sean incapaces de comprender el tablero de juego en el que existen, que no es que no quieran hacerlo, sino que una parte de ellos mismos estará siempre luchando en contra de ellos mismos para que no lo hagan, por programación y configuración inicial. Tratar de convencer a alguien para que se entere de que va todo esto por la fuerza, no tiene ningún efecto, ya que tiene esa persona más mecanismos de defensa en su mente y consciencia artificial, que herramientas tenemos nosotros para desmontarlas.

Como tal, el trabajo solo se puede hacer desde dentro, es decir, solo una fuerza superior que nazca desde el interior de la propia persona puede ir erosionando los mecanismos de control, sumisión, ofuscación, confusión y demás, que todos traemos insertados desde el momento en el que tomamos posesión de este vehículo evolutivo que es nuestro cuerpo físico, y su sistema energético, dentro del conjunto multidimensional que somos, del que tampoco conocemos casi nada. Y esa fuerza es nuestra mónada, esencia y ser. Puesto que el cambio solo es posible desde dentro, si quieres ayudar a alguien a que despierte, hay que encontrar puertas traseras de entrada para que la información llegue a otras partes del ser humano que están ahí latentes esperando a ser reconocidas y llamadas a la acción.

Hay que ir haciendo que la psique y la personalidad virtual que todos tenemos empiece a cuestionarse cosas, no que las acepte ciegamente, pues eso cambia una creencia por otra sin llegar a despertar la facultad de discernimiento, y el aprender a pensar por uno mismo. El ser humano, por programación, si le dan dogmas (esto es así porqué lo digo yo que soy una autoridad mayor) acatamos, si nos dan opciones y cuestiones que plantearnos, aprendemos a pensar por nosotros mismos.

Este tipo de programas de protección del despertar de la consciencia real que poseemos, impide en masa que lleguemos siquiera a plantearnos o hacer caso a información que nos hace reflexionar, al menos, por ejemplo, que somos recursos y alimento para otros, como flora y fauna lo son para nosotros, que somos una amalgama nacida de la mezcla de ADN de muchas especies a través de experimentos genéticos, que nunca hemos sido libres como especie ni como raza, que todas las estructuras existentes para nuestra organización y vida en común están destinadas a controlar, supervisar y dirigirnos, etc. Al final, no importa si solo un poco de esto llega realmente a calar e integrarse en la persona, mientras vaya abriendo brechas en nuestra programación inicial para que la consciencia real del ser que somos tenga más facilidad y huecos para manifestarse poco a poco con cada resquicio que aparezca.

A su vez, de vez en cuando, es necesario meter enormes choques a la personalidad, en forma de verdades directas, de información brutal no filtrada, o de ataques directos a la suma de «Yos» que nos conforman, para que esas brechas se hagan más grandes. De lo contrario, el mismo programa de gestión de nuestra consciencia artificial, se encarga de taponar los huecos, a menos que el ser interior de cada uno gane terreno y, al ir creciendo y expresándose, lo impida.

Tenemos ayuda para ello a escala macro, pero todo depende de lo que hagamos cada uno a escala micro. Y es cuestión de ir consiguiendo pequeñas victorias. Cada persona que se cuestiona todo lo que ve por los medios de comunicación sabiendo que están todos, el cien por cien de ellos, manipulados para un objetivo concreto, es una micro victoria contra el sistema. Un mordisco de termita. Cada persona que quita la televisión y deja de ser influenciado por ella subconscientemente es una micro victoria, otro bocado de termita. Cada persona que aprende a estar bien física, emocional y mentalmente conociendo como funciona su sistema energético, es otro micro victoria de termita contra el sistema. Cada persona que desmonta cada día en su interior un miedo, una limitación, una creencia falsa, etc., es otro bocado de termita al sistema. Cada persona que se encuentra a sí misma y busca sus respuestas en su interior es una victoria contra el sistema. Cada persona que descubre y se aparta de las religiones oficiales, al ver que son un sistema de control de masas, es una victoria contra el sistema.

Hay tantos mordiscos que podemos dar y, si uno se fija, paradójicamente, se dan siempre hacia uno mismo, bocados internos contra uno mismo, para desmontar el sistema que llevamos dentro, pues de eso se trata toda la manipulación a la que estamos sometidos, ya que las estructuras que percibimos fuera, son el reflejo energético manifestado de aquellos sistemas que cada uno lleva incorporado en su interior por el simple hecho de ser humano.

Así que tenemos un montón de trabajo por delante, porque el trabajo de roer un edificio entero a base de pequeños auto mordiscos de termita es largo y tedioso, pero cada bocado es más sabroso, ya que, aunque los dueños del edificio lo intentan apuntalar y reconstruir, apuntalando y reconstruyendo las estructuras internas en nosotros con más manipulación y más control, hace años que el edificio está desmoronándose, aunque desde nuestro pequeño y humano punto de vista no somos capaces de verlo como tal. La realidad, como hemos dicho, es que avanzamos poco a poco hacia ese deseado nuevo nivel evolutivo, y eso no se puede parar para una parte de la humanidad.

Epílogo
No te preocupes, va a ser fantástico

El mundo está cambiando rápido, y hay mucha sed de conocimiento y de respuestas a las preguntas que nos atormentan cuando uno se ve envuelto en el camino de la evolución personal y espiritual que hemos diagramado, o, de ver cómo se despiertan verdades en nuestro interior cada vez más rápido y cada vez de forma más seguida.

Sé que hay muchos de vosotros qué cuándo me enviáis emails con preguntas o con vuestros comentarios sobre todos estos temas estáis deseando poder contar al mundo vuestra visión de la vida y de las cosas que estáis percibiendo últimamente. Y es que, poco a poco, todos estamos queriendo encontrar el canal de expresión que permita dar salida a nuestras inquietudes espirituales y avanzar hacia estadios superiores de nuestro propio proceso de despertar.

También sé que, para mucha gente, hacer público su interés por ciertos temas puede chocar con su entorno personal, y eso inhibe a la hora de discutir ciertas cosas, de hacer preguntas, de tratar de juntarse con otras personas que piensen lo mismo que tú, etc. Pero, en cierta forma, tarde o temprano, hay que salir del armario, y darle un toque de normalidad a todos estos temas, que, por desconocidos, haber sido tabú o simplemente por miedo al qué dirán, nunca han formado parte de ninguna enseñanza escolar o familiar, en la mayoría de los casos.

Entiendo perfectamente el dilema. ¿Cómo voy a contarles a mis amigos que estoy metido en rollos de chakras, de viajes astrales, de meditaciones, de investigaciones sobre extraterrestres, de conexión con guías y espíritus, del trabajo con las energías universales, de sanaciones energéticas, de vidas pasadas, de archivos akáshicos, etc.? Bueno, pues quizá te sorprenderías si lo hicieras, y encontrarías mucho más apoyo del que crees tener en estos momentos. Existe tanta gente interesada en estas cosas, que piensa que los demás no lo están, que se guardan sus conocimientos, opiniones y experiencias con tal de no ser catalogado como «rarito», por lo menos. Lo curioso es que, de repente, estás cenando con amigos o familiares, sueltas algo de estos temas casi sin darte cuenta, y ves como todo el mundo se muestra interesado o incluso conoce al respecto. Creedme, he pasado por ahí.

El mundo entero necesita que todos los que buscamos respuestas sin parar, compartamos nuestras experiencias y salgamos del anonimato, de una vez por todas. Nadie adopta la postura del maestro o del gurú que todo lo sabe, aquí todos aprendemos. Cada línea de este libro es una experiencia vivida, integrada y luego explicada por si a otra persona le puede ser de utilidad. Cuanto más interactúas con el resto de gente que anda en el mismo tipo de camino, más rápido evolucionamos todos, y cuanto más te adentras en tu propio camino más información recibes para recorrerlo, y más ámbitos de investigación y aprendizaje se abren. Si quieres caminar más rápido, sal del armario, da a conocer tus intereses e inquietudes, y empezarás a atraer hacia ti todo lo que necesitas, y a quién necesitas, para acompañarte en este estupendo sendero de evolución espiritual.

Con toda la información compartida en el libro he tenido como objetivo expandir un poco más la compresión del funcionamiento de partes de nuestra composición multidimensional, para entender lo crucial que es ese conocimiento, para todos y cada uno de nosotros, para poder avanzar como colectivo, al mismo paso, y en paralelo, que tratamos de sentir, y expandir, la conexión con nuestra esencia, ser, mónada.

Hace unos meses, mientras iba paseando, le iba dando vueltas en la cabeza a los temas de esta última parte del libro: la situación actual en el planeta. Entre mis compañeros ya habíamos compartido varias impresiones al respecto, y, simplemente la conclusión, si es que se puede sacar alguna, es que hay que «estar al pie del cañón» y seguir trabajando por el cambio personal e interior en las personas, y esperar, a sumar conciencia, a sumar energía al colectivo común para que lo que se está gestando energéticamente, puede verse reflejado, aunque sea un poco, a nivel físico.

Las tribulaciones me llevaron a dar una vuelta por una calle de tiendas, y, nada más hacer la pregunta mental a «aquellos que nos asisten» sobre como veían ellos la cosa desde su percepción más elevada, me paré instintivamente delante de un escaparate donde estaba un producto con un slogan colgado que decía: «no te preocupes, va a ser fantástico».

La verdad es que después de esta respuesta, uno ya no sabe que decirles. Aunque vayamos despacio, y aunque solo vayamos sumando esa energía consciente sobre el cambio en el que estamos abocados inexorablemente, gota a gota, vamos hacia ello.

Mientras sigamos sin pausa y con alegría y confianza, trabajando en la expansión, crecimiento, elevación de nuestra conciencia individual, vibración, desprogramación, amor por la vida, jugando con ella, sabiendo lo que somos, dónde estamos, lo que está pasando, etc., tarde o temprano, iremos subiendo nuestra vibración y frecuencial hacia los niveles más elevados de la línea temporal que nos lleva al nuevo nivel de consciencia.

Es cuestión solo de que el proceso llegue a dónde tiene que llegar mientras nosotros no dejamos que se pare. En todo caso, me paso regularmente en cada paseo por la misma tienda, para mantener fresco en la mente que no nos preocupemos, que va a ser fantástico, mientras suena, como despedida y cierre, en la radio que tengo en la oficina mientras escribo esto, la canción de Diego Torres *Color Esperanza*:

Saber que se puede, querer que se pueda
Quitarse los miedos, sacarlos afuera
Pintarse la cara color esperanza
Entrar al futuro con el corazón

David Topí

Primera edición Abril 2016
Revisado y actualizado Febrero 2019

Sobre el autor

No se puede forzar a nadie a que crezca, despierte, evolucione o aprenda, sin violar su libre albedrío. Solo se pueden ofrecer herramientas, conocimientos y apoyo para que cada uno tome las riendas de su vida y decida qué hacer con su camino evolutivo.

David Topí, ingeniero de profesión, actualmente es un polifacético escritor, formador y terapeuta. Trabaja especialmente en divulgar, formar y acompañar a personas a través de procesos de desarrollo personal y espiritual, así como terapeuta de sanaciones energéticas, usando la técnica de Sanación Akáshica.

Ha creado la Escuela de Metafísica y Desarrollo Transpersonal (EMEDT) con la intención de proporcionar un marco organizado y coherente para impartir toda aquella información, técnicas, herramientas y conocimientos que sean necesarios para la potenciación del crecimiento personal y la transformación de la realidad personal del individuo, que modifiquen a su vez, paso a paso, la realidad global del planeta.

Buscador incansable, se ha formado e interesado por la metafísica, las terapias alternativas, desarrollo de nuestras habilidades "espirituales" innatas y por sistemas de desarrollo personal que permitan al ser humano expresar su máximo potencial y alcanzar respuestas para preguntas escondidas, a veces, muy dentro de nosotros mismos.

Sus artículos y trabajos están publicados en su web www.davidtopi.net

Libros de David Topí

5 pasos para descubrir tu misión en la vida

Un libro para descubrir nuestra misión en la vida, aquello que hemos venido a hacer, y como ponerla de manifiesto en una actividad real profesional. A través de un recorrido y un intenso trabajo interno sobre nuestros talentos, aficiones, gustos y pasiones, habilidades, valores en la vida, características personales, ideales y competencias personales y emocionales, vamos a llegar a encontrar, en cinco grandes pasos, cuál es tu misión en la vida.

El Yo Interior

Un recorrido para entender el sistema energético humano y como nos auto bloqueamos, para aprender a conectar la mente con el alma a través de la meditación, para desarrollar la habilidad de percibir a nuestro Yo Superior y establecer contacto y canalizar a nuestros guías espirituales.

El Poder de la Intuición

Como aprender a escuchar al universo, pedirle las señales y potenciar los caminos que nos llevan a la felicidad. Un libro que estudia el poder de la mente para manifestar nuestra realidad cotidiana, y como trabaja el universo para hacernos llegar lo que necesitamos en cada momento, así como comprender lo que es el destino, los eventos marcados antes de nacer y cómo funciona la creación de la realidad en el camino de nuestra propia evolución.

El Yugo de Orión

El Yugo de Orión es la explicación al enorme rompecabezas que es la vida en nuestro planeta, las estructuras de control de la sociedad impuesta desde hace milenios, la manipulación de las personas a través del inconsciente colectivo y de su potencial co-creador de la realidad, y los diversos actores que se encuentran en la pirámide que maneja los hilos. Sin embargo, es un libro no solo para entender lo que sucede, sino para cambiarlo, pues solo conociendo como están las cosas, podemos aportar soluciones para promover el cambio evolutivo, frecuencial y de conciencia en el que estamos todos metidos.

Made in the USA
Monee, IL
25 October 2025